农业科学事业单位修缮专项资金管理实践研究

杨远富 荣凤云 金 钊◎主编

图书在版编目(CIP)数据

农业科学事业单位修缮购置专项资金管理实践研究/杨远富，荣凤云,金钊主编. —上海：上海财经大学出版社,2023.10
ISBN 978-7-5642-4258-9/F.4258

Ⅰ.①农… Ⅱ.①杨…②荣…③金… Ⅲ.①农业科学-行政事业单位-财政支出-资金管理-研究-中国 Ⅳ.①F812.45

中国国家版本馆 CIP 数据核字(2023)第 190239 号

□ 责任编辑　杨　闯
□ 封面设计　张克瑶

农业科学事业单位修缮购置专项资金管理实践研究

杨远富　荣凤云　金　钊　主编

上海财经大学出版社出版发行
(上海市中山北一路369号　邮编 200083)
网　　址:http://www.sufep.com
电子邮箱:webmaster@sufep.com
全国新华书店经销
上海华教印务有限公司印刷装订
2023年10月第1版　2023年10月第1次印刷

710mm×1000mm　1/16　19.5印张(插页:2)　308千字
定价:88.00元

本书编委会

编委会主任：戴　萍

主　　　编：杨远富　荣凤云　金　钊

副　主　编：王心如　温衍生　武志祥　朱庆安
　　　　　　叶雪婷　石　强

编　　　者：赵朝飞　崔立新　乐　音　吴晓鹏
　　　　　　崔艳梅　马　帅　梁　娟　周才荣
　　　　　　李海灵　黄　莺　李旺梅　杨明操
　　　　　　李美琴　谭名煌　周大鹏　弓淑芬
　　　　　　罗志恒　蔡楚涛　明斯妤

前　言

为贯彻落实《国家中长期科学和技术发展规划纲要(2006—2020年)》和《国务院办公厅转发财政部 科技部关于改进和加强中央财政科技经费管理若干意见的通知》(国办发〔2006〕56号)精神,切实改善中央级科学事业单位的科研基础条件,2006年中央财政设立了"中央级科学事业单位修缮购置专项资金"(以下简称"修购专项"),2021年改革,更名为"中央级科学事业单位改善科研条件专项资金"(以下简称"改善条件专项")。修购专项的设立,改变了科研单位的面貌,提升了装备水平,保证了科技活动的顺利开展,受到了包括中央级科学事业单位的广泛欢迎和高度重视。为有效推动修购专项的实施,提高资金使用效益,更好地为项目承担单位服务,我们组织编写了《农业科学事业单位修缮购置专项资金管理实践研究》一书,针对专项规划编制、年度项目申报、实施方案编制、项目实施、项目验收、项目绩效评价等专项资金管理全生命周期各环节的工作内容、制度参考、业务流程、管理要点等进行全面阐述,以供项目承担单位的项目管理人员、科研人员、财务人员借鉴和参考。

本书在编写过程中,得到了中国热带农业科学院各级领导的大力支持,得到了中国热带农业科学院本级中央级公益性科研院所基本科研业务费专项(项目编号1630012022003)资助,在此表示感谢。由于编者的水平和经验有限,书中疏漏之处在所难免,敬请广大读者批评指正。

编　者

2023年6月

目　录

前言/1

第一章　科研条件概述/1

　　第一节　科研条件的概念/1

　　第二节　科研条件的意义/4

　　第三节　科研条件的发展趋势及存在的问题/5

　　第四节　科研条件分类/7

　　第五节　科研条件的发展/15

第二章　农业科研条件建设概况/22

　　第一节　农业科研发展现状与趋势/22

　　第二节　农业科研条件建设现状与技术水平/36

　　第三节　农业科研条件建设目标展望/40

第三章　农业科研条件建设资金来源与管理/44

　　第一节　科研条件建设资金来源/44

　　第二节　修缮购置专项资金设立背景/64

　　第三节　修缮购置专项资金管理政策/67

第四节 修缮购置专项资金投入现状与成效/74

第五节 修缮购置专项资金投入需求与规划/74

第四章　房屋修缮及基础设施改造类项目管理实践/84

第一节 修缮项目的启动/84

第二节 规划编制/87

第三节 年度项目申报/98

第四节 实施方案编制/105

第五节 工程建设及验收/118

第六节 项目绩效评价/152

第七节 项目财务核算/154

第五章　设备、文献购置和设备研发及升级改造类项目管理实践/166

第一节 规划编制管理/166

第二节 年度项目申报/173

第三节 实施方案编制/185

第四节 设备采购前期工作/191

第五节 设备采购/216

第六节 设备验收/225

第七节 项目验收及文件档案管理/229

第八节 项目绩效评价/233

第九节 项目财务核算/237

附录/246

第一章

科研条件概述

第一节 科研条件的概念

科研条件是指为科学研究提供的各种物质、技术和环境的配备和建设。它是科学发展的重要保障,是科技创新的基础。科研条件包括科研设备、科研场地、科研经费、科研人员等多个方面,其中科研设备和科研人员是科研条件中最为重要的两个方面。

一、科研设备

科研设备是指为科学研究而配备的各种实验设备、仪器和相关软件系统等。科研设备的作用在于为科研工作者提供必要的技术手段和实验条件,使科学研究能够更加准确、高效、深入地进行,从而在科学领域获得更多的成果。

科研设备的种类繁多,根据不同的科研领域和实验需要,科研设备也有很多的分类方法。通常可以按照设备的用途、原理和功能等多个方面进行分类。

根据用途的不同,科研设备可以划分为试验型设备、检测型设备、分析型设备、测量型设备、生产型设备等。例如光谱仪、质谱仪、电子显微镜、激光器等就属于检测型和分析型设备。同时,也可以根据设备的原理进行分类,如生物学中的 PCR 仪、生物芯片等就属于基于分子生物学原理的设备。

科研设备在科学研究中扮演着至关重要的角色。无论是基础科学研究还是应用性研究,科研设备都是推进研究的基础设施。同时,科研设备的质量和性能将直接影响科学研究的进展和成果的质量。

科研设备的更新换代和发展也是科学研究的必然趋势。随着科技的不断发展,在各种不同的科研领域中,不断出现新的科研设备和技术手段。同时,科研设备的更新换代也需要更多的科研资金和投入,以保障科学研究的顺利进行。

在科研设备的使用和维护上,科研人员也需要具备一定的专业技能和知识,以充分发挥设备的价值和性能。比如一些数据的采集和处理就需要一定的计算机技术和软件编程技能。

总之,科研设备作为科学研究的基础工具之一,扮演着极为重要的角色。科学研究的进展和成果离不开科研设备的不断更新和提高。因此,科研设备的持续投入和更新换代,也是推进科学技术发展和研究成果的积极手段。

二、科研场地

科研场地是科学研究工作的场所,包括实验室、研究所、科研中心、科技园区等。科研场地需要具备一定的基础设施和硬件设备,以保证科学研究的有效展开。合适的科研场地需要具备以下基本条件:

一是良好的环境条件。包括通风、采光、温度、湿度、噪声等环境条件。这些条件对于研究项目的成功进行有着至关重要的作用。

二是充足的空间。科研场地需要根据实验项目的具体需要,提供足够的空间。在空间使用方面,还需要考虑各种实验设备的放置以及实验人员的工作和生活场所。

三是先进的设施和设备。科研场地需要提供先进、高质量的设施和设备,包括实验室基础设施、实验设备和计算机软硬件等。

四是适宜的管理制度。科研场地需要有科学完善的管理制度,以保证实验室设施和设备的正常运作和科学研究的安全进行。

科研场地的建设需要考虑各种因素,以便为科学研究工作提供优良的条件和保障。合适的场地可以提高科研效率和成果的质量,也能够吸引人才并保证研究项目的成功进行。

三、科研经费

科研经费是科学研究所需的资金，包括实验室设备采购费用、材料费用、工作人员工资、差旅费等方面的经费。科研经费的充足与否直接影响科研工作能否进行和成果的质量。因此，科研经费是非常重要的。

通常来说，科研经费的来源有以下几种：

政府拨款。政府拨款是科研经费的主要来源之一，各级政府都可以通过各种形式向研究机构和高校提供资金支持，如国家自然科学基金项目、国家科学技术重点项目等。

企业赞助。一些企业有意愿和能力对科学研究进行赞助，这也是科研经费的重要来源之一。

基金会赞助。一些非营利组织和基金会也会为科学研究提供捐赠和赞助，提供科研经费的支持。

个人捐赠。一些个人可能出于对科学研究的支持，在某些领域进行捐赠和赞助。

科技合作。一些科研机构可以通过与其他国家和地区的科研机构合作，获得科技交流与支持。

科研经费的来源多种多样，只要科研工作者在申请过程中能够充分展现科学研究的重要性和价值，就有机会获得足够的经费支持。

四、科研人员

科研人员指的是从事科学研究和技术开发工作的专业人员，他们负责探索新的知识和技术，推动科学技术的进步，为社会提供创新的解决方案和技术支持。科研人员通常需要拥有相关专业的学历与学位，具有专业知识和技术能力，并且需要不断更新知识和掌握新技能。他们的工作内容包括科学实验、数据分析、编程开发、技术创新、论文撰写等，需要具备严谨的思维能力、创新能力、团队协作能力，同时还需要具备耐心和毅力，能够长期从事艰苦复杂的研究工作。

科研人员的职业范围广泛，包括但不限于：

科学家。负责基础科学研究和创新技术的研发，如物理学家、化学家、生物学家、环境科学家、天文学家等。

工程师。通过应用科学知识解决实际问题，如电子工程师、机械工程师、建造师、生物医学工程师等。

编程员。使用计算机编写代码，开发新的应用程序和软件，如软件工程师、网站开发人员、数据分析师等。

科研人员的工作具有高度的专业性，需要较长时间的培养和磨炼。他们所从事的科学研究和技术开发，将会为社会、经济和科技的发展做出重要的贡献。

第二节 科研条件的意义

科研条件是科技研究的基础设施和技术工具，是支撑科技创新和发展的重要条件。具体来说，科研条件主要包括科研设备、实验室和技术支持等方面，它们对于科研活动的质量、效率和成果产出都具有重要的促进作用。下文从以下几个方面展开说明科研条件的重要意义。

一、提高科研效率和质量

科研条件的改善可以提高科研效率和质量，使研究人员能更好地完成科研工作，提高研究成果的可靠性、准确性和有效性。例如，高效的科研设备可以提高实验的效率，先进的实验室设施可以提供更好的环境和控制条件，使研究更加科学和精准，为科技创新带来更多的可能性。

二、推动科研成果转化和应用

科研条件的建设还可以加速科研成果的转化和应用，使科学成果更快、更好地为经济和社会服务。例如，医学研究中的生物制药和生物材料，需要先进的技术支撑和设备保证产品质量，才能应用到患者身上；新材料研究需要先进的实验室设备，才能为半导体、新能源和环保等领域提供技术应用的支持。

三、增强科技创新和科技发展的能力

科研条件的建设还可以提高我国的科技创新和科技发展的能力。其不仅能够满足国内的科技需求,而且能通过与国际科技创新的交流与合作,提高我国的高端制造和智能化水平,加速我国经济发展和产业升级。

四、增加人才吸引力和科研合作机会

先进的科研装备和优良的科研条件可以为研究人员提供较好的工作和研究环境,吸引更多的优秀人才投身科研领域,提高科技人才质量。同时,这些优秀的科研条件也可以增加我国与国际科研的合作机会,加深国际学术交流,增进科研合作水平,提高我国科技竞争力。

综上所述,科研条件的改善与提升对科技创新和发展具有重要的促进作用,它们不仅可以提高科研效率和质量,促进科技成果转化和应用,而且能增加我国的科技人才吸引力,并给科研合作带来积极的影响。

第三节　科研条件的发展趋势及存在的问题

一、科研条件的发展趋势

随着科学技术的迅速发展和应用需求的增加,科研条件也在不断地发展和更新。

(一)数字化

数字化已成为科研条件发展的主要方向之一。数字化技术不仅改变了科学研究的模式和方法,而且影响了科研条件的多个方面。例如,现代高性能计算机和云计算技术已经成为许多科学研究领域的基础设施和工具。数字技术不仅能够提高科研效率和准确性,而且能促进跨学科之间的合作和数据共享,取得更好的科研成果和创新。

（二）智能化

智能化已经成为科研条件发展的趋势之一。人工智能技术正在逐渐渗入各个领域，包括科学研究。智能化设备和工具能够帮助科研人员更快更准确地处理和分析数据，提高科研效率和质量，为科技创新带来更多的可能性。例如，智能实验室能够自动化完成实验操作，提高实验的效率和准确性；智能科研管理平台能够帮助科研人员更好地管理和实施科研项目。

（三）开放共享

科研条件的开放共享也是未来的发展趋势。随着科学研究的不断深入，科研数据的累积和共享已经成为重要趋势。科研数据的共享有助于提高科研效率和成果的可靠性，加快科学创新和发展。例如，全球共享的遥感数据，为环境与资源研究提供了重要依据。此外，开放共享还可以促进学术合作和交流，提高科研人员的整体水平和国际声誉。

（四）绿色环保

绿色环保已成为全球性的趋势，科研条件的发展也要保持这一趋势。科研设备和实验室的建设应遵循环保标准，减少对环境的污染和破坏。同样，科研工作的绿色化也应该被重视，例如，减少化学氧化、偏置温度、电热器等的使用。科研条件的绿色环保将有助于建设可持续发展的社会和保护人类健康。

综上所述，数字化、智能化、开放共享和绿色环保是未来科研条件发展的主要趋势。科研条件的发展也应与科技创新紧密相关，并且应该根据实际需求不断发展更新。我们要加强国内外的合作和交流，打造更好的科研条件，为更好地服务人类和解决人类面临的问题做出贡献。

二、科研条件存在的问题及解决方法

（一）科研条件面临的问题

资金不足。科研所需的经费可能很高，特别是在设备购买、人员招聘和实验室维护方面。如果没有足够的财政投入,科研活动将无法进行。

缺乏人才。科研需要有高度专业知识和研究技能的人才,但是招聘人才和留住人才都是一大难题,特别是对于乡村的科研机构。

实验条件不足。实验室的条件是开展科研活动的基础条件之一,但很多实验室在硬件、软件、人员配备等方面都存在不足,无法支撑高质量的研究活动。

操作规范不足。科研是一项严谨的活动,需要规范操作。但在一些科研活动中,操作规范不够严谨,导致研究结果的可靠性出现问题。

缺乏科研合作。合作是提高科研效率和质量的重要因素,但缺乏科研机构之间的合作导致很多研究效果不尽如人意。

评价机制不合理。科研成果和科研人员的业绩评价机制是影响科研水平和创新力的因素之一,但一些评价指标比较单一和局限性大,不能清晰反映业务水平。

(二)改进的途径

增加科研资金投入。对于一些科研设备和基础设施的更新换代,应投入更多的资金,以保障科研条件的更好开展。政府和相关机构也应当能够推广科研资金的使用效益,使得科研的效率和质量更高。

加强科研人才的队伍建设。科技人才是科研工作最重要的基础,一些国家和机构能够给予科研人才优渥的待遇,包括丰厚的薪酬,专业发展机会和培训机会,进一步吸引人才投身科研事业。

鼓励企业参与科研。企业和科研机构的合作可以为科研条件的提升做出贡献。企业可以通过资金投入或其他形式的支持,帮助科研机构提升条件,同时科研机构也可以提供更多的研究成果,为相关企业带来更多业务机会和发展空间。

总之,科研条件是科学技术发展的重要基础,对于推进科学技术的繁荣和发展起到了举足轻重的作用。加强和完善科研条件建设,是推动科技进步,实现科技强国建设的必经之路。

第四节 科研条件分类

科研条件是指为科学研究所需要的各种资源,包括设备、仪器、材料、人力、

资金、信息等。根据不同的分类标准,科研条件可以分为以下几类:

一、实验条件

实验条件是科研工作中必不可少的要素之一,它是指进行实验研究所需的各种资源、工具和条件,包括实验室、实验设备、实验仪器、实验材料和实验操作规范等。实验条件的好坏直接影响着实验结果的准确性和可靠性,因此在进行任何实验之前,都必须充分了解并准备好所需的实验条件。

(一)实验室

实验室是科研实验的主要场所,是进行实验研究的必备场地。实验室的主要要求是具备一定的面积、采光、通风、温度和湿度控制等条件。此外,实验室还需要建立严格的实验管理制度和安全管理制度。实验管理制度包括实验室使用规定、实验室管理机制和实验室安全操作流程等;安全管理制度包括实验室安全检查、实验室安全教育和实验室危险物品管理等。

(二)实验设备和仪器

实验设备和仪器是进行实验研究的主要工具,能够帮助研究者进行实验操作、数据采集和分析处理等工作,并能够从中获取实验数据和结果。

实验设备包括化学试验设备(如反应釜、分离漏斗)、生物试验设备(如离心机、PCR 仪器)、物理实验设备(如光学仪器、电子仪器)等。实验仪器还包括分析仪器、检测仪器和测试仪器等,比如色谱仪、光谱仪、电子显微镜、核磁共振仪等,这些仪器能够对实验样品进行检测、分析和测试,从而获取更为准确的实验数据。

在使用实验设备和仪器时,研究者需要严格按照操作规程进行操作,遵循安全操作程序,正确维护设备和仪器,确保其正常工作和实验数据的准确可靠。

(三)实验材料

实验材料是进行实验研究的物质基础,包括各种化学试剂、实验样品、生物样品等。实验材料需要来自可靠的商家或生产工厂,对于极少数需求的特殊实验材料,需要进行特殊的描述,以获取正确的样品。在实验材料的选择和使用方面,需要考虑其来源、质量和用途等因素,对于容易产生误差的实验材料,需进行重复实验和比对,以确保实验数据的可靠性。

(四)实验操作规范

实验操作规范是进行实验研究的基本规范,对实验操作流程、实验数据记录和处理等方面进行规范和要求,以确保实验结果的准确性、可重复性和科学性。实验操作规范包括实验前检查、实验步骤、实验数据记录、实验结果分析等。实验者需要严格按照实验操作规范进行实验,避免人为误差或操作不当带来的实验偏差。

实验条件是实验研究的必要条件,恰当的实验条件能够有效提高实验数据的准确性,缩短实验周期,促进科研工作的进展。因此,任何一项科学实验都要求在恰当的实验条件下进行,依照科学规范和标准进行实验,以取得具有科学价值的实验结果。

二、计算条件

计算条件是指在进行计算或模拟研究时所需要的各种资源,包括计算机系统、计算软件、数据存储设备、网络等。计算条件的好坏不仅影响着计算结果的准确性和可靠性,而且影响着计算的速度和效率,因此,在进行任何计算工作之前,都需要充分了解并准备好所需的计算条件。

(一)计算机系统

计算机系统是进行计算工作的主要基础,计算机的性能和配置是影响计算效率和精度的关键因素之一。对于大规模计算任务,需要选择高效、高性能的计算机系统,以提高计算效率和精度。而对于小型或中小型的计算任务,采用性价比更高的计算机系统也是可行的选择。

在选择计算机系统时,需要考虑系统的 CPU、内存、硬盘等硬件配置,以及系统的操作系统、软件环境等。对于大规模计算任务,一般需要采用并行计算机系统或 GPU 集群等高性能计算机系统。

(二)计算软件

计算软件是进行计算工作的核心工具,不同的计算任务需要使用不同的计算软件。例如,在数值计算中常用的软件有 MATLAB、MATHCAD、Comsol Multiphysics 等,在分子模拟和计算化学中常用的软件有 Gaussian、VASP、LAMMPS 等,在有限元分析中常用的软件有 Ansys、ABAQUS 等。选择合适的计算软件可以提高计算效率和精度,使得计算结果更加准确和可靠。

(三)数据存储设备

数据存储设备是计算工作中必不可少的组成部分,数据的安全存储和备份可以避免数据丢失和损坏,同时也可以提高数据的访问和处理速度。在进行大规模计算任务时,需要采用高速、大容量的数据存储设备,以确保数据的高效处理和保存。一般在高性能计算机系统中,都会预留相应的存储空间和备份设备,以满足数据存储和备份的需要。

(四)网络

网络是进行远程计算和协作研究的必要条件,网络的高速和稳定是保障计算工作的关键因素之一。在进行网络计算工作时,需要确保网络带宽和网络连接的稳定性,以保障计算数据和计算结果的远程传输和处理。

计算条件是计算科学研究的必要条件,恰当的计算条件能够有效提高计算结果的准确性和可靠性,缩短计算周期,促进科研工作的进展。因此,在进行任何一项计算工作之前,都需要充分了解并准备好所需的计算条件,以确保计算工作的顺利进行和优质完成。

三、信息条件

随着信息技术的不断发展和进步,我们越来越依赖于信息,同时也对信息的获取、利用和管理有了更高的要求。在这个过程中,信息条件成为支持我们获得和利用信息的各种必要条件。本书拟从硬件条件、软件条件、网络条件、信息资源条件和信息素养条件五个方面来分别探讨信息条件的内涵。

(一)硬件条件

硬件条件是指支持信息获取和利用的各种物理设备。它们包括了各种计算机硬件设备,例如计算机、手机、平板电脑、服务器、网络设备等。这些硬件设备为我们进行信息获取和处理提供了必要的物质基础。通过它们,我们不仅可以轻松获取各种信息,而且能够对各种信息进行处理,比如文本编辑、图像处理以及数据分析等。更重要的是,随着现代科技的不断发展,计算机硬件设备的性能不断提升,涵盖的领域也越来越广泛,为我们获取和利用信息提供了更广阔的空间和更高效的工具。

(二)软件条件

软件条件则是指为信息获取和利用提供的各种程序和操作系统。支撑信息的软件包括各种专业应用软件、办公软件、图形软件、数据处理软件等。相比硬件设备,软件条件更多地与信息的操作和处理有关,为我们提供了各种专业的工具来提高我们获取、同时利用信息的效率。例如,各种 Office 办公软件,能够方便处理各种办公文档,快速地制作报告、PPT 等;各种专业数据分析软件,能帮助我们高效处理大量的数据,并快速地呈现给需要它的人。

(三)网络条件

网络条件则是连接整个世界的基础,是我们获取各种信息的最大载体。网络是由不同的硬件设备和技术组成,如有线或无线的网络路由器、交换机、协议等。通过网络,我们可以轻松访问世界各地的各种信息资源,比如图书馆、数据库、互联网等。此外,网络还建立了人与人之间的联系,形成了实时沟通交流的平台,为我们获得信息提供了更广阔的辐射面和更多的信息来源。

(四)信息资源条件

信息资源是构成信息内容的各种资料,包括文字、图片、音频、视频等多种格式的数据。我们的信息获取和利用围绕着这些信息资源进行。信息资源主要来源于各种信息机构,如图书馆、数据库、在线期刊、数字图书馆等。这些机构汇集了各种信息资源,提供了广泛的学习、研究、探索和科研资源。此外,在现代社会中,信息内容也不断涌现,各种学术报告、学术论文、个人博客、社会媒体等都已成为获取信息的重要来源。

（五）信息素养条件

信息素养则是指人类能够使用各种信息技术工具进行有效的信息获取、评估、组织和利用的能力和技能。信息素养作为信息条件中非常重要的部分,是促进我们获取与使用信息的重要因素。对于信息素养的提升,我们需要学会采用独立思考、判断、解决问题的能力,同时需要掌握各种信息技术工具,实现信息处理,从而更好地利用信息资源。

信息条件构成了一个庞大且复杂的体系,同时也是我们获取与使用信息的必要条件。在信息条件的影响下,信息获取和利用的覆盖面日渐扩大,信息获取与利用的难度也逐渐降低。同时,我们对信息的获取和利用也有了更高的要求。因此,未来,我们还需要不断地完善有关信息条件的各个方面,以适应不断变化的信息时代。

四、人力条件

科研人力条件是指以科研活动为目的的各类人力资源和相应的条件,是开展科学研究所必需的人力资源支撑。科研人力条件具体包括以下方面:

（一）科研人员

科研人员是开展科研工作的核心和基础。科研人员应当具备高水平的学术素质、丰富的科研经验和各类实践经验。他们应当具备卓越的创新能力和扎实的工作作风,同时还应当具备良好的沟通能力和团队合作精神。在研究人员的人员建设中,应当遵循"优先培养、合理流动、公平竞争"的原则,注重培养具有国际竞争力的高层次科研人员,促进科技成果的转化和推广。

（二）资源设施

科研人员需要各种科研资源设施来支持和保障科研工作。包括办公场所、实验室设备、科研经费、科技文献和数字资料库等。在资源设施的采购、配置和管理过程中，应注重实际需求，注重效率和经济性，同时推广数字化技术，逐步实现信息化、智能化、自动化的管理方式。

（三）支撑机制

科研人员需要一系列完善的支持机制来保障科研工作的顺利进行。支持机制包括科研资金的申请和分配、科研评审和绩效管理体系的建立、研究团队的组建和管理、科学文化和创新驱动的推广等。这些支持机制应当合理地体现科研人员的利益，激励科研人员的创新潜能，全面提高团队和个人的科研水平和科技创新能力。

（四）人才引进和人才培养

科研人力条件还应包括人才引进和人才培养两个方面。人才引进既包括本土和海外优秀科研人员的引进，也包括高层次人才的招聘和培养。人才培养既包括研究生教育和博士后培养，也包括专业技术职务任职和职业生涯发展等。要建立科学、合理、有效的人才引进和培养机制，不断提高我国科研队伍的整体水平和竞争力。

科研人力条件是科研成果得以推广应用的前提和基础，是科技创新的重要支撑。科研人力条件的充实与完善，不仅能推动科技进步，还能为国家的经济和社会发展做出重大贡献。

五、资金条件

资金条件是指用于支持科学研究所需的各项经费条件，包括科研项目申请经费、实验室设备购置经费、研究人员薪酬、差旅费、出版费、专利费等费用。科研经费直接影响着科学研究的质量和数量，对保障科学家的科学研究活动和创新成果转化等发挥着重要作用。

（一）政府科研经费投入

政府是科研经费的主要投资方，也是政治和经济角度下最有发言权的科技创新的推动方。政府对科技创新的重视逐年提高,近年来我国在科研经费投入方面加大了力度。截至2023年5月,我国政府科研经费的投入总量已经达到2.8万亿元人民币。政府投入的科研经费主要涉及国家重大科技项目支持、国家自然科学基金、国家社会科学基金、科技部杰出青年科学基金等,也包括科研院所、高校等科研机构的经费支持等。政府在科研经费投入中有以下特点:

(1)政策倾向于支持热点科学问题。政策倾向于支持当前热点科学问题,而对一些重要的基础科学研究和高风险创新领域的关注和投入较少。

(2)审批流程相对烦琐,申请难度大。一些基层科研机构易受到资金分配不均和政策执行不到位的影响,很难得到足够的科研经费配备。

(3)汇率波动等外部因素的影响。不稳定和波动的汇率也会对科研经费的投入产生直接或间接的影响。

(二)企业科研经费投入

除政府之外,国内企业也是科研经费主要投资方之一。企业科研经费主要用于研发新产品、新工艺和新技术等。企业在科研经费投入中存在以下特点:

(1)科研投入不够。部分国内企业还没有意识到加大科研投入的重要性,研发投入贡献率还比较低,新兴领域的研发投入也较少。

(2)投入过于依赖国家政策和资助。企业在科研经费投入时过于依赖国家政策和资助,致使非政策性研发投入相对较少,对促进科技创新贡献较少。

(3)科研投入缺乏长期规划。企业对科技研发投入缺乏长期规划,只关注短期收益,这会降低企业的长期竞争力。

(三)科研单位科研经费使用

科研单位是科技创新核心机构,科研经费使用情况将直接影响科技创新的效果。主要有以下特点:

(1)多数科研单位科研经费投资比例偏低。科研单位的科研经费比例并不占太大比例,依然存在着使用科研经费的效益较低的问题。

(2)科研成果转化不够。科研单位在科技创新方面有待加强,从而出现转化成果应用速度慢的情况。

(3)科研单位科研经费使用经常出现违规现象。一些单位在申请和使用科研经费方面存在不规范和违规现象,导致科研经费使用效益较低。

资金条件是影响科技创新发展效果的重要因素之一,当前政府、企业和科研机构在资金投入和使用方面仍存在一些问题,需要进行改进和完善。在未来,应继续优化科研经费分配结构、落实更加严格的监管和管理制度,引导并鼓励企业加大科技投入力度,不断提高科技创新的质量和效益。

第五节 科研条件的发展

科研条件的发展历程是一个与科学技术发展密不可分的过程,也是人类文明进步的重要标志之一。

一、古代时期科研条件

由于古代技术和社会环境的限制,古代科学研究并没有现代科学所使用的具有高科技含量的硬件设备,科学家的研究工作主要基于自己的知识和经验以及手工制作的简单仪器和设备。

古代人类对自然的认识主要基于观察和实践,各个民族对自然现象的解释和探索都有着自己的理论和方法。例如,古希腊的哲学家普遍认为万物皆由四个元素——土、水、火、气(空气)构成,同时认为天体是不可触及的。古印度的数学家在几何和其他数学领域方面也取得了重大进展。中国的古代科学家深入研究了天文、地理、数学、医学、药物学、农学等相关领域的问题。

古代科学研究在实验方法上仍然存在很大的不足,而且由于缺乏现代科技条件,许多理论无法进行实验验证。例如,古代的天文、地理学家通过观察天象和地形,丰富了人类的地图知识和天文学理论,并通过个人经验积累掌握了一些天文和地理特点。但是,由于他们缺乏测量仪器和精确的数据,很难对天文与地理现象进行深入研究,今天市面上早已普及的仪器设备,如望远镜、卫星影像等,当年都是缺少的。

古代科学家进行实验的条件非常简陋,实验设备和工具都是手工制作的简单工具。例如,中国古代医学家用骨针、石针等刺激人体以观察生理反应,古代化学家用鼓风工具加热将铅化合物还原为铅,以此研究原子性质等。这些实验设备虽然粗陋,但为古代科学研究的发展打下了基础。

古代科学家所在的社会环境和人才队伍也受到诸多限制。古代社会的居民文化水平较低,科学研究的人口占比非常小。只有少数具有天赋或经验丰富的科学家从事着科学研究工作,通常是关于人类健康、农业生产和天文观测等方面。在古代科技条件的基础上,科学家需要花费更多的时间和精力从事科学研究,同时也必须拥有很高的创造性和独立思考能力,以便在知识空间不足的情况下提出研究理论和方法。

二、17世纪科研条件

17世纪是人类历史上非常重要的一个时期,它标志着现代科学的兴起和发展。在这个时期,科学家们使用先进的科技和观察手段,通过科学实验来研究自然界中的种种现象。这个时期被称为"科学革命",因为它彻底改变了人们对自然界的观念,同时也从根本上改变了人类的文化和社会。

在17世纪,科学条件的进步包括了许多方面。

(一)实验方法的发展

17世纪的科学家们开始使用实验方法来验证自己的理论,这一方法可以更加精确地测量和确定实验变量,从而为科学研究提供了更加客观的证据。实验方法的发明使得科学家们能够更加深入地研究自然现象并产生了很多新的发现。随着实验方法的发展,人们对科学的信任度也随之提高。

(二)数学工具和科学理论的发展

在17世纪初期,数学工具(比如代数、几何和微积分)被开发和优化,并得到了更多应用,这些新工具可以用于解决当时的一些难题。这些工具广泛用于物理和生物学研究,重要的科学思想如达尔文的自然选择、牛顿的万有引力定理和泊松分布函数等都受到了这些工具的支配。数学工具和科学理论的发展在自然学科的发展历程中起到了至关重要的作用。

(三)实验工具和仪器的改进

在 17 世纪,科学家们不断地发明和改进各种实验工具和仪器。望远镜、显微镜、万能试验机、计时器等实验工具应运而生,极大地推动了科学研究的发展。这些工具的出现和应用在那个时代非常重要,因为它们可以帮助科学家们快速掌握大量数据,从中发现规律并提出新理论。

(四)科学出版物的普及

科学发现的通报和公开是科学研究的重要组成部分。在 17 世纪,随着科学的繁荣,越来越多的科学期刊、书籍和新闻通讯报道开始涌现。这些科学出版物可以让科学家们分享自己的发现和思考,同时也能让读者了解到前沿的研究动态。科学出版物的普及也促进了科学研究的合作和交流。

(五)科学技术应用的广泛推进

17 世纪是一个充满实践探索精神的时代,各种在实验室里获得的发现都被迅速地应用到人们的日常生活中。在这个时期,人们发明了动力机器等现代工业的基础设施。机器的发明和更多的实践经验为人们提供了更多的科技支持,随着机器的使用及其在生产环节的普及,生产效率也得到了进一步的提高。

"科学革命"使得人类从很多方面拓展了对自然界的认知,科学家们与普通人一道,让无数精彩而奇妙的发现和发展放在人们面前。这个历史性的时期不只让我们更加推崇科技,同时,也让我们对人类未来的科学和技术充满了想象,为普天下人的幸福献上了一份重大贡献。

三、19 世纪科研条件

19 世纪以后,科学技术得到了飞跃性的发展,科研条件也出现了重大变化。当时,英国皇家学会、法兰西科学院和普鲁士科学院等国际知名学术组织先后成立,成为支撑现代科学的重要力量之一。同时,在物理、化学、生物学等领域中,实验设备也得到了很大程度的改进和完善。例如,在 20 世纪初,J.J. 汤姆逊发明了可用于粒子加速运动模拟的荷尔蒙管,M. 卡夫特发明了分子束实验方法,使化学研究进入了一个新的时代。

(一)实验方法的发展

19世纪的科学家们不断地发展和改进实验方法。现代实验方法的发展使得科学家们可以更加精确地研究自然界,并进行更加客观的观察和分析。例如,使用电表等仪器,让科学家们更加深入地研究电学、化学等学科。这些实验方法的发展为人们获取更加精确的数据和科学实验结果提供了更为有力的保障,从而推动了许多重大发现和科技进步的实现。

(二)数学和物理学的发展

在19世纪,许多物理和数学理论得到了重大的突破和发展。此时,许多科学家将数学方法引入物理学的研究中,使用数学手段对自然界进行建模、分析和科学解释。从19世纪60年代开始,朴素集合论开始在数学中应用,为今天的数学理论奠定了基础。物理学家们根据这些理论和实验方法的发展,创建了一些重要的学科,如电磁学、热力学、光学等,这些学科的发展在当时的重大发现中发挥了至关重要的作用。

(三)科技进步和创新

19世纪科技进步的发展极大地促进了整个社会的进步与发展。内燃机等重大发明的出现,急剧提高了工业生产效率。同时,电动机、电话、干电池、电灯等的发明也在电学方面起到了举足轻重的作用。这些发明的应用,让人们大量减少了生产成本,加快了信息传递和交流。这些科技进步的发展为人类的生产、生活、科研和文化等方面带来了突飞猛进的发展。

(四)科学研究的成果

在19世纪,科学家们获得的重大成果推动了科学领域的进一步探究。比如,梅克罗斯、马克斯韦尔、洛伦兹、普朗克和爱因斯坦等物理学家的工作,推动了热力学、电动力学和量子物理学领域的研究。

四、现代时期科研条件

随着科技的飞速发展,科研条件的现代化进程也日益加速。20世纪60年代起,计算机技术得到了迅猛发展,数值模拟、科学计算等领域中开始大量运用计算机技术,使得科学研究更加高效、系统、准确。在实验仪器方面,微型电子技术和半导体技术的发展,使实验设备的体积、价格等方面得到了大幅度压缩和优化。例如,在物理学、化学、材料学、医学等领域中,扫描电子显微镜、NMR、MRI等被广泛运用。此外,在实验场地、人才队伍等方面,各国政府和机构也投入了大量资源进行支持和建设,使科研条件进一步得到了完善。

(一)实验方法的改进

实验方法是现代科学研究中至关重要的因素。随着科学技术的日益发展,实验方法也不断得到改进和提高。例如,近年来新兴的研究领域(如生物医学、纳米技术等)的研究方法,在原子、分子、细胞、组织等尺度上进行研究,可以更加准确地探索自然界的规律和本质。

此外,电子显微镜、核磁共振、激光等技术的应用,使得现代科学家能够更加深入地了解微观世界,从而发现大量新知识和新材料。同时,借助模拟实验方法,科学家们能够在虚拟环境中进行科学实验,来模拟真实的物理和化学过程,预测新化合物的物理和化学性质。

(二)技术设备的进步

高科技设备的应用是现代科学研究的重要元素。随着科技水平的提高,越来越多的高科技设备被研制出来并应用到实践中。例如超导材料的开发,不仅在超导电子学领域有重要的应用价值,而且在核工业、医学等方面都有着广泛的应用。

另外,随着人工智能、机器人、自动化等技术的发展,高科技设备已经成为现代科学研究中不可或缺的工具。例如,机器人技术在太空探索、海洋资源调查、生命科学研究等领域有着广泛的应用。

(三)数字技术的应用

数字技术在现代科学研究中有着重要的地位。随着计算机技术的不断进步,大量的数值计算、模拟计算、实时数据采集等科学计算工作可以在计算机上完成,这极大地提高了数据的处理和分析效率。

大数据分析是数字技术的一个典型应用。在各行各业,我们都可以看到大数据分析被应用的场景。例如在医疗健康领域,人工智能可以根据大数据的采集与分析,发现某些疾病的病因与病症,辅助医生快速诊断。在社交网络平台、电商平台上,大数据分析也能发挥巨大的作用,通过对用户行为数据的分析,实现精确、个性化的推荐和服务。

(四)数据分析工具的发展

数据分析是现代科学研究中必不可少的一部分。随着数字技术的不断发展,数据分析工具得到了广泛的应用。例如数据可视化工具能够将数据更加直观地呈现出来,操作更简单易用,可以使得研究者根据数据进行更为准确的分析和推断。另外,机器学习和深度学习算法的引入,使得数据分析效率和准确率极大地提升。

总之,科研条件的发展历程是一个与科技进步紧密相连的过程,是人类智慧和技术追求的具体体现。不断改进和完善科研条件,有助于促进科学技术的创新和发展,从而推动整个人类社会的飞速发展。

五、我国科研条件发展历程

我国科研条件的发展历史可以追溯到 20 世纪初,在较早的时期,我国并没有较为完善的科研系统,科研条件也比较落后。近年来随着政府对科技创新的极力支持,我国的科研条件发生了巨大的改变。

(一)20 世纪初至 1949 年:缺乏完善的科研条件

20 世纪初,我国科研工作起步缓慢,主要原因是科技知识的缺乏和经济的困难。我国较早期的科研团队和科研机构主要包括中国科学社、清华学堂、南京国立中央研究院等,但这些机构大多经费不足,科研条件落后,科研成果不多。

(二)1949—1978 年:开始探索建设科研条件

1949 年新中国成立,科学技术开始引起国家和政府的高度关注,政府开始大力投资科学研究,建立了一批重要的科研机构,如中国科学院、中国工程物理研究院、电子科学研究所等,加强了对科技人才的培育和管理。此时期我国科研条件的建设还比较落后,研究设备简陋,科技管理也不完善,但政府已经开始探索科研条件的建设并逐步推进。

(三)1978—2000 年:科研条件取得一定进步

改革开放后,我国经济飞速发展,科学技术进入了快速发展的新时期。20 世纪 80 年代,我国开始大力推进科学研究,引进国外先进的技术和设备,建立了一批大型的科学实验基地。这些设备和基础设施的提升标志着我国的科研条件进入了一个新的发展时期。同时,为提高我国的科研水平,我国也加强了与国际的交流与合作,落实了对科技人才的政策扶持。

(四)2000 年以后:发展目标逐渐转向高端

21 世纪初,我国加快科技创新,整体实力得到了显著提升,科研条件得到了极大的改善。政府继续加大科技投入,加快发展现代科技产业,并着重培养了一批高端创新人才和高科技企业。在此期间,我国科研装备和基础设施的先进程度也进一步提高,例如高能物理实验设备、深空探测网络、高速列车制造研发等,都成为国际科技界的新亮点。

总体来说,我国科研条件在近百年间得到了巨大的提升,在科技基础设施和研发能力两个方面不断推进,奠定了科技创新和经济发展的坚实基础。未来,我国要进一步加大对科技创新和科研条件的投入和支持,规划好我国科技发展的蓝图,不断推进科技水平和国际竞争力的提高。

第二章

农业科研条件建设概况

第一节 农业科研发展现状与趋势

一、农业基础性地位

农业是人类的"母亲产业",在人类茹毛饮血的远古时代,农业就已经是人类抵御自然威胁和赖以生存的根本。农业养活并发展了人类,没有农业就没有人类的一切,更不会有人类的现代文明。社会生产的发展首先开始于农业,在农业发展的基础上才有了工业的产生和发展,才有了第三产业的发展。农业是人类的衣食之源、生存之本,是一切生产的首要条件。中国是农业大国,农业是我国国民经济的基础。面对水资源短缺、耕地减少、生态环境恶化、全球气候变暖等严峻威胁,实现农业持续稳定发展、确保农产品有效供给,是国家可持续发展的重中之重。党和国家非常重视农业的建设发展。农业的兴衰不仅关乎中华民族的生死存亡,而且农村农业农民(三农)事业本身,是我们国家的重要战略基础。因此,农村必须建设好、农业生产必须兴盛、农民的获得感幸福感安全感必须显著增强,保证农村能留住足够的人员。

中国人有重视农耕的传统,农业文明体系完整,农村对中华文化传统的继承亦非常坚持。历史上,中华民族几次在民族生死存亡的关键时刻,我国强大的"三农"积淀都起到了力挽狂澜的作用。拿近代来讲,半封建半殖民地时期,中国的民族生存危机异常严重,各种不愿看着国破家亡的阶层和群体,多次对反动腐朽的帝国主义和封建势力展开武装斗争,可都以失败而告终,直到中国共产党诞生后,有一批善于做农村工作的革命志士发现了中国农村孕育着挽救中华民族、实现中国革命胜利的伟力,探索出一条马克思列宁主义与中国实际相结合的革命道路,最终通过走农村包围城市的道路,完成了中国革命的伟大胜利。抗日战争期间,中华民族到了最危险的时刻,面对日本军国主义的侵略,我国更是依靠农村提供最广阔的战略空间、农民提供不竭的兵员补充、农业补给战争消耗巨大的国民经济,支撑中国军民浴血抗战14年,终于战胜凶恶残暴的强敌日本,赢得了中华民族触底反弹的伟大反法西斯战争胜利。所以毋庸置疑,"三农"事业对于我国具有极其重大的战略意义。

二、科技兴农的必要性

在知识经济迅猛发展的今天,作为第一生产力的科学技术在中国农业现代化建设中将发挥越来越大的作用。以科技进步促进农业生产力的提高,将成为农业增长的主要源泉以及满足不断增长的食品和农产品需求的主要手段,是突破资源环境约束的必然选择。"科学技术是第一生产力",农业科学技术是支撑农业发展的重要条件。没有农业科学技术的进步,就难以形成农业生产力水平的提升以及对国民经济发展的长期推动。虽然农业是第一产业,与自然资源之间存在着高度的关联性,即自然资源的有利性赋予了其天然的竞争力,但现代农业的发展及竞争力的强弱更多取决于农业科学技术的支撑力。农业科技是确保国家粮食安全的基础支撑,是突破资源环境约束的必然选择,是加快现代农业建设的决定力量,具有显著的公共性、基础性、社会性。进入21世纪以来,世界各国都把加强农业科技创新作为推动农业发展的强大动力,把加强科技投入作为推动农业科技创新的重要手段。

新中国成立以来,我国农业科技有了一定的发展,在农业发展方面取得了较大的成就,但是和世界上一些发达国家相比,我国的农业经济增长速度仍然处于比较缓慢的状态,农业的发展以及农业科技的运用仍然面临着许多困难。虽然我国资源丰富,但是人均拥有的资源量比较贫乏,而且远远低于世界的平均水平,如森林、土地、水资源等,分别为世界人均占有量的 13%、36% 和 25%。我国的耕地人均面积仅为 1.5 亩,不少地区甚至还不足 1 亩,然而世界人均耕地面积为 3.6 亩;而且我国的资源分布不均衡,东南部省市的面积不到国土的一半,但是耕地面积占了 93%,人口占 96%,而西北部省区却只有 7% 的耕地以及 4% 的人口。我国的耕地面积正在逐步减少,许多农田都在遭受污染,土地沙化现象日益加剧,耕地面积正在急剧减少,土壤的肥力也在逐步下降。虽然我国有一部分可开发利用的土地后备资源,但是可以开发的宜农地面积十分有限。长期以来我国都是片面地强调"以粮为纲",这必然造成生产结构单一以及资源利用不合理等局面;经济作物的生产被忽视也严重地阻碍了农业经济的发展;水资源污染问题也日益突出,浪费严重,利用率仍然较低。我国的工业基础差,工业发展起步较晚,国家的经济实力较弱,因此不能给农业以大量的科技支撑,这也是导致农业基础差的一个重要原因。由于农业科学技术落后,我国大部分地区还是采用传统的农业生产方式,农业生产效率低。同时,农业生产工具落后,缺乏先进的技术与农业设备,有很多地方还处在人拉犁或者牛拉犁的状态,这些现象的存在阻碍了农业的发展。

我国农民的文化水平普遍偏低,他们对教育的重视度仍然不够,许多农村教育质量偏差,文化水平低的农民不能适应农业现代化发展的要求,这些情况必然给农业科技知识的应用及推广造成很大的障碍。

农业经费投入严重不足也是我国农村发展面临的一大困境。国外中上等收入国家的农业研究支出占农业总产值的百分比远远高于我国。农业科学技术的发展需要一定的资金,农业资金投入不足必然阻碍农业科技水平的提高,而且必将影响农业科技成果的应用及推广。农村部分领导干部的农业科技意识不高,还没有充分地认识到科学技术对农业发展的重大作用,对农业科学技术的推广积极性也并不高。

在我国农业发展面临困境的同时,仍然存在发展的机遇。20 世纪七八十年代,我国农业科技逐渐有了发展,在一些领域有了新的突破,农业科学在学科分化与分工的同时,逐渐有了新的联合。同时,在农业科学技术领域逐渐出现农业科学技术的国际合作,国与国之间的竞争与合作并存,这有利于我国农业科技的发展。我国在农业生物技术方面也有了一定的发展,如动植物基因研究、农业生态环境整治、农业信息技术等。1960年袁隆平就获悉杂交玉米、杂交高粱、无籽西瓜等已广泛应用于国外生产中,这使袁隆平认识到基因分离、自由组合等规律对作物的育种有着重要的意义。因此,袁隆平开始了水稻的有性杂交试验。1973年,袁隆平发表了著名论文《利用野稗选育三系的进展》,这宣告我国籼型杂交水稻"三系"配套成功,是我国水稻育种的一项重大突破,为水稻杂种优势的利用铺平了道路。同时,小麦、棉花、玉米等其他农作物也相继发生了种子革命,这对提高农作物的产量以及品质起到了重要作用;中小型化肥厂的建成为增产增收提供了条件;现代化的农业装备也逐步增多,为农业生产力的提高起到了支撑作用,也保证了农作物产量的提高;生长期短且高产稳产抗倒良种相继育成并得到推广,间作、套种、复种技术在农村得到应用,作物复种指数也有了很大的提高。

三、科技兴农新形势

进入21世纪,我国农业正处于传统农业经济、现代农业经济和高新农业技术经济并存并逐步由低级向高级转化、发展的阶段。其显著特征是以现代科学技术为强大支柱,通过以生物技术、信息技术等为核心内容的高新技术的武装和综合应用,形成农业高新技术产业或产业群,推动农业和农村的现代化进程,把传统农业转变为以现代科学技术为基础的现代持续农业,使农业资源得到合理利用和保护。这不仅是农业生产力的一场变革,更是传统的农业观念上的一场革命,因而具有前所未有的广泛性和联动性。以抗虫、抗病、耐除草剂和高产优质动植物新品种培育为特征的生物农业、以计算机自动化和智能化综合运用为特征的信息农业、以农业工程化生产为特征的设施农业、以人类健康和人与自然和谐一体为目标的有机农业、以可持续发展为方向的生态农业,正成为新的农业科技革命发展的重要趋势。农业的发展与进步是全面建设小康社会的基础和关键。当前中国的农业正面临着严峻的形势。经济全球化、国际化引发农产品以质量与市场为核心的竞争日趋激烈,我国"三农"瓶颈尚未突破农民低收入、国家低投入直接影响农业新技术的应用,农业资源的人均低占有和高耗费、农业环境的高污染和难治理等问题仍然困扰着农业的发展。因此,在自然人口、投入等不利因素的制约下,中国农业要实现新的突破和发展,必须依靠农业科技进步,通过农业科技的突破性成果和新技术的有效应用,实现我国农业的持续发展。

(一)发展农业科技的重要战略意义

发展农业科技是应对日益激烈的国际科技竞争的迫切需要。科技竞争是世界各国综合国力竞争的核心。农业科技是推动农业发展的强大动力,以农业生物技术和信息技术为特征的科技革命浪潮正在世界各国全面兴起。美国、日本、以色列等发达国家,印度、巴西等发展中国家,近年来都在实施新的农业科技发展战略,改革体制机制,加大科研投入,加快创新步伐,抢占农业科技发展制高点,农业国际竞争更加激烈。世界农业贸易中对高科技含量和高附加值的农产品的需求比重和对农产品的卫生和质量标准要求越来越高。发展农业科技是我国农业发展的根本出路。只有依靠科技进步,通过农业科技的成果和新技术的广泛推广应用,才能实现中国农业的可持续发展,最终早日实现中国农业和农村现代化。当前,制约农业及农村经济发展的因素很多,如水土流失不断加剧、环境污染日益严重、生态破坏愈演愈烈等。农业新技术的应用,可以合理开发和利用土地、水等资源,提高资源产出效率;可以拓宽资源范围,实现资源有效替代,缓解现有资源的约束;同时还为控制生态破坏和环境污染,开展科技减灾提供基本手段。发展农业科技是建设社会主义新农村的重要支撑。建设社会主义新农村,要求我国农业由传统农业向现代农业转型,现代农业的典型特征是高产、优质、高效、生态和安全,这些都依赖于农业科技的不断创新支撑,农业科技已成为增强农业生产能力、提高农业生产效率、转变农业增长方式和推进现代农业建设的关键因素。

(二)农业科技发展中存在的问题

当前,我国农业科技虽然取得了长足进步,但是仍然存在着很多影响农业科技发展的问题。

一是农业科技体制不完善。各级政府对农业科技重视程度不够,传统农业科技体制宏观管理条块分割、经费保障不足、组织布局分散、研发层次重叠、管理效率低下、学科设置陈旧、专业单一、跨专业综合性项目较少、研发方向与市场需求脱节,运行机制、分配机制、激励机制僵化落后。

二是农业科技供需不协调。农业科技与农业生产、农村经济发展和农民增收脱节状况比较严重。农村分散经营方式、农民收入增长相对缓慢、科技信息传输不畅等因素不利于采用新科技。在现行体制下,科技供给不是按照"科技上先进,生产上可行,经济上合算"等原则进行严格把关,而是靠"长官意志"拍板定案审批课题。政府出于农业发展的公共目标,把农业产量增长及其粮食安全定位为农业科研的基本方向,而农户则出于增收的目的来考虑是否使用科技。

三是农业科技推广不到位。农业科技推广经费严重不足,成为制约农业科技成果推广和转化的重要因素。许多地方的乡镇农业技术推广机构和人员因机构改革和经费不足等原因,存在着"线断、网破、人散"的现象,工作人员业务培训少、素质偏低,工作经费少、设施落后,推广方式少、手段单一,人员流失多、功能弱化,行政事务多、精力分散,科技成果推广不力。

四是农业科技转化不完全。据有关专家介绍,我国农业科技创新水平在大多数领域仍落后于发达国家10~15年。我国农业科技对农业生产的贡献率为45%,但发达国家农业科技对农业生产的贡献率都在75%以上,德国、法国、英国等甚至达到90%,以色列也达到了90%以上。我国农业科研成果转化率也比较低,据资料显示,2000年以来,我国每年取得科技成果6 000多个,但转化率不足50%,真正形成规模的不到20%,而发达国家农业科研成果转化率已经达到80%以上。

(三)农业科技发展的对策

导致我国农业科技问题的根源是多方面的,其中观念滞后、资金不足、人才短缺、体制欠佳则是其最主要的原因。为此,必须针对我国农业资源禀赋条件和农业现代化水平,按照农业科技发展规律的要求,通过构建科学合理的农业科技体系,以推进农业科技持续健康发展。

一是深化农业科技体制改革。我国农业科技体制改革,要按照"抓大放小,合理布局"的原则,通过"并、转、建、撤"等不同途径进行调整、改造和改建,组建国家级农业科研中心、地方农业科研中心。按照"稳住一头,放开一片"的原则,"稳住"一批优秀农业科技人才,同时要让一大批农业科技人员进入市场,使农业科研成果早日进入市场大循环。要加快建立以政府为主导、社会力量广泛参与、随着社会经济发展稳定增长的经费保障机制。国家的科技投入要不断提高用于农业科研的比重,有关重大科技项目和攻关计划要较大幅度增加农业科研投资规模。政府在加大科技投入的同时,要改善农业科技创新的投资环境,引导工商资本、民间资本和外资流向农业高技术产业,发展农业科技创新风险投资,把政府资金投向技术集成度高、市场前景广阔、经济效益巨大的重大项目。

二是建立以农为本的农业科技评价体系。农业科研工作的最终目的是促进社会主义市场经济的健康快速发展,科研方向应当反映当前和今后经济发展的需求,应当体现农业农民的需求。要破除以科研文章、国家项目为基础的单一化考评机制,使得从事产业化研究的科技人员和成果受到重视。农业科技人员必须尽快解放思想,建立以市场为导向的农业科研观念,针对我国农业科技发展的新情况,研究新对策、寻找新策略,用长期、动态、战略的眼光去研究市场。要改变人们长期以来农业靠天吃饭、自给自足的观念,提高人们对农业科技在农业发展中作用的认识。要积极推进农村教育综合改革,提高我国农村劳动力的文化素质和科技素质,加快我国传统农业向现代农业的转变。

三是加强和改进农业科技推广体系。要尽快健全农业技术推广服务体系,做到县、乡、村有站,省、市有中心,充实人员、配全设施、拨付经费、加强培训、提高素质。要改进思想指导,实现由"技术"为中心转变为以"农民"为中心。要实现由单纯依靠行政手段转变为依靠行政手段和市场机制的有机结合,并逐步强化市场机制的功能,这是农业科技推广工作得以"生根、开花、结果"的关键所在。要加快构建和完善以国家农业技术推广机构为主导,农村合作经济组织为基础,农业科研、教育等单位和涉农企业广泛参与,分工协作、服务到位、充满活力的多元化的农业科技推广体系。

四是加强农业成果转化和应用。农业科技成果产业化是农业科技直接进入农业与农村经济,加速科研成果转化为生产力的重要途径与模式。要培养农业科技人员市场意识,研究开发和推广有市场前景和发展前途的成果,再依据市场反馈信息指导下一步工作,形成研究、开发、推广、转化的良性循环。要因时制宜、因地制宜,用适宜个体、集约经营的技术来增强农业生产能力。要依靠产、学、研结合,在科研机构的设置上,通过一系列的立法和机制创新,努力推进农业科技成果产业化。

四、世界农业科技的迅速发展

现代化农业以物理技术与生物化学技术以及现代机械作为其基础,以人力、畜力为动力的农业手工工具被各种农业机械所代替,这就使得农业生产率有了很大的提高,而且生产面貌也随之发生了巨大的变化。世界上各个发达国家都根据自己国家的国情走出一条现代农业化道路,把提高农业科技水平作为发展现代农业的一种必要手段。

美国的农业科技发展得比较早,从20世纪50年代起美国的农村就开始大规模使用电话和广播,电话和广播在农村的普及有利于促进农业科技信息的传播,可以更好地把新的农业科技知识带到农村,这无疑促进了美国农业科学技术的推广。加之美国地多人少、劳力不足,但是国家的工业比较发达,这样就可以把先进的工业技术运用到农业上,使农业从机械技术阶段发展到现代生物化学技术阶段。

对于人多地少、自然资源相对贫乏的国家来说(比如日本、荷兰),他们的劳力资源丰富但是耕地不足,所以需要提高单位面积的产量,以达到增加总产量的目的,这就决定了日本必须运用科技的力量发展农业,日本的农业现代化是从生物技术阶段发展到机械技术现代化阶段的一个过程。

法国、德国、英国的耕地和劳力都不足,但是他们能很好地利用工业的优势,把工业科技作为农业发展的基础,坚持把机械技术和生物技术结合起来,同样走出了一条适合国情的农业现代化道路。从世界整体农业发展水平来看,20世纪50年代以来,世界农业科技水平有了迅速提高。计算机技术被普遍地应用到农业生产领域,信息技术广泛地应用于农业上,这就使农业生产机械越来越趋向于自动化和智能化,同时也使得农业生产向工厂化、信息化方向发展。世界各国的现代生物技术研究不断取得新的进展:微波技术、超临界流体萃取技术、冷冻干燥技术、高压处理技术、磁力杀菌等一些先进的科学技术已经被许多国家应用到农产品加工领域,激光技术也被应用于培育良种、刺激农作物生长等农业领域,食品保鲜、细胞工程、无性繁育、除草、病虫害防治等领域都已经运用化学技术。

世界各国特别是发达国家越来越多地关注农业科学技术的发展,把农业科技作为降低生产成本、提高经济效益、提高劳动生产率、促进农业经济增长的一个有力的手段。科技要发展必然要求有高素质的农民,发达国家的农民基本上都是具有专业知识的劳动者,如西欧国家要求公民经过专业培训并且顺利通过考试获得证书后,才能成为正式农民。美国的农场主大部分是从各个州立大学的农学院毕业的知识分子。同时,世界上很多国家都关注农业科技的投入,这在很大程度上刺激了农业科学技术的创新以及推广,许多国家的农业科学技术水平得到迅速提高。

五、我国农业科技发展历程及成果

(一)我国农业科技发展历程

在"科教兴农"战略思想的指引下,我国政府实行了国家主导型的农业科学研究和技术推广格局,在推进农业科技进步方面实施了多项兴农计划。1985年由国家科委制定和组织实施了"星火计划",其宗旨就是要把科技星火撒向农村,指导农民依靠科技振兴农业,引导乡镇企业提高水平,加快农业现代化进程,促进农村经济的发展。"九五"时期还特别实施了"星火西进工程",以促进中西部地区农业科技的发展。1987年由农牧渔业部和财政部共同组织实施了"丰收计划"。十年间参加实施"丰收计划"的科技人员90万人次,推广科技项目257类。1988年农业部宣布实施"菜篮子工程",优先推广十个方面的科技成果,发展畜牧水产、蔬菜业生产,以此增加和保障我国副食品的有效供给。此外还有被列入国家"九五"计划和2010年远景目标的"种子工程"(1996年全面启动)。除了上述直接面向农民和农村的推广性工程外,在国家高技术攻关项目中,农业也占有重要位置,如"863计划"生物技术领域的育种工程项目、区域农业治理项目等也都获得了成功。据农业部统计,1992—1998年,全国共培育出各类农作物新品种800多个,农产品增产幅度在8%～10%,农作物间套、复种技术的研究和推广扩大到全国耕地的1/3。规范化栽培面积达20 000千公顷,地膜栽培技术累计推广达15 000千公顷,节水农业技术的推广使灌溉水利用率高达80%～90%。其他还有如新的配套施肥技术、科学的饲料配方和饲养方法以及新型农药、化肥等的出现,都对农业增产、农民增收起到了重要作用,我国的粮食、棉花、油料、水果、猪牛羊肉、禽蛋、水产品总产量均为世界首位,谷物、棉花、花生等单产均高于世界平均水平。这些成果的取得,为我国高产优质高效农业和农村各项技术进步打下了坚实的物质基础,给我们以深刻的启示。农业是一个社会生存和发展的基础,有很强的外部经济性(或者说是社会效益),但由于其生产周期长,受自然因素影响大,技术的开发和推广投入都有很大的风险,从而影响了私人对技术领域投资的积极性,因而政府的主导性在农业科技的发展过程中显得尤为重要。

改革开放以来,我国农业教育与科技事业也蓬勃发展,极大地促进了我国农业生产力的提高。1978年第一次全国科学大会召开,全国迎来了科技的春天,各项工作逐渐步入正轨,农业科技体制改革也拉开帷幕。我国农业科技不断发展,特别是党的十八大以来习近平总书记提出了一系列关于科技创新的新理念、新思想。2012年习近平总书记强调,要加快创新驱动发展战略,完善创新机制,"让农业插上科技的翅膀"。党的十九大报告指出创新是引领发展的第一动力,是建设现代化经济体系的战略支撑,并对加快建设创新型国家做出了战略部署。十九大后科技体制改革日益深化,在重大项目管理、扩大科研机构自主权和调动科研人员积极性等方面取得了突破性进展。这是新时期农业农村经济取得历史性变革和历史性成就的原动力。

(二)我国农业科技的巨大成就

我国农业科技取得的巨大成就,主要体现在以下几个方面。

农业科技整体水平快速提高。农业科学世界排位上升,中国农业科技战略研究力量有4个机构进入全球TOP50,分别是中国科学院、中国农业科学院、中国农业大学、浙江大学。农业论文质量提高,2014—2016年间,我国农业论文发表总量、高被引总量均排位第二位,占全球总量的9.4%。知识产权保护水平提高。2014—2016年全球农业领域发明专利申请量排位中国有16家机构进入TOP50。农业科技自主创新取得重大突破。农业科技取得一系列原创性标志性成果,共获得国家各类科技奖励2 227项。袁隆平院士、李振声院士获国家最高科技奖。在品种培育方面,挖掘出一批优质种质资源及基因,基本上完成了小麦、水稻、玉米等主要农作物的基因图谱绘制和测序工作；基本上完成了猪、牛、羊等动物的基因测序、基因组测序，建立了中国荷斯坦牛技术育种体系。在技术研发方面，黄淮海平原中低产田地区综合治理、两系法杂交水稻技术获得了国家科技进步一等奖。动植物疫情防控和病虫害综合防治技术取得了重大进展。

农业科技创新体系逐步完善。一是人才队伍蓬勃发展，全国农业科研机构由1979年的597家发展到了2017年的1 063家，农业科研人员由1979年的2.2万人发展到了2017年的11.5万人。截至2017年，全国乡镇以上农技推广机构达到了7.49万家，农技推广人员达到54.1万人。二是农业科技总投入和研发经费持续增加。农业科研机构和农业高校的科研经费从2001年的62.58亿元增加到2015年的388.8亿元，增加了6.2倍。2015年农业研发总经费是2001年的8.8倍。三是创新平台功能日趋完备。布局建设农业领域两个重大工程，49个国家重点实验室，206个国家农作物改良中心、储存中心，10个国家农业科学数据中心。37个农业农村部重点实验室体系，涵盖了42个综合性的实验室，335个专业性重点实验室和269个科学观察试验站。

农业科技产学研结合机制创新持续推进。构建了50个主要农产品现代农业体系，71个农业科技创新联盟，40个国家现代农业产业科技创新中心。建成国家农业高新技术产业示范区2个，国家农业科技园区278个、国家现代农业产业园47个。支持农业企业建立40余个国家和农业部重点实验室，认定28个育繁推一体化的种业企业。农业技术推广体系不断健全。建成省、市、县三级农技机构设置健全的体系。支撑保障能力不断增强，示范推广了一大批重点品种、关键技术和先进模式，多元化农技推广不断完善。农业科研院校科技人员成为农技推广服务的重要力量；涉农企业、农民专业合作社等专业社会化服务组织快速发展。

农业科技国际合作不断拓展。伴随着改革开放深入推进，我国逐步加强农业双边和多边合作，农业科技领域的合作不断向纵深发展。合作对象不断拓展，与140多个国家（地区）以及国际组织建立了合作关系；合作机制不断深化，在生物育种、植物保护等领域，与有关国家和国际组织建立了联合实验室、研发中心等一批国际农业科技合作与交流平台；多边互动日益活跃，引进国际先进农业技术2 000多项,在非洲、亚洲等发展中国家援建了水稻、玉米农场、试验站或技术推广站,帮助100多个国家培养18万农业人才。

(三)农业科技的重要贡献

推动主要农产品综合生产能力迈上新台阶。品种不断更新,培育并推广应用了一大批高产、优质粮棉油等农作物新品种、新组合;技术支撑有力,推广了粮食稳产增产、农业防灾减灾、农机农艺融合、农产品储运保鲜等先进适用技术;模式不断改进,以复种、间种、套作为代表的耕作指数不断改进,开展病虫害统防统治,粮棉油糖高产创建等绿色生态循环模式示范,开展农业科技创新和集成示范。在科技进步的作用下,我国粮食单产从1978年的135千克/亩,提高到2017年的367千克/亩,粮食总产量由1978年的3亿吨连续迈上4亿吨、5亿吨、6亿吨台阶;肉类总产量连续20多年稳居世界第一。

推动农业转型升级和现代化水平提升。农业机械化主推节本增效,农技作业向产前、产中、产后全过程拓展,由种植业向养殖业、农产品加工等领域延伸;农业绿色化主推转型升级,大力推广化肥农药减施技术和农作物秸秆、农膜、畜禽粪便等农业废弃物利用技术;农业信息化深入推广开展互联网＋现代农业发展行动;主要农作物良种基本实现全覆盖,自主选育品种面积占比达到了95%,畜禽水产良种化、国产化占比逐年提升,农业耕种收综合机械化水平达到67%,农业科技进步贡献率达到57.5%。

推动农民增收和脱贫。科技助力农民增收,各地广泛实施节本增效科技示范、农民培训和科技扶贫等项目,强化新技术引领,积极发展休闲农业、创意农业等新业态,加快推进农村一二三产融合发展,农业产业链不断延伸,让农民更多分享产业链增值收益。城乡居民收入差距系数从2013年的2.81缩小到2017年的2.71。贫困人口从1978年的7.7亿减少到2017年的3 046万,减少了7.4亿。

推动农业农村绿色发展取得新成效。围绕破解资源利用和环境保护的重大瓶颈问题,转变农业技术方向,构建了支撑农业绿色发展的技术体系。推广了一批清洁生产技术,发展节肥节药、资源循环的种养模式,大力推广示范降解地膜和残膜回收技术;发展了一批能源替代技术,积极推进农村清洁能源替代工程,推广应用大中型沼气工程,实现节能减排、有效改善环境;应用了一批环境整治技术,支持全国 7.8 万个建制村开展环境综合整治,全国 60% 的建制村生活垃圾得到处理,22% 的建制村生活污水得到处理。

推动农业及农村人才队伍水平快速提升。坚定不移地实施人才强国战略,深入推进农业农村人才发展机制改革。农业科研人才方面启动实施了农业科研杰出人才培养计划、中国农业科学院科技创新工程等。农业技术推广人才方面,截至 2017 年,农业部所属系统共有农技推广人员 54.14 万人。农村实用人才培养方面,2015 年度全国农村实用人才总数为 1 692.30 万人,比 2010 年增加了 61%。从人才资源类型来看,2015 年,生产型、经营型、技能服务型三类人员占农村实用人才总数的 75%,比 2010 年增长了约 55%。

(四)我国农业科技发展的经验与问题

首先,要坚持党的领导。党中央始终重视农业科技工作。习近平总书记提出,给农业插上科技的翅膀,农业的出路在现代化,农业现代化关键在科技进步和创新。2018 年,在中国农科院建院 60 周年贺信中,习近平总书记强调,要立足我国国情,遵循农业科技规律,加快创新步伐,努力抢占世界农业科技竞争制高点,牢牢掌握我国农业科技发展主动权,为我国由农业大国走向农业强国提供坚实的科技支撑。实践证明,党的领导是农业科技推进的可靠保障。其次,要尊重农业科技规律。坚持农业科技公益性、基础性和社会性定位。农业是弱势产业,农业科技成果大多属于纯公共产品或准公共产品范畴。农业科技科研周期长,大田农作物育种周期为 8~10 年,而茶、桑、果、畜禽、水产等的育种周期为 20 年左右。农业科技创新活动受大自然的影响十分直接,成果的产生和使用都有明显的地域性限制。

再次,要实行"大联合、大协作、大攻关",充分发挥社会主义集中力量办大事的制度优势。整合优势农业科技资源,搭建全局性、区域性、行业性重大农业科技问题协作平台,组织全国农业科技系统开展大联合、大协作、大攻关。

最后,要充分调动科技人员创新积极性。人才是第一资源,我国农业科用事业凝聚人才,用时间造就人才,用机制激励人才,用政策吸引人才,用环境塑造人才,为农业科技创新注入了强大的动力。时间证明科研人员是科技创新的主体,充分发挥农业科技人员的创新积极性、主动性和能动性,是农业科技改革的出发点和落脚点。

我国农业科技发展取得了举世瞩目的成就,但在现阶段也存在一些问题。

第一个问题是我国农业科技供需结构失衡。我国农业科技虽然产出了一大批科研成果,但大多数成果以高产为导向。从乡村振兴、农业供给侧结构性改革和现代化农业农村发展的现实需求看,一二三产融合、乡村治理、绿色发展等方面的技术供给是短板。节本、增效、绿色等提升国际竞争力的技术需求不断增长。与国际先进水平相比,我国绝大多数学科和技术仍然处于并行和跟跑的状态。有数据统计显示,我国农业科技19%处于国际领先、17%处于并行、64%处于跟跑。

第二个问题是部分关键核心技术受制于人。对比国际先进技术,我国农业科技存在明显的短板。农业领域技术短板主要有重大育种价值的关键基因挖掘、主要园艺作物优质品种国产化育种技术、畜禽核心种质育种技术等。从产业来看,我国生猪、蛋鸡等畜禽养殖量占世界首位,但畜禽遗传育种核心种源80%依赖国外进口,部分核心种源如白羽肉鸡依存度达到100%。

第三个问题是科技、经济"两张皮"没有得到根本解决。主要表现在:国内研究成果转化率低,近年来成果转化率仅为40%,与世界先进水平(80%)相距甚远。企业技术创新能力薄弱,普遍重生产轻研发,重引进轻吸收,重模仿轻创新。产学研用紧密结合的体制机制尚未形成,企业与高校院所协作不紧密、资源配置碎片化,科技人员评价唯论文、唯课题、轻应用等问题突出。科研机构评估评价体系尚不健全。

第四个问题是农业科研机构体制改革迟滞。从2002年开始的中央级科研机构分类改革至今没有取得应有的成效。地方科研机构的改革也未达到预期的目标。

第五个问题是科研投入结构和方式不尽合理。存在着投入强度低,农业科技投入占农业GDP的比重(即农业科研投入强度)为0.65%左右,低于农业发达国家水平,也低于世界平均水平。投入结构不合理,2016年农业科研机构与农业高校的三项经费支出中人员劳务费仅占科研经费的39.4%,远低于法国农科院74%的数据。投入方式不合理,稳定支出项目占科研机构项目经费的20%~40%,低于发达国家70%~80%的水平。

第二节 农业科研条件建设现状与技术水平

科学技术迅猛发展使得科技创新的主导作用日益显著,知识资源的占有配置创造和利用方式的优劣成为决定国家科技竞争力强弱的关键因素。作为国家基础设施建设的重要组成部分,科技基础条件支持着全社会的创新活动,对它进行优化与重整已成为目前各国政府最具优先权的基本任务。发达国家普遍把科技基础条件的优化与加强作为强化竞争优势的一项国策,许多发展中国家也把科技基础条件的重整与提高当作实现跨越的战略举措。科技基础条件资源指用于科技活动的物力资源,包含各种以仪器设备、研究实验基地、生物资源、科学数据等形式存在的物质实体。科技基础条件资源作为科技创新的基本要素,是国家的战略资源,对国家及区域的科技创新活动、国民经济发展、民生改善等产生着广泛的影响。近年来,中央及地方财政不断加大对科技基础条件资源的投入力度,各地区的科技基础条件建设水平得到了大幅提升,但区域之间的科技基础条件资源规模、结构及共享情况仍然存在较大差别。国家科技部提出了加强科学技术基础条件平台建设的要求,实施了国家科技基础平台工程规划并建立了国家研究与开发平台。科技基础条件平台建设作为科技创新体系的重要组成部分,是增强科技总体实力,实现自主创新战略不可缺少的基本保障。

农业科研基础条件是为了支持和促进科研活动开展所需要的科学实验条件与基础设施。狭义的农业科研基础条件是指科研条件中的硬件,重点包括实验材料、仪器、设备、设施等内容,以及为保障科学研究开展所必需的基础设施,如房屋、场地、水电气等资源;广义的农业科研条件还包括文献、基础数据、规范和标准、生物种质资源及标本等。其概念外延是指开展科研活动所依托的全部物质条件与保障能力,其中物质条件主要包括与科研活动相关的各种用途的固定资产和未达到固定资产价值标准的其他物质条件(如低值易耗品),保障能力指依托物质条件所产生的保障能力,如稳定供电、便捷信息查询等,是集聚科技人才、提高创新效率、培育创新成果及增强整体创新能力的基础条件总集合。通过加强科研基础条件投资,提高科研基础条件水平,可以有效降低农业科技创新风险和成本,提高创新主体动力,推动科技创新。

一、我国农业科研基础条件投资

(一)我国农业科研基础条件投资规模分析

1985—2008年,我国农业科研基础条件投资累计完成67.5亿元,年度投资增长了309%,年均增长6.3%;同期,农业科研总投入398.4亿元,年度投入增长了376%,年均增长7.0%;全国科技财政总支出4 878.6亿元,年度投资增长了531%,年均增长8.3%。我国农业科研基础条件投资所占绝对比例还偏低,仅为科研总投入的16.9%,政府投资不仅少,而且远低于政府对全国所有行业的平均水平,进一步增加基础条件投资规模,提高科研基础条件投资在总投入中比例的空间还很大。同时,科研基础条件投资增幅与总投入增幅基本持平,为总投入增幅的86%,是全国科技财政支出增幅的65%;年均增长速度较收入增长低0.7个百分点,较全国科技财政支出低2个百分点,说明虽然随着农业科研单位对科研基础条件投资的重视程度增加,投资增速与总投入增速相当,但从整体来看,增幅和增速仍处于滞后状态。

(二)我国农业科研基础条件投资的趋势分析

1985—2008年,我国农业科研基础条件投资总体趋势表现出明显的先平稳下降后显著上升的趋势。"七五"期间为明显的下降趋势,"八五"期间为先升后降,1996年科研基础条件投资为2.71亿元,为1985—2000年间的波峰值,"九五"期间在达到波峰后呈下降态势,"十五"时期起开始呈快速上升趋势。其中1985年至"九五"期末的年平均增速仅为2.1%,"十五"时期至2008年,年平均增速为15.5%,后者是前者的7倍多,特别是自2004年起,农业科研基础条件投资增幅、增速显著加快,年均增幅0.7亿元,年增速最高达到67%。与此同时,我国科研基础条件投资与科研总投入的稳定快速增长趋势并不完全一致,投资趋势曲线变化从"九五"时期后才表现出显著的正相关性,之前的变化曲线为负相关性,即总投入增加而科研基础投资却呈下降趋势,近期科研基础条件投资较大的增长主要依赖于"十五"时期以来的超常规发展。

(三)我国农业科技基础条投资结构分析

依据《全国农业科技统计资料汇编》的分类标准,将农业科研基础条件投资结构划分为行业结构、来源结构、隶属结构、项目结构四类进行比较分析。

(1)行业结构分析。行业结构包括种植业、畜牧业、渔业(水产)、农垦、农机化五个行业。总体来看,研究期内各行业科研基础条件投资的比例依次为种植业占63%、畜牧业占15%、渔业占14%、农垦占6%、农机化占3%;种植业投资各年份比例始终保持在40%以上,其中1996年最高达到81%;畜牧业保持在6%以上,其中1988年最高为38%;渔业投资比例一直在8%~23%波动;农垦投资一般大于3%,小于13%;农机投资比例波动在1%~10%。而1986—2007年间我国种植业产值比重从1978年的接近80%调整到2007年的约50%,畜牧业产值比重由15%上升到了30%以上。我国农业科研基础条件投资的行业结构不仅分配比例不协调,而且严重滞后于农业生产结构的调整,其中种植业所占比例最大,超过了其他四个行业之和,农机化比例最低,不足5%;年度波动幅度也较大,在1988年五个行业结构比例最为接近,1996年行业结构差距最大。

(2)来源结构分析。按投资来源分为政府拨款、企业资金、自筹资金和其他四个类别,为突出农业科研基础条件投资的公益性,本书仅对比政府拨款和非政府拨款两大类。1985—2008年政府拨款占74%,各年比例变化相对稳定,维持在60%~80%,高于科研单位全部收入中政府拨款所占比例,说明在基础条件投资中对于政府投资的依赖性更强。

(3)隶属结构分析。隶属结构方面分为农业部属、省属、地市属三个管理层级,研究期间部属单位的科研基础条件投资结构的变化较稳定,围绕32%的平均水平上下波动,总体上略有升高;省属单位的变化幅度最大,其1988年的最高比例为72%,2003年的最低比例为26%;地市单位自1993年达到48%的最高值后,呈逐年下降趋势,且2006年之后下降趋势加快。特别是2004年以后,部属单位、省属单位投资增速显著增高,而地市级科研基础条件投资却较之前有所下降,且下降趋势增快。可见,近年来省部级科研单位的科研基础条件改善变化较大,而地市级单位受财政资金有限或其他因素等制约,发展步伐缓慢。

(4)项目结构分析。按项目内容,分为科研用途、生产经营与生活用途,在科研用途中又划分为建筑安装工程与科研仪器设备两大类。1985—2008年,科研基础条件投资占全部基础条件投资(科研基础条件投资与其他基础条件投资)的80%,说明在农业科研系统内绝大多数基础条件投资用于科学研究,少量应用于生产经营和生活用途。在科研基础条件投资中土建工程占53%,科研仪器设备投资占47%,且仪器设备增速高于土建工程增速约12%。

科技进步是我国农业发展方式转变的直接推动力,不断提高科技进步贡献率是强化科技支撑的重要体现。开展科研基础条件投资研究是对农业科技投入研究的深化与细化,是农业科技投入内部结构优化的必然选择,是提高投资效率和提高科技进步贡献率的重要基础,对于新时期我国确定农业科研投入规模、优化内部结构、加快科研投资体制改革及国家科技创新体系建设等具有重要意义。国家科技基础条件平台建设战略研究报告(2006年)指出,各国都非常重视通过科技基础条件建设,尽快使科研院所具备创新设施精良、配套设施完善、创新体系完整的现代基础设施条件,营造一个有利于全面创新、人才脱颖而出的良好环境,提高创新主体动力和效率,以提升整个国家的创新能力。可见,开展农业科研基础条件投资,建立更加科学的投资机制,保障适度规模与合理结构,不断提高投资效果对于促进学科发展与创新能力提升具有重要战略意义。

二、我国农业科技条件的不足

改革开放以来,我国的农业科技与基础条件建设取得了一定的进展,1985—2009年累计完成科研基础条件投资90.71亿元(不变价格),目前拥有了一批高水平的科技基础设施和基地,在农业领域内(农业部科教司,2009)建有重大科学工程1个,国家重点实验室5个,野外科学观测台站5个,国家工程实验室、工程研究中心及工程技术研究中心10个,国家农作物种质资源库、圃等44个,农业部重点实验室132个,野外科学观测台站68个,为我国农业科技创新与科技进步做出了重要贡献,但与快速增长的农业科技创新需求相比,基础条件投资与建设还存在诸多问题,一是科技基础条件投资总量不足,"三低"现象依然严重,即国家财政科技拨款占国家财政支出比为4.1%(2009年数据,下同),农业科技财政拨款占科技拨款的比为3.9%,农业科技基础条件投资占科研基础条件投资的比为1.1%。二是投资结构不合理,基础条件投资集中度较高,表现在区域不均衡,主要集中在中南、华东地区(占总投资的52%),研究领域不均衡,种植业投资占总投资的63%,管理层级不均衡,其中省部属科研单位投资占87%。三是科技基础资源分散严重,截至2009年底,全国地市级以上(含地市级)农业部门属全民所有制独立研究与开发机构(不含科技情报机构、涉农大学)共有1 093个,共享机制缺乏,重复建设严重。四是重大科研基础平台缺乏。国家重大科学工程是推动我国科学事业发展和开展基础研究的重要手段,已成为国家科技发展水平,尤其是基础研究发展水平的重要标志,但是农业领域拥有的国家重大科学工程还不多。目前,全国建有重大科学工程27个,农口仅拥有2个;国家重点实验室已建设333个,农口只有20个,这种局面不利于农业科技自主创新和重大农业科技问题研究的开展。五是仪器设备自主研发能力差,原始数据积累不够。目前,一些大型农业科研仪器设备仍然依赖进口,我国自主研发的分析仪器在国内的市场占有率不足27%,自主创新能力较弱;科研基础数据和自然科技资源没有得到很好的保存和积累,关键数据与资源的分享机制不健全,从而导致相当一部分资源短缺与数据垄断并存,信息滞留与资源流失严重,拥有的实验动物模型种类不足世界总量的1%,图书文献种类不足世界总量的25%。因国内试验条件落后和科技信息的滞后造成了一些科研人才的流失。六是后续投资与管理不到位,缺乏有效管理办法和考评机制。从国家层面而言,缺乏科技平台共性管理办法,各类平台各自为战,且平台组织方式、管理手段、开放共享机制不健全,除了国家重点实验室以外,大多数平台尚未形成有效的考核评价机制。从建设依托单位而言,大多数平台缺乏有效的科技资源配置手段,现有平台建设大多是科研单位多个研究单元科研力量的整合,在管理上,对外是平台,对内还是各自的研究室,存在"两张皮"的现象。这种现象不利于科研目标整合、学科建设、对外学术交流、人才引进与培养等工作,科技平台开放共享机制有待完善。七是科学合理的投资评价体系尚未建立,高效稳定增长的投入机制尚未形成。

第三节 农业科研条件建设目标展望

农业科研基础平台承担着整合学科资源、优化农业科技资源配置、集中研究方向的重要功能,已成为推动我国农业科技发展的核心环节,以及实现学术资源、人才资源和科研资源有效共享的枢纽。尽管近年来我国农业科技基础条件建设取得了重要成效,但与快速增长的农业科技创新需求相比,我国现有的农业科研基础设施状况还存在较大差距。为解决我国农业科研基础条件建设中存在的问题,实现"创新驱动发展战略",有力提升我国战略性农业科技研究及自主创新能力,可通过强化对国家农业科技创新平台、学科群农业农村部重点实验室及区域性农业科研基础创新基地等农业科研基础平台的建设,提高我国农业科研基础设施和仪器装备水平,推进农业科研资源布局的显著优化,实现农业科研联合协作能力的显著提升,为进一步建成与我国农业大国地位相符、向农业强国过渡,国内领先、国际一流的中国特色现代农业科技创新体系奠定坚实的物质基础。

建设资金投入,应从优化资源配置、发挥资源优势、提高资金配置效率等角度,遵循四项基本原则:一是统筹兼顾,合理布局。以"学科群"条件建设为突破口,围绕现代农业发展的战略需求和产业导向,以全国优势及特色农产品区域布局划分为依据,统筹部署科技力量、学科设置,整合资源,完善满足产业发展需求、符合区域发展实际的科研条件建设,在全国形成区域布局合理、科研特色突出、产业发展与技术集成相得益彰的农业科研基础创新体系。二是竞争择优,同等对待。强化顶层设计,统筹协调好重大基础研究、基础性创新研究和中试转化等科研环节的有效衔接。对不同领域的科研基础平台建设在同一环节上的基础条件投入给予同等对待,对同一领域不同环节上的基础条件投入要按照竞争择优的原则,合理配置农业科技资源,进而不断创新农业科技进步的运行机制,不断优化农业科技进步的体制环境,形成运转高效的新型农业科技体系。三是多方参与,共建共享。以资源整合共享为原则,打破条块分割、资源分散、分工不明、协作不力的状况,促进跨学科、跨部门、跨区域、跨单位之间多方协同参与建设,实现资源共享,促进不同领域、基础研究不同阶段的有效衔接,发挥农业科研的整体效率。四是填平补齐,完善功能。以解决薄弱环节为重点,充分利用现有资源,将投资安排在最为关键的环节上,充分考虑与现有相关规划的衔接,避免重复建设,切实解决制约农业科技创新的瓶颈问题。

加强农业科研条件平台建设,事关农业科技创新发展,事关我国农业核心竞争力的提升。加强顶层设计,优化科研条件平台建设规划布局。要在已有建设基础上,认真总结和借鉴国内外先进经验,对科研条件平台的建设、管理和效益进行摸底调查,充分运用信息、物联网等现代信息技术,加速推进大型科学仪器设备、设施的共建共享,提升仪器设备利用率,联合其他科研机构,逐步形成区域性的共享网络。另外,还要加强各类科技资源的战略重组和系统优化,促进科技资源高效配置和综合集成。同时,加强与国家和省市科技基础条件平台工作的对接,加强省市间平台工作的合作与交流,综合利用科学仪器设备、科技文献、科学数据、自然科技资源,增强面向需求的专业化服务能力,最大限度地挖掘已有科技条件资源的潜能,使科技基础能力产生倍增效应,切实提高科技创新能力。

未来我国农业科研条件建设,应加快三项重点任务的推进。一是加快国家农业科技创新平台建设。对现有科研资源的整合,立足科研用房满足基本需求、试验基地功能完备、基础设施配套完善和公共设施高效利用的基本目标,对已有科研基地及创新平台进行改造升级。同时,以国家战略需求和世界前沿科学为导向,建设一批科研功能齐全、设施配套完善、运行管理高效的重大农业科学工程和工程研究中心,在重大学科领域形成世界一流的标志性创新工程,缩短与国际先进水平的差距,带动我国农业科技整体实力率先进入世界前列。二是强化农业农村部重点实验室建设。针对现代农业发展需要、世界农业科技发展趋势,以及本学科、本专业(本区域)领域重大科学问题,打造一批科研仪器设施处于国内领先水平和世界先进水平的综合性、专业性(区域性)重点实验室;加强对野外实验基地的科研基础条件建设,鉴于野外试验基地布点分散的现状,重视对现有基地的资源整合和区域布局优化,加强对资源共享机制的构建,整合打造一批数据处理高效、观测技术先进、资源共享机制完善的农业科学观测实验站,在运行管理上,要坚持"高效、开放、流动、竞争、合作"的原则,实现农业科技资源的共用共享和有序流动,在硬件建设和运行管理上成为本学科或本专业领域内能够与国际接轨的重要科研阵地。三是优化布局,完善区域性农业科技创新平台建设。按照"科学布局,优化资源,创新机制,提升能力"的总体设计思路,以保障基本农产品供应,确保粮棉油糖、畜禽水产等主导产业的稳定发展为基本要求,以提升区域性农业科技研究水平和创新能力为目标,以区域性农业发展对应用基础性科技研发的需求为导向,通过提升区域性农业科研机构设施装备水平,农业科研基础条件升级,打造具有鲜明区域优势和产品特色的区域性基础农业科技创新平台。参照《国家农业科技创新体系建设方案》的区域划分,提出八大区域农业基础性科研平台的建设重点。尤其是整合现有科技资源,开创新的研究平台,优化农业科技资源配置、集中研究重点科研项目工作,已成为推动我国农业科技发展的重要环节。创新体制机制,加强科研人才队伍建设要加大对高端领军人才的培养和引进力度,广泛吸收国内外优秀人才进入各类平台开展研究。同时,要加强对实验工程技术人才和管理人才的培养,形成高素质、多层次、结构合理的科研条件创新团队,并进一步完善实验工程技术人才和管理人才的评价体系,鼓励培养实用型工程技术人才,以"传帮带"的方式在科研条件平台建设和日常管理中,打造一支优秀的人才队伍。此外,要为专业技术人才多提供学习培训机会,围绕已有的、在建的和将要新建的各种科研条件平台涉及的有关专业知识和技能开展专业培训,鼓励专业技术人才提升自身素质,充分调动他们的工作积极性,为他们成长发展提供宽松和谐的良好环境。

目前至少还需要从三个方面强化农业科研基础平台建设:一是加强国家级综合性重大科技平台基础设施建设,二是解决农业综合实验基地布局缺位问题,三是推进农业科研平台中薄弱环节(如野外台站体系、质检体系、品种改良体系等)的基础设施建设。因此,国家主管农业发展部门应调整农业科研基础条件建设基本思路,投入应遵循"统筹兼顾,合理布局;竞争择优,同等对待;多方参与,共建共享;填平补齐,完善功能"四项基本原则;尽快完成"加快国家农业科技创新平台建设;强化农业农村部重点实验室建设;优化布局,完善区域性农业科技创新平台建设"的重要任务,使我国农业科研设施在硬件建设和运行管理上达到国际先进水平。

第三章

农业科研条件建设资金来源与管理

第一节 科研条件建设资金来源

近年来,在中央财政大力支持下,农业科研机构基础条件得到显著改善。农业科研单位条件建设资金来源目前主要有中央预算内投资农业基本建设资金、修缮购置专项资金、中央其他财政资金、地方政府财政资金、单位自有资金等。

一、中央预算内投资农业基本建设资金

根据相关专项建设规划,农业农村部中央预算内投资"十四五"期间重点支持以下方面的建设。

(一)中央预算内投资高标准农田建设项目

按照《高标准农田建设通则》(GBT30600)等现行国家标准、行业标准和地方标准,围绕高标准农田建设田、土、水、路、林、电、技、管八个方面,聚焦提升粮食产能,综合配套土地平整和土壤改良、灌溉排水、田间道路、输配电以及农田防护等工程措施,同步推广应用现代农业科技服务,健全工程管护机制等,实现旱涝保收、高产稳产目标。在东北黑土耕地退化问题叠加严重的地区,加强标准化示

范建设。

(二)现代种业提升工程项目

重点支持作物、畜禽种质资源保护、育种创新、测试评价和制(繁)种等种业关键环节能力提升项目建设。

1. 农作物现代种业提升工程项目

(1)国家农作物种质资源中期库(资源圃)项目。重点新建、改扩建一批国家农作物种质资源中期库、中转隔离基地和种质资源圃。项目建成后,种质资源保护体系进一步完善,收集保存、鉴定评价、分发共享能力大幅度提高。建设内容包括中期库库区、入库前种子加工处理室、分析检测室,配置种质资源基因型鉴定系统、田间表型物联网数据获取与处理系统、种质资源信息共享网络服务系统等设施装备、农机具及繁殖用地田间工程等。

(2)农作物育种创新能力提升项目。主要建设内容包括农作物育种测试设施设备、表型与基因型鉴定设施设备及田间工程建设,低温种子库、检测实验室、农机具库等土建工程,支持企业在本地或异地建设用于育种创新的核心育种站、品种测试点等田间工程,以及实验分析设备、农机具、仪器设备购置等。

(3)农业野生植物原生环境保护区(点)项目。建设隔离、警示、看护、防火排灌、温(网)室、繁育圃、连接道路及必要的供电供水等工程设施,购置安装数据采集分析、通信、生物和环境检测、标本陈列、资源监测与管护监控、巡护交通工具等设施设备。

(4)农作物品种测试评价能力提升项目。主要建设内容包括温室、大棚、灌排设施等区试田间生产设施,生理生化、品质分析实验室等分析鉴定用房,购置考种设备、质量检测、品种测定、信息处理平台及农机具等设备。

(5)农作物良种繁育能力提升项目。国家级育(制)种基地主要建设内容包括育(制)种田块改造,道路、晒场等配套设施建设,种子质量检测、病虫害防治等仪器设备购置。所需经费不列入本规划投资,如能立项,项目经费可从高标准农田建设或其他有关项目中解决。区域性良种繁育基地主要建设内容包括晒场、仓库及附属设施、种子质量检验室、农机库房、种子加工车间等土建工程,排灌设施、机耕路等田间工程,配备农机具、仪器设备、物联网系统、种子物流与追溯管理信息体系等。冬(夏)科研繁育制种基地主要建设内容包括土地平整改良、沟渠路配套、灌排设施配套等,配备农机具、仪器设备、物联网系统、种子物流与追溯管理信息体系等。

2. 畜禽现代种业提升工程项目

(1)畜禽种质资源保护利用能力提升项目。国家畜禽基因库主要建设内容包括采精室、胚胎室、药浴池、库房等生产性基础设施,以及污水处理设备、实验仪器设备、物联网系统和种质资源信息共享网络服务系统等。保种场和保护区主要建设内容包括建设标准化畜禽棚舍、孵化厅、药浴池、库房、加工车间、青贮窖等生产性基础设施以及场区道路、污水处理池、围墙等辅助设施,配套生产性能测定、疫病监测净化、防疫、病死畜禽无害化处理等设施设备,构建试验物联网系统和种质资源信息共享网络服务系统,在保护区设立界碑、指示牌、宣传牌等区界设施和宣传设施。

(2)畜禽育种创新能力提升项目。主要建设内容包括建设标准化畜禽棚舍、育种实验室等土建工程,配套性能测定、疫病监测净化、胚胎移植、育种信息处理平台等仪器设备,购置母畜、胚胎、冻精等育种材料。择优支持部分大型育繁推一体化畜禽企业,完善育种创新、标准化繁种、科技推广等方面设施装备。

(3)畜禽品种性能测定能力提升项目。遗传评估中心建设内容包括设备购置、机房改造等。品种测定站主要建设内容包括建设畜禽性能测定舍、隔离舍、饲草料库、污水处理池及其他场区工程等,配备饲喂自动供给测量系统、生产性能测定软件系统、检验检测仪器设备、病死畜禽无害化处理设备、配种防疫设备和冻精保存运输器械,建立信息处理平台。

(4)畜禽制(繁)种能力提升项目。主要建设内容包括建设标准化畜禽圈舍、青贮池等设施及配套养殖设备、良种登记管理信息系统等。

3. 饲草种业类现代种业提升工程项目

(1)品种测试评价中心(站)。建设内容包括温室、大棚、灌排设施等区试田间生产设施,生理生化、品质分析实验室等分析鉴定用房,购置考种设备、质量检测、品种测定、信息处理平台及农机具等设备。

(2)区域性良种繁育基地。建设内容包括晒场、仓库及附属设施、种子质量检验室、农机库房、种子加工车间等土建工程,排灌设施、机耕路等田间工程,配备农机具、仪器设备、物联网系统、种子物流与追溯管理信息体系等。

4.水产良种类现代种业提升工程项目

(1)种质资源保护利用能力提升项目。种质资源库项目新建资源保存库,资源样本制备与检测、鉴定与评价、数据处理等工艺、业务、设备用房,配套建设场区工程、人防工程,购置必要的仪器设备。水产种质资源场项目,主要建设内容包括催产和孵化车间、亲本池、苗种培育池等生产设施,配套进排水、电力、道路、动物无害化处理等工程,购置常规生物学仪器、水处理系统、养殖设施等。

(2)育种创新能力提升项目。对虾联合育种平台项目,主要建设内容包括对虾家系苗种培育车间、养殖车间、性状测试车间、种虾养殖车间、无节幼体生产车间、苗种生产车间,以及其他附属工程设施。水产种业育繁推一体化示范项目,主要建设内容包括核心群体保存池、备份基地、催产和孵化车间、隔离检疫池等种质搜集保存设施,以及育种实验室、培育池、遗传性能对比测试设施,配套水处理系统、育种管理数据库、动物无害化处理设施,购置实验室仪器、标记设备、在线监测设备等。

(3)品种测试站项目。新建或升级改造实验用房、测试车间、试验池塘等,并配套进排水系统、水处理系统等附属工程,购置信息及软件系统、科研仪器、监测设备等。

(4)繁种基地项目。主要建设内容包括亲本保存与培育池、孵化繁育车间、隔离检疫池、苗种培育池、投入品仓库,配套进排水系统、尾水处理、电力线路、动物无害化处理等设施,购置生产运输装备。

(三)动植物保护能力提升工程项目

按照《全国动植物保护能力提升工程建设规划(2017—2025年)》总体布局,重点支持动物防疫所需的各类实验室建设、实验仪器设施设备购置,植物保护所需的信息采集传输和监测预警、相关实验和质量检验仪器设备购置等,着力提升动植物疫病虫害监测预警、预防控制等能力。

1.陆生动物保护能力提升工程

(1)动物疫病国家参考实验室项目。改扩建实验室,购置实验设施设备,包括病原学、血清学检测仪器,定量、定性分析仪器,样品保存和处理仪器,分子生物学分析仪器等。

（2）陆生动物疫病病原学监测区域中心。按照填平补齐原则，更新改造兽医实验室，使之达到生物安全二级实验室（BSL-2）的水平，配备 PCR 仪、生物安全柜、高压灭菌器、电泳仪、温箱、超低温冰箱、离心机、酶标仪、移液器、振荡器等监测诊断设施设备。

（3）牧区动物防疫专用设施。包括建设固定式防疫注射栏（在藏区牧区县），或购置移动式防疫注射栏（在非藏区牧区县）、机动式消毒喷雾器、连续注射器、冷藏箱、双排货车（以乡为单位，与移动式注射栏配套）、药浴池（仅在新疆及青海环湖区建设）。藏区牧区县每个行政村配 4 套、非藏区牧区县每 3 个防疫员配 1 套，半牧区县减半。

（4）边境动物疫情监测站。新建或更新改造兽医实验室生物安全设施，更新配备动物疫病监测诊断设施设备。依托各县级现有兽医实验室，购置 PCR 仪、生物安全柜、电泳仪、温箱、冰箱、离心机、酶标仪、移液器、振荡器、高压灭菌器等实验设备。

（5）动物防疫指定通道（公路动物防疫监督检查站）。改造办公场地，完善检疫消毒、隔离观察等设施，购置检疫、取证、执法和通信设备等，更新数码相机等调查取证设备，购置电脑、打印机等信息化设施设备。

（6）病死畜禽无害化收集处理场。主要包括厂房、收运系统、冷库系统、给水系统、控制系统、烘干系统、余热回收系统建设安装工程，干化机、焚烧炉、烘干机、破碎机、锅炉、储油设施、废弃采集系统等无害化处理场设施设备，以及冰柜、电子称、收集车辆、视频监控系统、车载 GPS 定位系统等收集体系设施设备。

（7）兽药风险监测设施改扩建项目。建设内容主要有三个方面。一是兽用生物制品区域性检验实验室建设内容主要包括新建（改扩建）兽用生物制品检验实验室、动物房，购置超速离心机、高通量测序仪、微生物自动鉴定系统等开展兽用生物制品检验工作的仪器设备，污物（水）无害化处理设施设备。二是动物源细菌耐药性监测实验室建设内容主要包括新建（改扩建）动物源细菌耐药性监测实验室，购置生物安全柜、细菌培养箱、微生物鉴定分析仪、倒置荧光相差显微镜和自动核酸蛋白纯化系统等开展耐药性监测工作的仪器设备。三是兽药质量及兽药残留检测实验室建设内容主要包括新建（改扩建）兽药检验及残留检测实验室,购置高分辨率串联质谱仪、高效液相色谱-串联质谱仪等开展兽药检验、残留检测工作的仪器设备。四是兽药中非法添加物检测实验室建设内容主要包括新建(改扩建)兽药中非法添加物检测实验室,购置高分辨率串联质谱仪等兽药中非法添加物检测用仪器设备。

2. 水生动物保护能力提升工程

(1)省级水生动物疫病监控中心。新建或改扩建水生动物疫病实验室及技术试验示范所需场地。主要包括疫病会诊室、接样室、无害化处理室、准备室、组织病理室、细菌室、水质检测室、养殖试验场等功能区,购置细菌分离、药物敏感检测、组织病理检测及水质检测用实验设备、无害化处理设施以及运输工具等。

(2)水生动物疫病防控监测区域中心。新建或改扩建水生动物疫病实验室及技术试验示范所需场地。主要包括实验准备室、细菌检验实验室、寄生虫检验实验室、分子生物学实验室、理化实验室、药品和试剂室、天平室、信息资料综合分析室等功能区建设,购置细菌检测、寄生虫检测、水质检测及药物敏感型检测用实验设备以及运输工具等。

(3)水生动物疫病专业实验室。包括改扩建实验室、样品处理室、病原学实验室、分子学实验室、免疫学检测室、预备实验室、低温贮存室、无害化处理室、水实验室、档案与信息处理室等功能区,购置样品处理及检测分析等功能仪器设备。

(4)水生动物疫病研究综合试验基地。新建水生动物诊疗制剂研发与临床实验室、试验车间,水生动物疫苗质量评估测试车间、标准化防疫试验池塘等,配套建设泵房、蓄水池、污水处理池等附属工程,购置必要的科研仪器设备。

(5)水生动物疫病研究专业试验基地。新建水生动物诊疗制剂研发与临床实验室、试验车间,水生动物疫苗质量评估测试车间、标准化防疫试验池塘等,配套建设泵房、蓄水池、污水处理池等附属工程,购置必要的科研仪器设备。

3. 国家水生外来动物疫病分中心

(1)全国农作物病虫疫情监测分中心(省级)田间监测点。按照"聚点成网""互联网+"的总体要求,加强田间自动化、智能化监测站点和信息化平台建设,完善全国农作物病虫疫情监测网络体系,提升重大病虫疫情监测预警能力。新建或改建农作物病虫疫情田间监测点,主要配备自动虫情测报灯、性诱监测诱捕器、气候监测仪、重大病害智能监测仪、田间可移动实时监测设备和数据传输、汇总、分析等软硬件设施设备,以及简易交通工具。建设县级病虫疫情信息化处理系统,完善省级病虫疫情信息调度指挥平台。

(2)重大病虫疫情区域应急防控设施及物资储备库。重点建设物资储备库2 000平方米,配备自走式喷杆喷雾机、航空植保机械等大中型防治装备,配套转运运输、远程指挥调度和维修设备,建设药械、农药运输工具等物资储备库。

(3)天敌微生物等绿色防控产品生产繁育基地。重点配备储运、运输、释放及质量检测等设施设备,理化诱控产品或测报专用工具生产和组装设施设备等。天敌及授粉昆虫扩繁基地,主要配备繁殖天敌所需设施和田间释放专用设备,冷链储运设备和质量检测设备,改扩建扩繁车间、专用储备库。微生物(生物农药)扩繁基地,主要配备菌株活性提纯、质量检测、产品分装、环境自控等设施设备,以及生产线扩容和冷链储运设备。理化诱控产品生产基地(含农作物病虫害测报专业工具研发生产基地),主要改扩建实验室、实验场圃和中试生产线,配备灯诱、性诱、色诱、食诱等生产、组装、调试等设施设备。

(4)迁飞性害虫雷达监测站。主要配备厘米或毫米波迁飞性害虫雷达、车载式移动雷达,以及配套观测用房、高空测报灯、气象信息采集等设施设备。

(5)省级农药风险监测中心(含田间监测点)。现有农药检验实验室及配套设施改扩建,改扩建实验室、试验田及附属工程等,更新农药产品质量检测、农药药害及抗性鉴定等老旧设备,补充用于农药杂质、农药残留监测、农田生态环境农药污染等样品的高灵敏度痕量分析仪器,以及隐性成分分析仪器设备,配置农药产供销、风险监测、追溯、评审等数据管理系统,包括与国家农药大数据监管服务中心的数据接口,购置区域监测点样品采集、存储、冷链运输等工具,完善视频监控设备等实验室信息管理系统。

(四)农业科技创新能力条件建设项目

1. 学科群重点实验室

按照综合性重点实验室、专业性(区域性)重点实验室的科研需求,支持购置与科研任务矩阵分工的研究方向、工艺技术路线、良好标准操作流程紧密相关的仪器设备。

2. 区域共性技术公共研发平台

根据现有基础和科研任务需求,购置科研仪器设备,改造实验室用水、用电、用气和通风装置等配套设施。南京科创中心围绕生物农业、智慧农业和功能农业等主导产业,重点在宠物营养与饲料、功能农业、林源蛋白资源定向培育和高效利用、长三角优质粳稻、动物养殖产品药物残留和非法添加检测、农药风险监测与创新应用、兽用疫苗分子设计与制剂、虾蟹种业、动植物分子育种、作物健康与人工智能、生态农田建设与保护等领域建设一批公共研发平台。太谷科创中心围绕有机旱作农业、功能食品、功能农业等主导产业,重点在特色杂粮、中兽药现代化与畜禽绿色健康养殖、药茶、设施园艺等领域建设一批公共研发平台。成都科创中心围绕数字农业、休闲农业、功能农业等主导产业,重点在都市园艺智能装备、都市园艺作物、西南食药同源植物资源利用、西南食用菌资源利用、西南农业副产物循环利用、果业大数据与果园智能装备、西南重大动物疫病防控等领域建设一批公共研发平台。

广州科创中心围绕现代生物种业、农业生物制造、农业智能装备等主导产业,重点在华南智慧农业、岭南佳果综合加工、华南农业生物制造等领域建设一批公共研发平台。武汉科创中心围绕生物育种、动物疫苗、生物饲料添加剂等主导产业,重点在动物生物制品、农业生物DNA指纹鉴定、装备化智能渔业、作物基因组育种、高山蔬菜、畜禽绿色功能性饲料添加剂、油料作物养分管理与智慧生产、长江中下游绿色蔬菜机械化与智能化生产、智慧农业大数据、水生蔬菜产品质量安全风险评估和品质评价、人工智能作物表型精准鉴定等领域建设一批公共研发平台。

3. 技术熟化与科学观测等基础支撑平台

农业科研试验基地。根据建设类型和建设需要,主要包括试验用房、种养设施等建(构)筑物,道路、围墙、给排水、供配电等田间基础设施,常规检验检测仪器设备、农机具、物联网等配套装备,加工试验生产线、自动控制系统等试验设施等。包括农业综合科研试验基地、生物育种试验基地、农业全程机械化科研试验基地、农产品加工技术科研试验基地。

国家农业科学观测实验站。建设田间长期定位试验小(微)区、气象观测站、物联网等设施,购置观测监测检测及信息处理设备,小型试验用农机具,观测配套用房改扩建,完善道路、围墙、给排水、供配电、安防等辅助设施。

(五)数字农业建设项目

1. 国家农业农村大数据平台建设工程

依据国家政务信息化建设相关要求,统筹农业农村部大数据架构和信息系统建设总体设计,充分利用现有软硬件基础,改造提升"农业农村云"基础设施,建设大数据通用支撑系统,完善综合业务系统,形成统一的国家农业农村大数据平台,实现数据资源共享、智能预警分析、提高农业农村领域管理服务能力和科学决策水平。单品种全产业链大数据分析应用中心。围绕重点品种市场分析预测和生产指导服务需求,提升单品种全产业链大数据分析预测能力,重点建设以下内容:(1)构建单品种全产业链专题数据库,汇聚生产、加工、储运、销售、消费、贸易、成本收益等数据资源。(2)建设单品种全产业链分析预测和决策服务系统,建立单品种全链条数据挖掘分析、智能决策模型,研发生产情况、市场形势、供需平衡等组件模块,实现产量预计、市场预测、政策评估、物流监测、消费监测、资源管理、病虫害预警、舆情分析等功能,提供单品种大数据定期分析报告和"在线实时查询"服务。(3)开发单品种大数据展示模块,实现单品种大数据可视化。

2. 国家数字农业创新中心建设工程

国家数字农业创新中心建设工程采用"创新中心＋创新分中心＋检验检测中心"的体系架构,建设一批国家数字农业创新中心、创新分中心,引导相关企业或检验检测机构建立数字农业产品检验检测中心,提升农业农村信息化创新能力和技术服务水平,支撑国家数字农业创新应用基地建设。

国家数字农业创新中心。面向农业农村数字化应用创新重大需求,跟踪数字技术创新前沿,开展基础共性、战略性、前沿性智慧农业技术研究,重点研发具有自主知识产权的智慧农业创新技术产品;承担农业农村信息化领域基础共性关键标准与通用技术规范的制(修)订,推动建立智慧农业技术标准体系;牵头组织本领域创新分中心及相关单位,提出中长期技术攻关路线图,推动协同创新和成果转化推广,为国家农业农村大数据平台和国家数字农业创新应用基地建设提供技术支撑。

国家数字农业创新分中心。该中心又分为分品种创新分中心、分区域创新分中心两大类。分品种创新分中心主要聚焦特定品种应用场景的差异化需求，针对本专业领域智慧农业产品和技术应用短板，开展基础性、关键性、引领性技术研究，研发先进适用、特色专用的具有自主知识产权的智慧农业技术产品，形成特定品种智慧农业集成解决方案、应用服务模式和技术产品体系；承担本专业领域智慧农业标准与通用技术规范的制（修）订，提出本专业领域中长期技术攻关路线图；推动本专业领域成果转化，协同创新中心推动国家数字农业创新应用基地建设。分区域创新分中心主要聚焦特定区域应用场景的差异化需求，对创新中心、分品种创新分中心的数字技术与产品进行本地化调试、改造，研发适用本区域特色品种的数字技术与产品，协同创新中心推动国家数字农业创新应用基地建设。

国家数字农业产品检验检测中心。针对当前智慧农业产品质量参差不齐的问题，引导相关企业或检验检测机构自主建设数字农业产品检验检测中心，根据智慧农业产品的特定标准和作业环境，对产品安全性、可靠性、适用性等进行第三方检验检测，为智慧农业产品大规模推广应用奠定基础。按照《"十四五"数字农业建设规划》布局，建设数字农业创新中心、分中心，已建设的不再重复安排。

3. 国家数字农业创新应用基地建设工程

围绕一种主要农产品或具有相同技术需求的品类，在县域范围内选择具备一定规模、相对集中连片的区域，购置国产化数字农业相关设施设备，开发集成管理平台，建立贯通信息采集、分析决策、作业控制、智慧管理等各环节的数字农业集成应用体系。

国家数字种植业创新应用基地。主要围绕水稻、小麦、玉米、大豆、棉花、蔬菜、马铃薯、茶叶、果园、热带水果、中药材等品种，重点建设以下内容：（1）配套遥感应用系统、物联网测控系统、田间综合监测站点等设施设备，对生长环境和生物本体进行实时监测，对墒情、苗情、虫情、灾情"四情"和气象进行预测预报，精准指导生产决策。（2）升级改造农机装备，按需加装北斗导航、远程运维、无人驾驶系统、高精度自动作业、作业过程自动测量等设备；配置无人机、智能催芽育秧、水肥一体化等智能装备，实现耕整地、播种、施肥、施药、收获等过程精准作业。（3）建设智慧农场管理系统，对基地数字化设备进行联网管理，实现农资、人员、成本、设备、农事、收成等精准管理。

国家数字设施农业创新应用基地。主要围绕水果、蔬菜、花卉、食用菌等品种，重点建设以下内容：(1)升级配置工厂化育苗智能设备和种苗生产管理系统，实现全程智能化育苗；(2)建设生产过程管理系统，配置生长环境和生物本体监测、环境远程调控、水肥药精准管理、智能植保、自动作业、视频监控等相关设施设备，实现智能化生产；(3)建设采后商品化处理系统，配置清洗去杂、分级分选、计量包装等一体化智能设备，实现采后处理全程自动化；(4)建设智慧设施管理系统，实现农资、人员、成本、设备、农事、收成等精准管理。

国家数字畜牧业创新应用基地。主要围绕生猪、肉牛、奶牛(羊)、蛋禽、肉禽等品种，重点建设以下内容：(1)配置动物发情智能监测设备，建设育种数字化管理系统，提高畜禽育种效率；(2)建设自动化精准环境控制系统，改造升级畜禽圈舍通风、温控、光控、环境监测、视频监控、粪便清理等设施设备，实现饲养环境自动调节；(3)建设数字化精准饲喂管理系统，配置电子识别、自动称量、精准上料、自动饮水等设备，实现精准饲喂与分群管理；(4)配置畜禽疫病移动巡检、远程诊断、自助诊疗、监测预警等设施设备，实现对动物疫病的诊断预警；(5)配置产品收集系统，实现集蛋、挤奶、包装自动化；(6)建设智慧牧场管理系统，实现养殖投入品、产出品、生产记录、人员、成本等精准管理。

国家数字渔业创新应用基地。主要围绕淡水鱼养殖、海水鱼养殖、虾蟹贝养殖等，重点建设以下内容：(1)建设在线环境监测系统，配置养殖水体、大气环境等传感设备和视频监控设备，实现大气和水体环境的实时监控；(2)升级水产养殖智能装备，配置自动增氧、饵料自动精准投喂、循环水、尾水处理控制、网箱升降控制、水下机器人、无人机巡航等设施设备；(3)配置病害检测设备，构建水产类病害远程诊断系统；(4)建设智慧渔场管理系统，实现养殖投入品、产出品、生产记录、人员、成本等精准管理。

国家数字种业创新应用基地。主要围绕种养殖品种，重点建设以下内容：(1)改造升级粮食作物种业优势区的智能化、数字化基础设施，配置物联网测控、田间监测、精量播种收获等设施设备；(2)改造升级高效粮食作物育种信息系统，配置田间高效智能信息采集、表型和基因型检测等设备；(3)改造升级主要畜禽品种性能测定、基因组选育、遗传评估等数据分析系统，配置种畜禽综合性能在线测定装备、母畜发情可穿戴设备、基因型检测等设备。

(六)天然橡胶生产能力建设项目

按照《"十四五"天然橡胶生产能力建设规划》要求,在1 800万亩天然橡胶生产保护区内,以海南、云南、广东的国有农场胶园为主,以提升国内天然橡胶供给保障能力为目标,聚焦高质量发展着力兴产业提效益,聚焦关键领域核心环节着力补短板强弱项,加大投入力度,提升基础支撑能力,提高产业竞争力和绿色可持续发展能力,确保我国天然橡胶安全有效供给,满足国家战略资源安全需求。

建设内容主要包括,在天然橡胶生产保护区实施生产基地提升、初加工和产地仓储能力建设、产业链重点支撑三大工程建设,进一步增强天然橡胶产业发展基础支撑能力。

1. 生产基地提升工程

更新和定植老龄残次胶园,优化胶林品种结构,广泛应用良种苗木,提高胶木兼优和高产高抗新品种的比例。抚管幼龄胶园,开展2～6年树龄内胶园的除草、盖草(死覆盖)、施肥、补换植、修枝整形、改土以及水土保持等抚管建设。建设胶园道路、储胶池、管护用房等胶园基础设施,进一步增强天然橡胶产业基础能力。优先支持特种胶园、生态胶园、高产示范胶园建设。鼓励和支持生产稳定、管理规范的民营胶园积极申报胶园基础设施建设项目。

2. 初加工和产地仓储能力建设工程

升级改造形成一批技术新、工艺精、规模大的初加工厂。优化调整初加工布局,促进落后产能淘汰。加快推进落后生产线技术改造和环保设施设备升级改造,推广先进的加工工艺和技术模式。鼓励规模化橡胶企业建设产地仓储基地,提高吞吐能力。优先支持特种用胶重点产品研发和技术创新需求建设,提高关键领域用胶安全保障能力。

3. 产业链重点支撑工程

支持重点科研单位和橡胶企业建设提升天然橡胶科技创新中心和试验示范基地,加快提升先进实用技术创新和应用推广。推进种苗基地提档升级,提升良种良苗供应保障能力。支持企业加强橡胶病虫害防控基础设施设备建设,提升系统化监测、预警和防治的综合能力。支持龙头企业开展胶园信息化技术应用,促进胶园管理升级。

(七)农垦公用基础设施建设项目

围绕新型城镇化发展需求,重点建设分公司(分局)和农场场部区域的主次道路、供排水设施和供热设施、垃圾处理设施等,进一步推动垦区科技创新、医疗卫生和职业教育设施条件改善。

1. 场镇基础设施建设

以提高质量和完善功能为方向,着力打造农垦新型小城镇,优化城镇布局,提升承载能力,开展水路暖保障、垃圾污水处理等城镇基础设施建设,建成一批特色农场,引导产业集聚、人口集中,促进垦区经济社会良性互促发展。

2. 科技创新条件建设

加快垦区科技创新条件建设,提升垦区科研设施装备水平,围绕水稻、小麦、玉米、天然橡胶等作物新品种培育和新技术研发,开展科研用房等设施建设,完善配套设施,强化全产业链关键环节技术攻关,整体提升农业科技集成创新和成果转化能力,为垦区经济发展提供持久动力。

3. 医疗用房等设施建设

优化医疗资源配置,提高医疗服务公平性和可及性,改善医疗条件,开展医疗用房等设施建设,购置仪器设备,健全以区域性中心医院为主体、农场医院为补充的上下联动、衔接互补的医疗体系,全面提升服务水平。

4. 职业教育教学设施建设

加快完善现代职业教育体系,促进公共事业公平发展,依据统一的建设标准和规范,建设职业教育院校的教室、图书馆、体育馆等教学和教学辅助用房,宿舍、食堂等生活服务用房,配套相应教学用仪器设备,改善教学条件,提升垦区教育质量和水平。

二、修缮购置专项资金

(一)中央级科学事业单位改善科研条件专项资金

该专项的前身是"中央级科学事业单位修缮购置专项资金",是2006年财政部为贯彻落实《国家中长期科学和技术发展规划纲要(2006—2020年)》,切实改善中央级科学事业单位的科研基础条件,推进科技创新能力建设而设立的财政专项。该资金由中央财政在年度预算中安排,用于中央级科学事业单位(不包括已转制的科研院所)的房屋修缮、基础设施改造、仪器设备购置及升级改造等。支持范围包括:一是房屋修缮,连续使用15年以上、且已不能适应科研工作需要的房屋及科研辅助设施的维修改造;二是基础设施改造,水、暖、电、气等基础设施的维修改造;三是专用仪器设备购置,直接为科学研究工作服务的科学仪器设备购置;四是仪器设备升级改造,利用成熟技术对尚有较好利用价值、直接服务于科学研究的仪器设备所进行的功能扩展、技术升级等工作。2021年该专项资金改革,改项目名称为"中央级科学事业单位改善科研条件专项资金",支持范围有所扩大,增加文献购置、专用仪器设备研发等内容。

(二)农业农村部所属预算单位修缮购置项目资金

该专项是农业农村部2010年设立,由部门预算安排,主要用于支持部属预算单位(含派出机构,不含科学事业单位以及黑龙江、广东两垦区)的房屋修缮、基础设施改造、现有装备更新和一次性装备购置的财政专项经费。支持范围包括:一是房屋修缮,主要支持对连续使用15年以上且已不能适应工作需要,或因非人为因素导致严重损坏而无法继续安全使用的办公用房、业务用房、辅助用房进行修缮;为提升生物污染、化学污染、辐射污染、噪声污染等防控性能而对相关业务用房进行改造;为提升房屋使用安全保障性能而进行的抗震、防风、消防、通风、避雷等改造;对原有房屋的使用功能进行重大调整,确需进行的结构性调整和配套设施改造。二是基础设施改造,主要支持对漏损严重、影响安全的给水、排水、供电、供热、燃气、通信等管网线路设施进行维修改造;对老旧破损的道路、桥梁、码头、航道、场地、围墙、护栏、护坡、安全监控、垃圾处理等其他基础设施进行维修改造;对农业实验基地的排灌设施、田间道路、防护林网、温室大棚、畜禽棚舍、养殖池塘、科学观测设施等进行维修、改造和完善,以及必要的土地平整和土壤改良等。三是现有装备更新,主要支持对已无法继续满足使用需求,且已连续使用15年以上的办公家具、连续使用6年以上的办公设备进行批量更新购置;对因临时性重大故障、因不可抗力受损、因安全隐患亟需整改、因超过使用期限无法继续使用,且维修成本高于新购成本的专用仪器设备进行更新购置;对因技术进步导致机型淘汰,无维修备件可供更换,已经影响其基本使用功能和相关业务活动开展的专用仪器设备进行更新购置;对整机运行8年以上,性能已不能满足实际需要和运行负荷,即将影响其基本使用功能和相关业务活动开展的专用仪器设备进行更新购置或升级改造;利用成熟技术对尚有较好利用价值的专用仪器设备进行功能扩展、技术升级等。四是一次性装备购置,主要支持通过基本建设投资等渠道安排新建、改建、扩建的办公用房、业务用房、辅助用房交付使用后,在项目投资之外和调剂现有装备基础上,一次性购置办公家具、办公设备或满足基本运转需要所必备的专用仪器设备等。

三、中央其他财政资金

(一)中央财政现代农业生产发展资金

中央财政现代农业生产发展资金是指财政部设立的用于支持各省、自治区、直辖市、计划单列市和新疆生产建设兵团、农业农村部有关直属垦区,以关系国计民生或者具有区域优势、地方特色等条件的农业主导产业为重点,以促进粮食等主要农产品有效供给和农民持续增收为目标,推进农业现代化建设的专项资金。重点支持的关键环节是:粮食类产业(主要包括水稻、小麦、玉米、马铃薯等产业)——重点支持以农田水利设施为主的农田基础建设;畜禽类产业(主要包括养猪、养牛、养羊、养鸡等产业)——重点支持养殖小区的建设和改造;水产养殖类产业(主要包括养鱼、养虾蟹贝等产业)——重点支持养殖池塘建设和改造;水果类产业(主要包括苹果、柑橘等产业)——重点支持果园基础设施建设、优质种苗培育及推广;其他经济作物类产业(主要包括木本油料、蔬菜、茶叶、甘蔗、花卉等产业)——重点支持种植基地建设、优质种苗培育及推广。

(二)中央引导地方科技发展资金

中央引导地方科技发展资金是指中央财政用于支持和引导地方政府落实国家创新驱动发展战略和科技改革发展政策、优化区域科技创新环境、提升区域科技创新能力的共同财政事权转移支付资金。引导资金由财政部、科技部共同负责管理。主要支持四个方面：自由探索类研究、科技创新基地建设、科技成果转移转化、区域创新体系建设。其中科技创新基地建设，主要是指地方根据本地区相关规划等建设的各类科技创新基地，包括依托大学、科研院所、企业、转制科研机构设立的科技创新基地（含省部共建国家重点实验室、临床医学研究中心等），以及具有独立法人资格的产业技术研究院、技术创新中心、新型研发机构等。

（三）农业农村部科研基地奖补资金

农业农村部科研基地奖补资金是农业农村部2022年开始设立的，为规范和加强科研基地资金管理，加快推动农业科技创新和部属三院高质量发展，支持纳入农业农村部科研基地名录的科研基地的专项补助资金，包括奖励性后补助和共享服务后补助。奖补资金专项用于科研基地相关支出。奖励性后补助，重点用于支持综合实力较强的各类基地。共享服务后补助，重点用于支持落实开放共享政策、对行业和社会支撑作用突出的各类基地。

（四）社会公益类科研机构改革专项

社会公益类科研机构改革专项是中央财政专门支持非营利性科研机构的财政专项，从部门预算安排相关资金，可用于单位基础设施维修维护、专用科研仪器设备购置等。

（五）财政公用经费

财政公用经费是中央财政支持各单位的公用经费，用于保障单位正常运转，从部门预算安排相关资金，可用于单位基础设施维修维护、专用科研仪器设备购置等。

四、地方政府财政资金

为支持地方科技发展，政府部门设立一些配套专项，用于支持科研院所、高新技术企业等进行科研基地设施建设、专用科研仪器设备购置等。以海南省为例，先后设置海南省地方科技发展引导专项、海南省优势特色产业集群项目、海南省省级产业创新服务综合体项目等。

（一）海南省地方科技发展引导专项

海南省地方科技发展引导专项是海南省政府根据财政部、科技部《中央引导地方科技发展专项资金管理办法》（财教〔2016〕81号）和海南省科技厅、海南省财政厅《关于改进和加强省级财政科研项目和资金管理的意见》（琼科〔2015〕1号）等文件精神设立的专项资金。由中央财政通过专项转移支付以及省财政配套安排，用于支持海南省围绕国家科技发展战略和地方经济社会发展目标，改善科研基础条件，优化科技创新环境，支持基层科技工作，促进科技成果转移转化，提升区域科技创新能力的资金。专项资金支持以下四个方面：一是科研基础条件和能力建设。地市级以上地方政府所属科研单位（不含转制企业或其他事业单位的单位）的科研仪器设备购置和科研基础设施维修改造。二是专业性技术创新平台。主要指依托大学、科研院所、企业、转制科研机构建立的，通过产学研协同创新机制为全市发展提供研究开发支撑的专业性平台，包括产业技术研究院、技术创新中心（实验室、研究中心）、新型研发组织等。三是科技创新创业服务机构。主要指为中小微企业技术创新、基层科技创新活动提供技术转移、检验检测认证、创业孵化、知识产权、科技咨询、科技金融、科技资源共享等专业或综合性服务机构，包括科技园区、众创空间、科技企业孵化器、生产力促进中心、分析测试中心、技术转移机构、科技特派员工作站、科技金融服务中心等。四是科技创新项目示范。主要指围绕国家区域发展战略，结合科技惠民、县域科技、科技扶贫等任务，对政策目标明确、公益性属性明显、引导带动作用突出、惠及人民群众的科技成果进行转化应用的项目示范。

（二）海南省优势特色产业集群项目

农业农村部、财政部批复的优势特色产业集群项目和中央财政奖补资金管理重点支持以下方面：农产品标准化生产基地建设；优良品种选育和推广；农业绿色发展与技术服务支出；农产品仓储保鲜、烘干、分级、包装等初加工；农产品精深加工；数字农业的应用研发；国家和省确定的支持优势特色产业集群建设的其他方面。

(三)海南省省级产业创新服务综合体项目

综合体是海南省科技厅以聚焦科技成果转化、提升产业链创新服务能力、推动产业聚集创新发展为主要任务,集研究开发、创意设计、中试服务、成果推广、创业孵化、展览展示、检验检测、标准咨询、人才引进等创新资源要素于一体的新型载体,是为科技企业提供全链条创新服务的产业创新公共技术服务平台。综合体按照全省高新技术产业区域布局,坚持市县政府主导,重点园区为主体,企业、高校科研院所及专业机构等共同参与原则,培育与建设一批功能齐全、布局合理、服务全面的综合体。综合体重点围绕技术创新体系、协同创新体系、公共服务体系、孵化育成体系、科技金融服务体系、产业创新生态体系等方面建设功能模块。其中构建技术创新体系,主要是聚集国内外高端创新资源,围绕重点产业创新需求,引进一批国内外知名科研院所设立分支机构,培育和建设联合实验室、技术创新中心、中试基地、工业互联网平台应用创新体验中心等各类创新载体,为产业共性技术、核心关键技术等研发提供服务,增强产业创新发展的技术支撑。建立政产学研用协同创新体系,主要是建立由政府引导,以企业为主体,高校、科研院所、行业协会以及专业机构参与的协同创新体系。构建产业集群内大中小微企业之间的分工协作关系,以行业龙头企业、高新技术企业为主体,整合创新资源,建立利益分配链与知识、信息、技术等方面的共享。利用互联网平台,打破地理空间条件限制,促进众创、众包、众扶、众筹等服务发展,构建跨区域联动的线上线下协同创新网络。

(四)海南省现代种业提升工程项目奖补资金管理实施细则

(略)

五、单位自有资金

利用单位自筹资金,对单位基础科研条件进行改善、提升,适用于成果转化能力强、自有资金比较充足的单位。如:中国农业科学院哈尔滨兽医研究所是我国兽医生物技术国家重点实验室依托单位,能够系统开展动物疫病防控理论研究、技术研发和疫苗研制,具有较强的科技成果转化能力。"十一五"时期以来,中国农业科学院哈尔滨兽医研究所累计利用自有资金约9亿元加强研究所条件建设。

总的来说,农业科学事业单位条件建设资金还是更多依赖于各级各类财政资金,社会资本和单位自有资金投入非常有限。"十四五"时期以来,中央财政大力优化资金支出结构,中央本级财政支出安排连续负增长,农业农村部自身能力建设资金规模年度压减约40%,新增建设需求几乎无资金投入。农业科学事业单位条件建设资金需求与中央财政资金供给存在着较大差距。一方面,农业重大科研设施缺乏专项建设资金支持。《国家重大科技基础设施建设中长期规划(2012—2030年)》旨在为探索未知世界、发现自然规律、实现技术变更提供极限研究手段,重点支持地球系统与环境、粒子物理和核物理、空间和天文等科学领域的重大设施建设,对农业科学领域支持力度较弱。新时期,为加速驱动和牵引农业农村现代化建设,我国亟待建设种子、生物安全、资源环境等学科领域的重大科研设施,但面临建设资金严重不足的局面。另一方面,中央财政建设资金供给规模难以满足中央级农业科研机构条件建设发展需求。以国家级农业科研机构中国农业科学院为例,"十三五"期间基本建设资金需求约124亿元,列入国家相关建设规划资金约50亿元,实际获得支持资金仅为规划资金的1/3。因此,农业科学事业单位在条件建设资金的筹措上还需要进一步做好统筹与拓展。

统筹是指农业科学事业单位条件建设资金应强化总体设计,围绕建设需求和中央投资管理要求,系统谋划项目,高质量协调不同渠道中央财政资金。作为条件建设主要资金来说,目前,可利用中央投资渠道包括一般性中央预算内基本建设资金、国家高新技术专项资金、国家重大区域发展战略专项资金、定向布局到地方的中央财政资金、中央级科学事业单位改善科研条件专项资金、国家重点实验室专项经费等。

拓展是指农业科学事业单位应采取措施,在现有中央投资渠道基础上,拓宽条件建设资金来源,协同使用不同来源建设资金。一是推进中央投资新渠道设立;二是争取地方财政资金、地方政府债等支持;三是加大自有资金利用力度;四是探索使用社会资本,主要包括企业资金和信托类建设资金;五是协同利用不同来源的条件建设资金。

农业科学事业单位利用中央财政资金和自有资金形成的固定资产,产权归属为单位所有,享有占有、使用、收益、处置等权利;利用地方财政资金和社会资本形成固定资产的产权往往归属为投资人所有,农业科学事业单位按照约定享有使用权。实践中,利用地方财政资金和社会资本形成固定资产的产权,往往也可依据法律法规或产权所有人意愿协议将所有权由投资人转移至使用人。考虑不同融资渠道(政府投资、自筹资金、社会资本)建设资金(中央财政资金、地方财政资金、自有资金、企业资金、建设基金)的利用现状和管理要求,下一步农业科学事业单位应立足"主责主业",坚持"四个面向",瞄准"两个一流",采取"优先利用中央财政资金、有条件使用自有资金、积极争取地方财政资金、探索利用社会资本"的融资策略,并加强各级各类资金的使用管理。

对不同渠道融资资金的管理,农业科学事业单位需充分考虑投资主体管理要求和利益相关者利益诉求,坚持"共赢"原则,采取差异化对策。

中央财政资金,主要依据《政府投资条例》(中华人民共和国国务院第712号令),以及财政部、国家发展和改革委员会、农业农村部以及其他相关主管部门颁布的有关规章和行政规范性文件。在最大限度争取现有投资渠道资金支持的同时,重点设立新专项和提高资金使用效率。要充分发挥中央级农业科研机构专业优势和资源优势,积极倡议并支撑主管部门推进条件建设新专项设立,例如农业重大科研设施专项;同时,结合中央财政不同专项的支持方向,统筹使用各渠道建设资金。

地方财政资金,主要依据《政府投资条例》(中华人民共和国国务院第712号令)以及地方政府颁布的有关法规、规章和行政规范性文件。在充分考虑地方财政收支水平、资源禀赋、发展需求基础上,与不同城市合作采取不同对策。对于经济发达的一、二线城市,重点争取地方财政资金支持;对于经济发展水平较高的二、三线城市,重点争取土地和地方财政资金支持;对于经济发展水平一般但拥有较丰富土地资源的城市,重点争取土地和配套基础设施建设支持;对于经济发展水平不高的城市,重点争取土地和特殊政策支持。

社会资本,主要依据《企业投资项目核准和备案管理条例》(中华人民共和国国务院令第673号)以及利益相关方的管理要求。利用社会资本开展条件建设目前尚处于探索阶段,需遵循三个基本原则:一是合作共赢原则,要以满足合作方利益诉求为出发点,构建有效的利益共享机制,找到各方利益平衡点;二是风险分担原则,要结合合作条件和外部环境,依据现代风险管理理论采取适宜的风险对策;三是合法合规原则,要充分借助"外脑"力量,发挥法务、财务、经济等专业咨询机构作用。

自有资金,主要依据《中共中央办公厅国务院办公厅关于进一步完善中央财政科研项目资金管理等政策的若干意见》(中办发〔2016〕50号)以及国家有关部门颁布的相关规章和行政规范性文件。中央级农业科研机构多为国有单位,利用自有资金要着重考虑三个因素:一是资金性质,国有单位自有资金属于国有资金,要纳入预算管理,资金使用应符合相关管理规定要求;二是资金筹措能力,要充分考虑创收能力和存量资金规模,量力而行;三是资金统筹使用,要协调发挥政府投资、社会资本等融资资金与自有资金的配合作用。

充分发挥国家战略科技力量作用,解决农业科学事业单位当前条件建设资金不足的困境,亟须转变建设投资观念,树立"不求所有,但求所用"的新型投资理念,多渠道融资,采取优先利用、积极争取、探索利用和有条件使用的针对性策略,争取中央财政资金、地方财政资金、社会资本、自有资金等支持,并按照各融资渠道资金管理要求进行差异化管理。在此过程中,农业科学事业单位条件建设管理人员需主动适应形势变化并转化为管理自觉,合法合规地开展条件建设融资活动,优化建设资金使用,高效发挥投资效益。

第二节 修缮购置专项资金设立背景

科学技术是第一生产力,是先进生产力的集中体现和主要标志。进入21世纪,新科技革命迅猛发展,孕育着新的重大突破,深刻地改变了经济和社会的面貌。信息科学和技术发展方兴未艾,依然是经济持续增长的主导力量;生命科学和生物技术迅猛发展,为改善和提高人类生活质量发挥关键作用;能源科学和技术重新升温,为解决世界性的能源与环境问题开辟新的途径;纳米科学和技术创新突破接踵而至,带来深刻的技术革命。基础研究的重大突破,为技术和经济发展展现了新的前景。科学技术应用转化的速度不断加快,造就新的追赶和跨越机会。纵观全球,许多国家都把强化科技创新作为国家战略,把科技投资作为战略性投资，大幅度增加科技投入，并超前部署和发展前沿技术及战略产业，实施重大科技计划，着力增强国家创新能力和国际竞争力。面对国际新形势，我国坚定地把科技进步作为经济社会发展的首要推动力量，把提高自主创新能力作为调整经济结构、转变增长方式、提高国家竞争力的中心环节，把建设创新型国家作为面向未来的重大战略选择。

在"十一五"开局之年，党中央、国务院召开了全国科技大会，做出了增强自主创新能力、建设创新型国家的重大战略决策，对实施《国家中长期科学和技术发展规划纲要（2006—2020年）》（以下简称《规划纲要》）进行了全面部署，我国的科技事业步入了新的历史时期。

《规划纲要》指出，21世纪头20年，是我国经济社会发展的重要战略机遇期，也是科学技术发展的重要战略机遇期。要以邓小平理论、"三个代表"重要思想为指导，贯彻落实科学发展观，全面实施科教兴国战略和人才强国战略，立足国情，以人为本，深化改革，扩大开放，推动我国科技事业的蓬勃发展，为实现全面建设小康社会目标、构建社会主义和谐社会提供强有力的科技支撑。

《规划纲要》指出，今后15年，科技工作的指导方针是：自主创新，重点跨越，支撑发展，引领未来。自主创新，就是从增强国家创新能力出发，加强原始创新、集成创新和引进消化吸收再创新。重点跨越，就是坚持有所为、有所不为，选择具有一定基础和优势、关系国计民生和国家安全的关键领域，集中力量、重点突破，实现跨越式发展。支撑发展，就是从现实的紧迫需求出发，着力突破重大关键、共性技术，支撑经济社会的持续协调发展。引领未来，就是着眼长远，超前部署前沿技术和基础研究，创造新的市场需求，培育新兴产业，引领未来经济社会的发展。这一方针是我国半个多世纪科技发展实践经验的概括总结，是面向未来、实现中华民族伟大复兴的重要抉择。

《规划纲要》指出了未来15年我国科学技术发展的总体部署：一是立足于我国国情和需求，确定若干重点领域，突破一批重大关键技术，全面提升科技支撑能力。《规划纲要》确定了11个国民经济和社会发展的重点领域，并从中选择任务明确、有可能在近期获得技术突破的68项优先主题进行重点安排。二是瞄准国家目标，实施若干重大专项，实现跨越式发展，填补空白。《规划纲要》共安排了16个重大专项。三是应对未来挑战，超前部署前沿技术和基础研究，提高持续创新能力，引领经济社会发展。《规划纲要》重点安排了8个技术领域的27项前沿技术，18个基础科学问题，并提出实施4个重大科学研究计划。四是深化体制改革，完善政策措施，增加科技投入，加强人才队伍建设，推进国家创新体系建设，为我国进入创新型国家行列提供可靠保障。

《规划纲要》指出了到2020年我国科学技术发展的总体目标：自主创新能力显著增强，科技促进经济社会发展和保障国家安全的能力显著增强，为全面建设小康社会提供强有力的支撑；基础科学和前沿技术研究综合实力显著增强，取得一批在世界具有重大影响的科学技术成果，进入创新型国家行列，为在本世纪中叶成为世界科技强国奠定基础。

《规划纲要》强调，科技投入与科技基础条件平台是科技创新的物质基础，是科技持续发展的重要前提和根本保障。今天的科技投入，就是对未来国家竞争力的投资。改革开放以来，我国科技投入不断增长，但与我国科技事业的大发展和全面建设小康社会的重大需求相比，与发达国家和新兴工业化国家相比，我国科技投入的总量和强度仍显不足，投入结构不尽合理，科技基础条件薄弱。当今发达国家和新兴工业化国家，都把增加科技投入作为提高国家竞争力的战略举措。我国必须审时度势，从增强国家自主创新能力和核心竞争力出发，大幅度增加科技投入，加强科技基础条件平台建设，为完成本纲要提出的各项重大任务提供必要的保障。

因此，要加强科技基础条件平台建设。科技基础条件平台是在信息、网络等技术支撑下，由研究实验基地、大型科学设施和仪器装备、科学数据与信息、自然科技资源等组成，通过有效配置和共享，服务于全社会科技创新的支撑体系。

科技基础条件平台建设重点是：

国家研究实验基地。根据国家重大战略需求，在新兴前沿交叉领域和具有我国特色和优势的领域，主要依托国家科研院所和研究型大学，建设若干队伍强、水平高、学科综合交叉的国家实验室和其他科学研究实验基地。加强国家重点实验室建设，不断提高其运行和管理的整体水平。构建国家野外科学观测研究台站网络体系。

大型科学工程和设施。重视科学仪器与设备对科学研究的作用，加强科学仪器设备及检测技术的自主研究开发。建设若干大型科学工程和基础设施，包括在高性能计算、大型空气动力研究试验和极端条件下进行科学实验等方面的大科学工程或大型基础设施。推进大型科学仪器、设备、设施的共享与建设,逐步形成全国性的共享网络。

科学数据与信息平台。充分利用现代信息技术手段,建设基于科技条件资源信息化的数字科技平台,促进科学数据与文献资源的共享,构建网络科研环境,面向全社会提供服务,推动科学研究手段、方式的变革。

自然科技资源服务平台。建立完备的植物、动物种质资源,微生物菌种和人类遗传资源以及实验材料,标本、岩矿化石等自然科技资源保护与利用体系。

国家标准、计量和检测技术体系。研究制定高精确度和高稳定性的计量标准和标准物质体系,以及重点领域的技术标准,完善检测实验室体系、认证认可体系及技术性贸易措施体系。

同时,要建立科技基础条件平台的共享机制。建立有效的共享制度和机制是科技基础条件平台建设取得成效的关键和前提。根据"整合、共享、完善、提高"的原则,借鉴国外成功经验,制定各类科技资源的标准规范,建立促进科技资源共享的政策法规体系。针对不同类型科技条件资源的特点,采用灵活多样的共享模式,打破当前条块分割、相互封闭、重复分散的格局。

在此背景下,为贯彻落实《规划纲要》,切实改善中央级科学事业单位的科研基础条件,推进科技创新能力建设,财政部特别设立"中央级科学事业单位修缮购置专项资金"(以下简称"修购专款"),由中央财政投入,在年度预算中安排,主要用于中央级科学事业单位(不包括已转制的科研院所,以下简称"项目单位")房屋修缮、基础设施改造、仪器设备购置及升级改造等。2011年,经国务院讨论决定,将中国科学院正式纳入修购专项支持范围。2021年,为切实改善中央级科学事业单位的科研条件,推动科技创新能力建设,规范和加强中央级科学事业单位科研条件专项资金管理,对原资金管理办法进行了修订,改名为中央级科学事业单位改善科研条件专项。

第三节 修缮购置专项资金管理政策

修缮购置专项资金管理政策主要经历两个阶段。2006年,为规范和加强修购专款管理,提高使用效益,根据中央财政项目资金管理的有关规定,财政部印发《中央级科学事业单位修缮购置专项资金管理办法》(财教〔2006〕118号),对修购专款使用原则、支持范围、开支范围、申报程序等进行了明确。

一、修购专款的安排使用原则

(一)科学规划、突出重点的原则

修购专款安排使用要紧密围绕落实《规划纲要》任务和项目单位科学研究事业发展的合理需要,以提高项目单位科技创新能力为核心,解决科技基础条件"瓶颈"问题为重点,区分轻重缓急,进行科学规划。

(二)整合集成、效益优先的原则

主管部门和项目单位应在摸清家底的基础上,按照整合、共享、完善、提高的要求,激活存量资源,最大限度地发挥存量资源的使用效益,通过项目实施,有效调控增量资源。修购专款优先支持整合力度大、集成度高、能实现开放和共享、预期效益高的项目。项目实行追踪问效和绩效考评。

二、修购专款的支持范围

(1)连续使用15年以上、且已不能适应科研工作需要的房屋及科研辅助设施的维修改造。

(2)水、暖、电、气等基础设施的维修改造。

(3)直接为科学研究工作服务的科学仪器设备购置。

(4)利用成熟技术对尚有较好利用价值、直接服务于科学研究的仪器设备所进行的功能扩展、技术升级等工作。

三、修购专款开支的范围

项目单位在项目执行中所发生的材料费、设备购置费、劳务费、水电动力费、设计费、运输费、安装调试费以及其他在项目执行中所发生的必要费用。修购专款严禁用于本办法规定范围之外的支出。

四、项目的基本申报程序

第一步,项目单位根据主管部门审核的修购工作规划,按规定填写年度"中央级科学事业单位修缮购置项目申报书"(以下简称"申报书"),并于当年4月底前报送主管部门。申报内容主要包括:项目单位基本情况,项目实施意义、目标,项目实施的保障条件等。

第二步,主管部门按照项目单位修购工作规划,对项目单位所申报的年度项目进行审核,按轻重缓急进行排序后编制本部门年度中央级科学事业单位修缮购置项目审核推荐表,并于当年5月底前连同申报书及申报文件报送财政部。

第三步,财政部根据情况组织专家或委托中介机构对上报的项目进行评审或评估。

项目单位和主管部门要对申报和推荐的项目的真实性、合理性和可行性负责。具体申报程序和时间要求以上级主管部门通知为准。

五、其他相关规定

(1)财政部结合主管部门和项目单位科学研究事业发展的需求,以及项目评审或评估结论,根据年度财政专项资金情况和项目轻重缓急程度确定并下达当年项目预算到主管部门。主管部门应按规定时间及时将项目预算批转所属项目单位。

(2)主管部门结合项目单位科学研究事业发展的需要和财政部批复的年度项目预算情况,对项目库进行调整。

(3)项目单位应严格按照批复的项目预算执行,不得擅自变更项目预算内容。确因特殊情况需要进行调整的,应通过主管部门报经财政部批准。

(4)修购专款支出属于政府采购范围的,应按照《政府采购法》及政府采购的有关规定执行。

(5)修购项目的资金拨付,按照财政国库管理制度的有关规定执行。

(6)购置价值超过200万元以上的单台或成套仪器设备,应按照《中央级新购大型科学仪器设备联合评议工作管理办法》有关规定执行。

(7)项目单位和主管部门应加强对项目实施的管理,财政部对项目实施情况进行定期或不定期的检查或抽查。

主管部门应当加强对项目的监督管理,对已完项目应进行验收和总结,在项目实施周期终了后 3 个月内,及时将项目的实施情况、验收和总结材料报送财政部。对未能按期完成的项目,应逐项申明理由并提出后续工作措施。

(8)项目单位和主管部门在编制年度决算时,应对修购专款使用情况进行单独说明。

(9)项目结余资金按照财政部有关规定执行。

(10)使用修购专款形成的资产属国有资产,应按国家国有资产管理的有关规定加强管理。

(11)主管部门可按照财政部有关规定,并根据项目实施情况,组织专家或委托中介机构对修购专款进行绩效考评,考评结果报送财政部。

六、项目的验收程序

为进一步加强农业科学事业单位修购专款管理,2007 年原农业部制订《农业部科学事业单位修缮购置专项资金管理实施细则》(农办财〔2007〕58 号),2009 年进行了修订,印发《农业部科学事业单位修缮购置专项资金管理实施细则》(农办财〔2009〕48 号),对原农业部财务司、科技教育司、部属中国农业科学院、中国水产科学研究院、中国热带农业科学院及项目单位的职责进行了明确,并按照项目类型分别编制了房屋修缮、基础设施改造、仪器设备购置、仪器设备升级改造四类项目的实施方案格式模板。

同时,配套制订《农业部科学事业单位修缮购置专项资金修缮改造项目验收办法(试行)》和《农业部科学事业单位修缮购置专项资金仪器设备项目验收办法(试行)》(农办科〔2007〕52 号),对修购专款项目验收相关事宜进行了明确。

(一)项目验收原则

项目验收是对项目组织实施、资金管理等情况进行的全面审查和总结。验收工作应遵循实事求是、客观公正、注重质量、讲求实效的原则。

(二)项目验收的组织

项目验收的组织工作,由原农业部科技教育司负责或委托三院负责或委托项目承担单位负责。其中：60万元(不含60万元)以下修缮改造项目由项目承担单位自行组织验收(可适当简化程序)；60万元至200万元(不含200万元)修缮改造项目由三院组织验收；200万元以上修缮改造项目由原农业部科技教育司组织验收。设备类项目的验收均由农业部科技教育司负责或委托三院负责。

(三)项目验收依据

项目验收以原农业部批复的年度修购专款预算和《农业部科学事业单位修缮购置专项资金项目实施方案》为依据。

(四)项目申请验收应具备的条件

(1)完成批复的项目实施方案中规定的各项内容。

(2)项目承担单位系统整理了修缮改造项目档案资料并分类立卷,各类资料齐全、完整,包括前期工作文件、实施阶段工作文件、招标投标和政府采购文件、验收材料及财务档案资料等。

(3)涉及环境保护、劳动安全卫生及消防设施等有关内容的,须经相关主管部门审查合格,项目工艺设备及配套设施能够按批复的设计要求运行,并达到设计目标。

(4)项目承担单位已经组织相关单位进行初步验收,初步验收不合格的项目不得报请验收。

(5)项目承担单位委托社会中介机构完成专项资金审计,专项资金审计报告应包括财政专项经费决算表等。

(6)升级改造项目验收应由项目承担单位委托社会中介机构完成专项资金审计、专家组技术测试后提出验收申请。

(五)验收申请资料

(1)项目验收申请书。

(2)农业部科学事业单位修缮购置专项资金项目执行报告。

(3)社会中介机构出具的专项资金审计报告。

(4)仪器设备测试专家组出具的技术测试报告。

(5)可根据项目实际情况附上能够体现实物特征的照片、多媒体资料及技术资料。

(6)其他材料。

(六)项目验收程序

(1)项目承担单位汇报项目执行情况。

(2)社会中介机构做专项资金审计报告。

(3)验收组查阅、审核工程档案、财务账目及其他相关资料。

(4)验收组进行质询和现场查验。

(5)验收组讨论形成《项目验收意见书》。

项目承担单位、设计单位、施工单位、工程监理等单位应配合验收组的工作。

(七)项目验收的主要内容

(1)项目建设内容、建设规模、建设标准、建设质量等是否符合批准的项目实施方案。

(2)项目资金使用是否符合财政部《中央级科学事业单位修缮购置专项资金管理办法》(财教〔2006〕118号)及有关规定。

(3)项目实施是否按批准的实施方案执行政府采购和招标投标的有关规定。

(4)工程验收记录是否合格,改造部分的建设内容是否编制了相关专业竣工图,设备部分是否进行了安装与调试。

(5)项目是否按要求编制了决算及专项资金审计报告。

(6)项目前期工作文件、实施阶段工作文件、招标投标和政府采购文件、验收材料及财务档案资料等是否齐全、准确,并按规定归档。

(7)项目管理情况及其他需要验收的内容。

(八)不能通过验收的情况

(1)未按批准的修购项目预算使用资金,或未经批准擅自改变项目内容、变更项目资金使用范围的。

(2)所提供的验收文件、资料和数据不真实,存在弄虚作假行为的。

(3)未按国有资产和财务管理有关规定执行,经费使用存在严重问题的。

(4)存在影响验收通过的其他问题的。

随着修购专款第五期规划的结束,预算管理制度改革不断深化,内部控制建设不断推进,预算绩效管理要求越来越高,科研院所自主权不断扩大,科研设施和仪器设备开放共享不断增强,国产科研仪器自主研制需求越来越迫切。为适应新的发展需求,解决科研单位面临的实际问题,该专项也开始了改革。

2021年根据新《中华人民共和国预算法》及其实施条例、《中共中央国务院关于全面实施预算绩效管理的意见》(中发〔2018〕34号)、《国务院关于进一步深化预算管理制度改革的意见》(国发〔2021〕5号)等有关规定,财政部对《中央级科学事业单位修缮购置专项资金管理办法》(财教〔2006〕118号)进行了修订,印发《中央级科学事业单位改善科研条件专项资金管理办法》(财教〔2021〕100号),切实改善中央级科学事业单位的科研条件,推进科技创新能力建设,规范和加强中央级科学事业单位改善科研条件专项资金管理。本次修订的主要内容如下。

完善预算项目库管理:要求专项资金项目应按照部门预算管理有关规定和程序,纳入预算项目库,实施项目全生命周期管理。

增加预算绩效管理要求:明确项目单位要开展年度绩效自评;主管部门每5年对专项资金整体实施效果开展一次部门评价,财政部根据需要开展财政评价;加强绩效评价结果应用,明确绩效评价结果作为完善政策、改进管理、预算安排的重要依据。

扩大科研院所经费管理使用自主权:要求专项资金的使用应厉行节约,用于项目单位在项目执行中所发生的必要费用。

增加资源统筹、共享共用有关要求:加强与其他资金的统筹衔接。开放共享情况将作为预算评审和预算安排的主要依据。

扩大专项资金支持范围:明确高盐、高湿、高寒、高海拔等特殊条件下的科研用房及科研辅助设施,可适当放宽年限。增加文献资料(含电子图书等)购置,增加自主研制用于科研仪器设备的支持范围。

强化风险防控有关要求,明确专款专用、规范管理等有关要求,并要求主管部门加强对项目监督管理,及时跟踪专项资金使用情况,指导督促项目单位采取合理措施加快执行进度。增加对项目单位、主管部门、财政部门及其工作人员违法违规行为的处罚规定。

强化财政预算下达及执行有关要求,财政部按照部门预算管理的有关要求确定并下达项目预算到主管部门。预算一经批复不得擅自变更,确因特殊情况需调整,应当按照部门预算管理的有关要求报批。

从专项资金管理办法修订情况看,一是更强调专款使用的科研属性,比如项目名称从中央级科学事业单位修缮购置管理专项,改为中央级科学事业单位改善科研条件专项,项目支持范围明确"连续使用15年以上且已不能适应科研工作需要的科研用房及科研辅助设施的维修改造""直接为科研工作服务的科学仪器设备、文献资料(含电子图书等)购置""利用成熟技术,自主研制用于科研的仪器设备,或对尚有较好利用价值、直接服务于科研的仪器设备所进行的功能扩展、技术升级等",都增加"科研"二字,更强调与科研工作的相关性。二是改变管理方式。原修购专款的规划编制、项目申报、预算执行等均通过财政部专门的中央级科学事业单位修缮购置专项管理网站进行独立填报,改革之后,则与预算管理接轨,在财政部部门预算系统进行填报,按照部门预算管理有关规定和程序,纳入预算项目库,实施项目全生命周期管理。三是更重视项目的绩效管理。明确要求主管部门和项目单位应当按照全面实施预算绩效管理的有关要求,对项目实施全过程进行绩效管理,科学设定项目绩效指标,做好绩效运行监控,按要求开展年度绩效自评。主管部门每5年对专项资金整体实施效果开展一次部门评价,财政部根据需要开展财政评价。绩效评价结果作为完善政策、改进管理、预算安排的重要依据。

第四节 修缮购置专项资金投入现状与成效

在财政部的支持下,2006—2022年,农业农村部部属三院共计52个中央级科学事业单位立项改善科研条件专项(原修缮购置专项)项目1 853个,总投资70.33亿元,其中房屋修缮项目321个,资金8.44亿元;基础设施改造项目651个,资金28.01亿元;仪器设备购置项目804个,资金33.45亿元,仪器设备升级改造项目 77 个,资金 0.45 亿元。

通过改善科研条件专项(原修缮购置专项)连续支持,农业农村部强化部属三院科研用房、重大科研平台、试验基地基础设施保障能力,提升实验室仪器设备装备水平,有力支撑了农业科技自立自强创新能力建设。

一、改变了科研单位面貌

中国农业科学院存在很多 20 世纪七八十年代的科研用房和科辅用房,房屋结构简单、内部设备设施老化,已难以适应科研实验需求和科研设备使用环境要求。20 世纪 90 年代以后的科研用房也因环境影响,出现房屋设备设施老化,如青岛、三亚、广西等地房屋处于潮湿多雨地区,内蒙古、黑龙江、甘肃等地房屋处于多风严寒地区,房屋门窗老化严重,外部保温层破损。2000 年以后的部分房屋设施也存在供电、消防、环保设施落后,设计容量不足,达不到新的安全规范和标准要求。

中国热带农业科学院部分单位地处热带地区,高温、高湿、高盐,台风灾害频发,白蚁危害严重。现有实验室及科辅用房多是 20 世纪八九十年代建设,建设初期,由于经费有限,部分房屋为砖结构,内墙用石灰砂浆批挡,表层刷石灰水。经过三十多年的使用,内外墙损坏严重,门窗门板玻璃开裂破损,隔热层损坏,屋面漏水渗水;电气设施老化;消防设施配备落后,或没有配置消防设施;建筑物防雷装置不足;给排水管道系统老化。一些科研辅助用房、田间实验室坐落于试验基地内,房屋腐蚀、发霉,内墙开裂、脱落情况更为严重,已不适应新时期科研工作需求。与位于市区的地方科研院所存在较大差距,与中国热带农业科学院中央级科研单位的定位也极不匹配,与国际同类科研院所设施条件相比更是差距巨大。

中国热带农业科学院通过修购专项实施,维护、修缮院所区科研用房 61.39 万平方米,科研辅助用房 16.1 万平方米,各类设备用房 14.4 万平方米。一是解除了房屋陈旧设施存在的安全隐患,对老旧房屋屋面、防水、消防系统、防雷设施、电气照明、监控系统、给排水系统、通风系统等进行全面改造,增强了科研场所的采光、通风能力,科研环境和院所容貌得到了明显改观,基本达到了安全、环保、适用的现代化实验室环境条件要求。二是充分盘活和利用了存量房屋资源,有效缓解了科研办公用房不足的局面,改善了科研办公条件,促进了各项工作的高效推进。三是大大提升了田间试验室的科研支撑能力。对田间实验用房、科辅用房进行了救急性修缮,解决了田间试验所需设备、工具、农机具等存放问题,为田间科研工作的开展、各类田间实验工作的实施提供了有力保障。

二、强化了基础设施保障能力

科研基地是开展农业科研工作的核心区,是科研成果应用推广的试验田,是全面展示科研成果的窗口,是引领科研快速发展的先导区。科研试验基地和野外观测站是开展科研试验和野外观测工作的重要保障和载体。2006年以前,农业农村部部属三院的科研试验基地和野外观测站试验基地普遍存在供电、采暖、供水、排污、消防等配套设施缺乏,道路、围墙和温网室等基础设施破旧,田间基础设施缺失等问题。

(一)试验基地数量少,设施落后,抗风抗灾能力不够

一是部分单位科研试验基地数量较少,野外观测台站严重缺乏;种质资源圃数量不足且设施落后,种质资源保护困难。二是科研试验基地、野外观测试验设施落后,抗风抗灾性差。灌溉系统缺乏,周边挡土墙、水沟等不完善。三是大部分基地未实现全封闭式管理,许多科研实验材料及杂交后代等科研成果经常被偷盗,严重影响和制约了科技基础性长期性工作的正常开展。四是部分试验基地田间作业道路为泥土路或者沙石路,"雨天一脚泥,晴天一身土",严重影响试验材料的运输及科研人员通行。

(二)公共基础设施保障能力不足

由于大部分农业科研院所地处农村,长期立足生产一线,无法充分依托城市公共基础设施资源,前期建设投入较少,设施落后。如,供水系统(多使用铸铁供水管)已局部锈蚀;部分供电系统通道还是20世纪90年代建设的,逐步开始老化;部分院区供电系统采用单回路,遇上停电,需要低温储存的药品、实验材料等会被破坏。

在修购项目的支持下,对试验基地原有老旧、落后的大棚、温室等进行了改造、升级,对试验基地沙土路进行硬化,对基地植物护坡进行挡土墙改造,对基地

供水、供电、灌溉、监控、围墙、围栏等设施进行配套、完善,初步打造了儋州、文昌、湛江共享试验基地,极大地提升了科研试验基地抵抗自然灾害的能力,防止大面积的水土流失,有效保护了科研样本、种质资源、科研成果的安全,改善了基地通行、运输、实验材料贮存、专用设备存放管理的条件,为科研人员开展田间试验提供了良好的环境,支撑了田间试验的顺利开展。升级改造新乡基地、南口基地、南繁基地、新疆基地、嵊州基地、祁阳实验站、长岛实验站、呼伦贝尔实验站、海口基地、儋州基地、赣榆基地、黄海育种中心等 164 个试验基地、实验站和野外台站,田间工程、温网室、水电系统、水塔鱼塘、场区安防等基础设施得到升级改造,有力支撑了试验基地(台站、中心等平台)作为第二实验室作用的发挥。

三、提高了仪器设备装备水平

2005 年以前,农业农村部部属三院科研仪器设备装备多为小型常用仪器设备或田间试验设备,主要以国产、小型、常用仪器设备为主,普遍存在稳定性不足、分析精度不够、实验重复性偏低等问题,50 万元以上仪器设备总量不足,200 万元以上大型设备鲜见,很多单位一台大型仪器设备都没有,严重制约农业原创性科技创新发展,制约农业应用产业生产能力提升。

在修购项目的支持下,累计购置仪器设备 17 137 台(套),形成资产 33.45 亿元,是部属三院 2005 年末仪器设备资产价值的 22 倍。其中,单价 50 万~200 万元的仪器设备 1 274 台(套),200 万元以上的仪器设备 70 台(套)。重点打造了代谢组学技术平台、蛋白质组学技术平台等多个专业技术平台,在动物疫病防控、作物种质资源选育、农残检验检测技术、热带作物基因组学、蓝色粮仓等重点研究方向达到世界先进水平,为原创性、引领性科技攻关,打赢关键核心技术攻坚战提供了重要的保障支撑,为国家农业重大战略部署、重大科研任务攻关奠定了坚实的条件基础。在农业农村部承担各类重大科研专项协同支持下,催生了一批重大科研成果。

第五节 修缮购置专项资金投入需求与规划

当前,国际环境错综复杂,世界经济陷入低迷期,受疫情持续影响,全球产业链供应链面临重塑,新一轮科技革命和产业变革突飞猛进,科技创新进入空前密集活跃时期,需要切实强化产业链供应链自主可控,全面把握农业农村现代化对农业科技创新的新要求,优化布局、提升能力,针对当前发展环境面临的新形势和新挑战,始终坚持把科技创新摆在国家发展全局的核心位置,切实履行加快建设国家战略科技力量的使命担当。

一、修缮购置专项资金投入需求

一是面对高水平科技自立自强发展目标,亟须持续加强创新水平和创新效率保障能力。

农业农村部已布局国家作物种质库、国家动物疫病防控高级别生物安全实验室、海洋渔业生物种质资源库、科学调查船、国家热带农业科学中心等重大设施平台,并取得较大突破,但比肩世界水平的顶级设施平台的数量明显不足,且布局不均衡。农业重大科学研究设施等战略性平台为多年前投资建设,水电暖气消防安防等基础设施改造、设施装备不能满足当前的科技创新需求,支撑国家农业战略科技力量的基础保障能力仍有待提升。特别是破解种子和耕地两大要害,需要加强聚焦基础前沿、关键核心、集成熟化等方面力量支撑保障,全面打造适应高水平农业科技自立自强的创新平台体系。

二是面对前沿交叉创新能力加速演进趋势,亟须持续加强原创性、引领性科技攻关支撑能力。

部分实验室由于投资年代较早,现有实验室环境条件、基础设施配套、仪器设备已无法满足科研攻关、学科发展、安全生产等要求,与现代高水平实验室有较大差距。

同时农业科学与现代信息技术、生物技术、材料技术等的深度交叉融合,极大地促进了农业科技的发展,以人工智能、生物大数据、基因组学技术、合成生物技术、基因编辑等为核心的技术突破,推动了以生命科学为支撑的农业科技发生深刻变革。农业基础研究更要应用牵引、突破瓶颈,亟须以保障国家粮食安全、生物安全为目标,提高农业质量效益和竞争力,推动农业绿色发展和乡村振兴等事关发展全局和国家安全的基础核心领域、前沿领域持续发力。为此,亟须强化农业科技创新能力条件提升,支撑建设原创性、引领性科技攻关的底层架构和保障体系。

三是面对农业科研基础性、长期性的科技工作特点,亟须持续加强保障基础资源需求供给能力。

农业农村部已布局各类农业科学观测站、野外台站、资源库圃等农业基础性、长期性科研条件,主要覆盖种质资源、动植物保护、资源环境等研究领域,协同支持农业科技创新能力建设,但部分观测站点由于投资额较小、建设内容限制、地理位置偏僻等原因,导致基础性长期性科技工作条件艰苦、数据采集不便、缺乏即时处理能力等,与国际长期观测网络体系存在较大差距。

围绕科技发展新形势和新趋势,新一轮科技革命正在从实验性、计算型科研推进到数据密集型科研的发展态势,农业科研长期观测、监测、检测的双碳指标、资源环境、土壤资源等数据,呈现数据快速增长和多源异构数据融汇治理趋势,亟须以专业性大数据并行结算的新型基础设施条件保障,进一步细化分工协作、跨学科协作。面向科技攻关特点,保障科技创新基础资源需求供给,持续强化基础性、长期性条件平台支撑。

四是面对乡村振兴、加快农业农村现代化要求,亟须持续加强农业应用技术研究推广保障能力。

农业农村部已布局各类农业试验基地200余个,涵盖种植业、养殖业、资源环境、食品加工等多领域多链条,但由于投资年代早、建设资金有限、地理环境恶劣、使用率高等多因素,导致仍有部分试验基地在基础设施条件、农机具装备、现代信息化管理等方面设备设施短板明显,急需补充升级。

同时全面实施乡村振兴战略,加快推进农业农村现代化,关键是农业科技现代化,农业科技攻关必须坚持问题导向,奔着最紧急、最紧迫的问题去。聚焦农机装备、绿色低碳、乡村发展等重点领域板块,加速打造农村急需、农民急盼,技术集成、中试熟化的技术研发平台和试验基地,加速打造区域代表性强、转化示范性显著、开放共享度高的技术研发平台和试验基地,形成延续创新链、打造供给链的条件平台链、示范推广链,进一步提高农业综合生产能力,形成长期化、系统化保障能力。

二、修缮购置专项资金投入规制

我们要深刻把握国际国内新形势,锚定全面推进乡村振兴、实现农业农村现代化目标，紧紧围绕三农重点工作，进一步强化条件平台支撑保障能力，科学设定建设目标任务，健全绩效管理运行机制，加快提升农业科技创新能力支撑条件，为实现高水平农业科技自立自强提供坚实保障。

因此，近几年修缮购置专项的投入规划，仍应坚持以习近平新时代中国特色社会主义思想为指导，深入贯彻党的十九大和十九届历次全会精神，坚持"四个面向"，紧紧围绕切实改善中央级科学事业单位的科研条件，推进科技创新能力建设，聚焦"种子、耕地、生物安全、农机装备、绿色低碳和乡村发展"六个重点领域板块，持续加强重大科研平台设施条件、试验基地标准化水平、实验室建设和院所区基础设施条件四个方面科技保障能力提升，切实解决科技基础条件建设面临的紧迫、重大需求，构建布局合理、功能完备、开放共享的科研条件保障新格局，为推动农业科技整体跃升提供强有力的条件保障和基础支撑。

资金投入的基本原则，应确保聚焦核心问题，解决紧迫需求，确保资源配置合理，功能定位清晰，确保突出绩效约束，强化资金管理。一是顶层设计，系统谋划。综合布局三农事业发展和农业科技创新需求，加强顶层设计，系统谋划立足全局的条件建设需求保障，统筹发展与安全，近期与远期，区分轻重缓急，有序安排。充分利用专项资金解亟需、破难题，解决重大科技任务联合攻关和基础研究面临的紧迫需求，解决科研条件平台公共安全面临的紧迫需求，保障科研条件平台可持续发展面临的升级改造需求。二是统筹兼顾，突出重点。立足国家发展战略、科技发展趋势、部院主责主业，充分发挥部院统一组织和协调作用，既要兼顾各学科均衡需求，又要集中力量办大事，解决农业科技创新中发展面临的重大问题，保障国家重点研发专项、科技创新工程重点目标和重大任务攻关。三是整合资源，共享共用。综合考虑国家战略需求、学科发展需求和产业发展需求，一方面整合、优化、盘活现有存量资源，促进现有科研条件系统化、标准化、智慧化、可持续化；另一方面调控增量资源，引导新资源向公共平台汇聚，充分发挥和放大公共平台资源效能，跨部门、跨区域、跨领域共享，实现经济效益、社会效益最大化。

整体建设目标，拟到2025年底，农业科技创新平台支撑保障能力显著提升，农业学科发展支撑保障水平日趋均衡，功能定位更加清晰。重大科研平台升级改善，前沿性、交叉性、专业性实验室仪器装备水平显著提升，技术集成熟化示范推广试验基地趋于标准化。

提升一批重大科研平台。围绕作物育种、生物安全、热带农业、基础资源调查等领域的国家种质资源库圃体系、高等级实验室、科学调查船、国家热带农业科学中心等重大设施、综合性平台得到进一步功能升级和提升，逐步拓展前沿性、交叉性农业科技创新研究，保障产生一批原创性重大科研成果。

补齐一批实验室平台装备。聚焦作物、兽医、植保、渔业、热带农业、农机装备等专业性实验室建设，完善填补人工智能、生物大数据、基因编辑等新兴交叉学科实验平台，着力打造农业前沿技术创新的主战场。

改善一批试验基地设施。围绕粮食安全、耕地保护、生物安全、绿色低碳和乡村发展等领域，改善试验基地和科学观测站网基础设施条件和标准化运行水平，高效链接实验室研究与生产应用，组装集成、熟化展示先进性、示范性、综合性的农业科技成果。

优化一批院所区基础条件。聚焦高标准实验室、院所区基础环境条件建设，优化升级消防、安防、废弃物处理、易燃易爆有毒有害物品存放、水电暖气、网络环境（云环境）、机房设施等公共安全设施改善，着力解决院所区实验室空间和环境条件差、基础设施信息化水平低、存在安全隐患等问题。

在资金部分方面，聚焦"国之大者"，落实"藏粮于地、藏粮于技"战略，围绕"种子、耕地、生物安全、农机装备、绿色低碳、乡村发展"六大板块的科研条件改善和技术条件支撑保障，构建定位清晰、布局合理、科学管理、支撑有力的科技条件平台支撑体系。

重点支撑保障种业振兴。重点加强种质资源保护与利用，推进育种创新，开展品种测试等，破解种子要害，扎实落实"藏粮于技"战略部署，提升我国种源核心竞争力和种业国际竞争力。聚焦主要农作物（水稻、小麦、玉米、大豆、油料）、热带经济作物、畜禽、果蔬、水产养殖等种业安全和种业振兴，从基因挖掘、遗传转化、生物安全、种质资源保护、遗传育种、产业化发展六个环节，紧盯种业基础性重大科学问题和前沿育种技术的支撑保障能力提升，搭建完善专业育种实验室、种质资源库圃体系、生物育种科研试验基地等研究条件平台体系，争取提出原创科学理论，做出原创科学发现，深入推动种业科技创新，保障种业振兴。

强化打造耕地科技战略支撑力量。重点保障耕地质量保育，土壤质量提升，适应性作物精准化改良等研究领域,破解耕地要害,扎实推进"藏粮于地"战略部署,在耕地科技创新、长期性基础性工作和科技平台建设等方面着力发挥保障支撑作用。聚焦我国东北黑土地、北方旱地、南方水田、南方旱地、盐碱地、设施农用地和后备耕地的关键问题,集中发力,持续攻关,突破土壤组学、生物固氮、养分管理、秸秆还田、有机培肥、污染防控、酸化阻控、盐碱改良、旱作节水、智能装备十大关键核心技术,着力解决耕地重大科技瓶颈问题,勇担"科技沃田"的使命和重任,优化构建全国高效协同的观测监测体系,着力为耕地基础研究、技术研发等提供坚实的条件能力保障和支撑。

加强动植物疾病监测与防控保障。重点支撑保障动植物疫情预警、疾病防控、风险监测评价等设施设备能力建设,落实支撑完善国家生物安全治理体系建设,提升动植物保护条件装备水平和应急处置能力。聚焦农作物重大病虫害防控、动物重大疫病防控、外来入侵物种防控、农药与生物技术风险防控和非生物逆境预警与抵御等生物安全领域,按照"以人为本、风险预防、分类管理、协同配合"的原则,围绕国家生物安全重点任务清单,强化国家动植物疾病防控体系建设,实现早发现、早预警、早防控,加强国家生物安全风险防控和治理体系建设,提高国家生物安全治理能力。

补强智能农机装备开发短板。重点支撑提高农机装备研发和应用水平,推动农机装备研发升级向高质量发展转型,充分利用物联网、大数据等现代信息技术发展智慧农业,提高农业生产效率和效益。聚焦适应性农机需求研发改型、热带农机装备研发、水肥一体化智能化装备,深海大洋资源侦测装备与助渔装备,经济作物清洁化初加工和高值化精深加工技术与装备研发,加快补上烘干仓储、冷链保鲜、农业机械等现代农业物质装备短板,构建新一代智能农业、农机、装备技术体系,提高全程配套、信息收集、智能决策和精准作业能力,推进形成面向农业智能生产的整体解决方案,促进农业高质量发展和农民持续增收的重要保障。

强化绿色低碳运行保障水平。着眼推动绿色低碳发展,推进实现"碳达峰、碳中和"重大举措,着重支撑保障农业绿色发展助力实现双碳目标,为农业农村高质量发展提供有力科技支撑。聚焦农业农村减排固碳、稻田甲烷减排、畜牧业减排降碳、绿色高效养殖、碧水生态渔业、热带生态循环农业、环境微生物资源库等生态环境领域科技赋能,突破关键核心技术创新,形成并推广适宜不同区域的绿色低碳发展模式、建立健全减排固碳标准体系和长期监测评估体系，稳步提升农业绿色发展水平。

加强支撑乡村产业发展。重点保障农业区域发展、农民增产增收的科技支撑能力，实施产业助力，建立促进农民增收的长效机制。聚焦乡村共性关键技术、应用示范、成果转化及产业化，立足提高农业生产的标准化、精细化、智能化水平，重点开展果树、蔬菜、花卉、瓜类、鱼虾蟹藻水产品、热带经济作物、家畜、家禽等新品种繁育、展示示范和推广、精深加工和产业技术革新等共性关键技术研究保障，促进农民农村共同富裕，推动农业产业化的科技支撑能力持续升级。

第四章

房屋修缮及基础设施改造类项目管理实践

房屋修缮及基础设施改造类项目(以下简称"修缮项目")是农业科学事业单位修缮购置专项资金的重要支持方向,要做好专项的实施管理,需要管理者在规划编制、年度项目申报、实施方案编制、工程建设及验收、项目绩效评价、项目财务核算等环节进行有效的管理,以促使项目目标顺利实现。

修缮项目的管理可以划分为七个不同的阶段,即修缮项目的启动、规划编制、年度项目申报、实施方案编制、工程建设及验收、项目绩效评价、项目财务核算。每个阶段包含不同的内容,每个阶段管理重点、管理方法也不相同。

第一节 修缮项目的启动

修缮项目的启动是项目的第一个阶段,也是一个相当重要的决策阶段,主要是做好项目规划、申报的前期准备。如成立项目领导小组、执行小组,同时还确定项目实施的关键节点,明确各项工作的负责部门、负责人以及具体分工。

一、成立修缮项目领导小组和执行小组

由于修缮项目涉及的方面较多,为保障修缮项目的完成,必须由不同的部门、不同的专业人员组成修缮项目的工作组织,必须建立项目领导小组和执行小

组。根据任务设置机构，设岗用人，并且需做到及时调整。

成立修缮项目领导小组和执行小组，由领导小组和执行小组组成修缮项目的实施管理机构，该机构负责修缮项目的组织领导和实施管理。修缮项目组织领导和实施管理如图4－1所示。

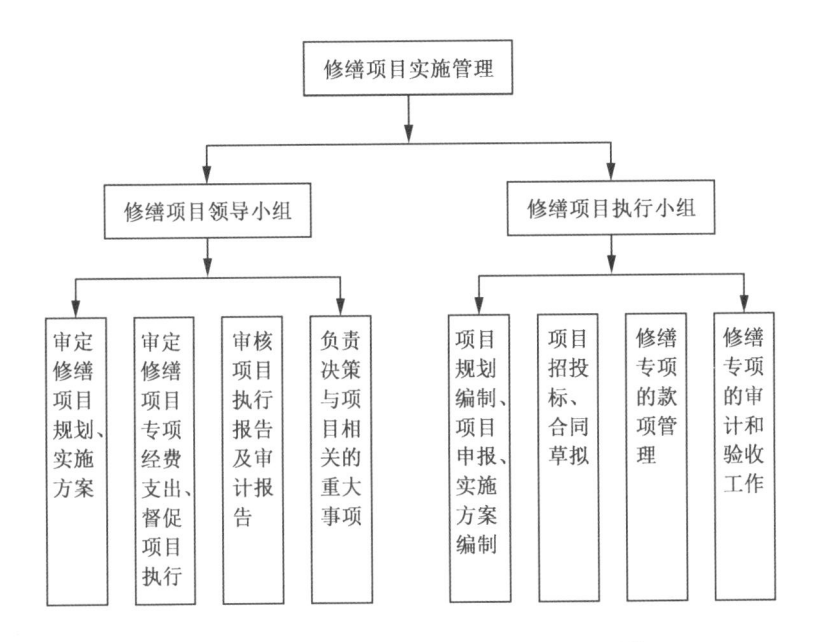

图4－1　修缮项目组织领导和实施管理组织结构图

修缮项目组织成员通常都是兼职，除了完成修缮项目的任务外，还有自己的日常工作，修缮项目有可能不是其关心的重点，因此不会主动承担风险和责任。同时，专项组织成员来自不同的部门，如果部门之间横向联系较少，成员之间可能会缺乏合作，从而出现工作推诿的情况。因此，必须明确各自的工作职责，还需要强调团队的协作精神。

领导小组对修缮项目负总责，主要负责修缮项目全过程中重大事项的决策，并审定关键节点的重要事项，监督检查项目执行情况。项目执行小组负责项目实施的具体工作，覆盖项目申报、实施和验收的全过程，并及时向领导小组汇报项目执行情况。修缮项目组织成员在各自的工作职责内分工协作，分工管理具体工作，主要职责如表4－1所示。

表 4—1　　　　　　　　　　修缮项目领导小组和执行小组职责表

修缮项目管理机构	主要职责
修缮项目领导小组	重大事项的决策
	审定修缮项目规划、建设内容和项目实施方案
	安排修缮专项经费支出预算
	监督检查项目执行情况
修缮项目执行小组	编制申报书、实施方案、施工设计等
	编制完成后的申报工作
	预算编制
	项目招投标工作
	合同和技术协议的签订
	组织项目的实施、协调和督查(工程进度、工程质量、工程安全、投资控制)
	预算执行进度的跟踪检查
	负责项目的预算执行,确保项目资金使用合理安全
	负责项目经费的决算审核和财务审计
	负责项目全过程资料的立卷工作,并及时归档、整理和保管
	负责档案的验收

二、修缮项目的责任分配与工作分解

修缮项目管理机构根据单位内各部门分工以及修缮项目管理工作的性质和特点,以修缮项目从申报、实施到验收整个全过程的具体工作为主线,以全过程具体的流程控制为脉络,梳理出项目实施的关键节点,并明确各节点的主管部门和辅助部门。关键节点主要包括以下内容:修缮项目承担单位内部管理职能的设置、修缮项目预算的编制、修缮项目实施方案的编制、修缮项目招投标工作的实施、修缮项目合同的签订、修缮项目的付款、修缮项目的过程控制、修缮项目的验收。

根据关键节点的主要工作内容,再将修缮项目分解落实到各职能部门,如图4—2 所示。

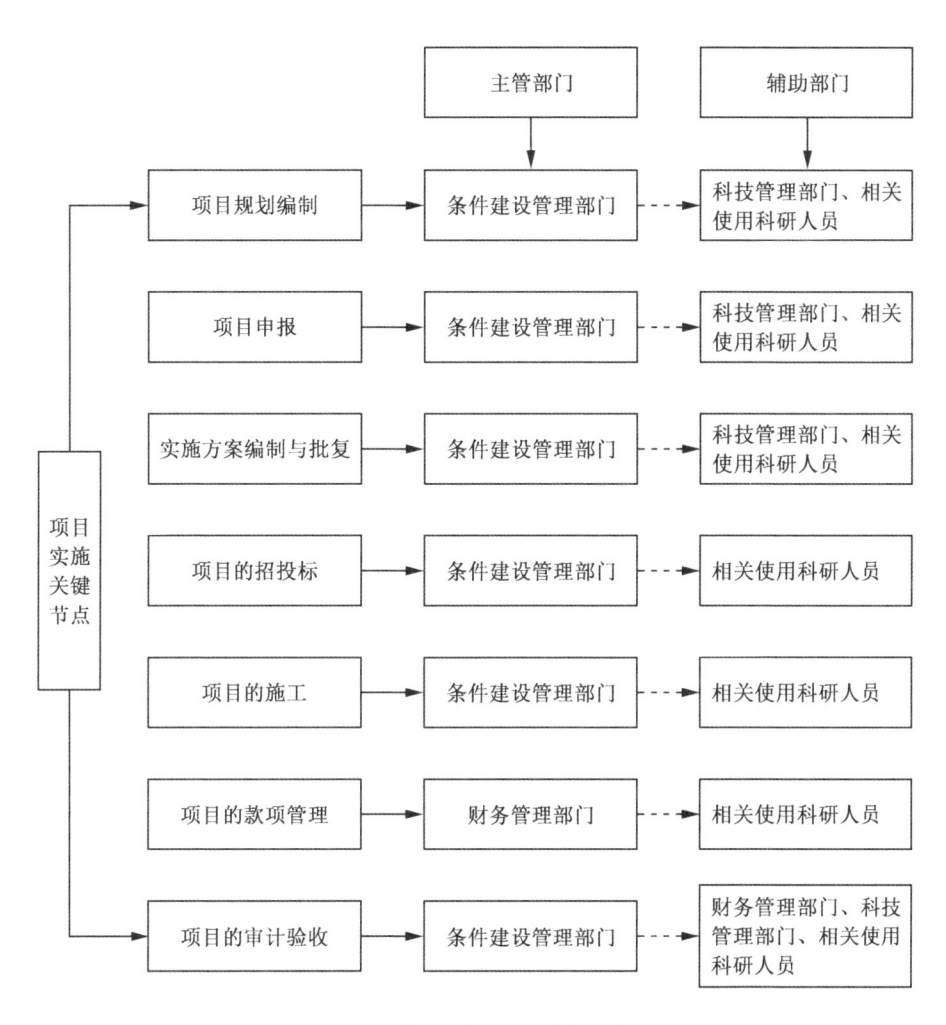

```
                        主管部门              辅助部门
                           │                    │
                           ▼                    ▼
        ┌──项目规划编制──→ 条件建设管理部门 --→ 科技管理部门、相关
        │                                       使用科研人员
        │
        │   项目申报    ──→ 条件建设管理部门 --→ 科技管理部门、相关
        │                                       使用科研人员
        │
        │   实施方案编制与批复 ──→ 条件建设管理部门 --→ 科技管理部门、相关
   项目 │                                              使用科研人员
   实施 │
   关键 │   项目的招投标  ──→ 条件建设管理部门 --→ 相关使用科研人员
   节点 │
        │   项目的施工   ──→ 条件建设管理部门 --→ 相关使用科研人员
        │
        │   项目的款项管理 ──→ 财务管理部门    --→ 相关使用科研人员
        │
        └──项目的审计验收 ──→ 条件建设管理部门 --→ 财务管理部门、科技
                                                   管理部门、相关使用
                                                   科研人员
```

图 4—2　修缮项目管理关键节点分工图

第二节　规划编制

一、规划的概念

项目规划是对实现项目目标所需要的各类资源在时间和空间上预先做出的

统筹安排。项目规划是计划的组成部分，亦即是比较长远的分阶段实现的计划。它是根据单位发展长远规划对项目所提出的任务和要求制定的，为实现一定的战略目标服务，是有效地组织和实现大规模建设任务的必要手段，是单位发展的长远规划在一个项目上的具体化。

二、规划的作用

项目规划是制定年度投资预算的依据。年度投资预算是根据长期计划所规定的年度任务而制定的，它确定计划年度内的项目建设规模、内容和效果。项目单位每年要根据上级颁发的预算控制指标以及经过批准的设计预（概）算编制年度投资预算。项目单位的年度投资预算经过批准之后，就是进行项目实施方案编制的依据，也是实施财政监督的依据。

三、规划编制的要求

项目规划的文本形式，一般包括正文和规划说明两部分。其中，正文包括目录、前言、规划背景、规划的意义与必要性、规划指导思想与原则、规划目标、规划布局与建设内容、典型工程、投资估算与资金筹措、实施步骤、效益分析、保障措施、附表附图。

规划说明主要用于介绍规划编制的有关情况，包括规划领域的现状、存在问题的分析、规划编制面临的新趋势和需求、规划编制的总体思路、规划编制特点的阐述、规划的主要内容以及履行编制程序的情况，并对征求意见、衔接和论证情况做出专门说明，对未采纳的主要意见应当说明理由。

（一）规划背景

规划背景主要从规划的由来、规划主体发展现状、发展趋势以及项目领域的发展趋势和发展环境方面进行阐述和分析。

1. 规划的由来

结合实际情况，从满足行业发展需要、落实产业政策、优化调整布局、完善基础设施、提高生产服务能力、改善生态环境和促进农村民生等方面阐述编制规划的起因和目的，并说明已经开展的前期准备工作情况。

2. 建设现状

(1)基本情况。简要介绍规划区的自然地理、生态环境、社会经济状况的情况;分析论述项目基础条件、实施与发展现状,从技术条件、经济条件和管理条件等方面说明解决建设问题的有利条件和制约因素。

(2)主要成就。总结项目建设取得的主要成就。说明上一个规划期内项目的投资建设情况、规划任务完成情况,以及在经济、社会、环境方面取得的显著效果。总结前期工作、资金筹措、工程建设管理、建后管理等方面的成效和经验。

(3)存在的问题。分析项目建设存在的主要问题。针对规划区的实际情况,分析总结在项目建设、技术水平、管理等方面存在的主要问题。

3. 趋势分析

主要从国际、国内两方面考察相关领域的发展趋势和发展环境。在国际方面,分析社会、经济、技术、环境以及政治关系等变化因素和变化趋势;在国内方面,分析行业和经济政策、投资导向、金融环境、市场需求等项目建设影响因素。通过以上分析,进一步明确项目所面临的机遇和挑战,并运用科学方法,对相关领域的未来发展趋势及要求进行预测和判断。

4. 规划范围

一是应确定规划编制的范围。研究规划编制涉及的各类规划主体范围,包括领域、行业、区域、建设单位、参与企业等,研究规划涉及的功能、产品或服务种类等。二是应确定规划年度(规划期)。规划年度决定规划的时间范围,应与当地国民经济和社会发展计划或中长期经济、社会发展目标相衔接。对于发展目标、重点任务与政治经济环境关联度较强的行业,规划期不宜过长,以3~5年为宜。除此之外,还应确定规划基准年度,以便于进行定量比较,一般应以规划的前一年为基准年度。

(二)规划的意义与必要性

应说明规划编制的主要依据、法律属性,以及在时间和空间上的特殊意义。阐明规划主体(包括领域、行业、地区、空间、企业等)对国民经济和社会发展的意义和影响;规划主体面对的外部环境及应对机遇和挑战的意义;对规划主体自身发展和结构调整、产业升级的意义;对关联产业(或领域)发展的带动作用。通过定性与定量分析相结合的方法,客观地描述规划主体发展现状、特点和问题,分析其优势条件及主要制约因素。

(三)规划指导思想与原则

指导思想是规划编制的基本出发点。规划指导思想应以党和国家重要会议精神为指导,贯彻中央提出的规划期内的重要指导方针,根据发展总体目标和阶段性任务,遵循以人为本,全面、协调、可持续的发展,围绕部门职能,从实际出发,提出建设项目规划的基本思路和方向。

四、规划目标

(一)总体目标和分阶段目标

规划目标包括总体目标和分阶段目标。总体目标是建设项目在规划期末要达到的社会经济发展、产业结构优化调整、生产服务能力构建、技术水平提升等目标,它具有可实现性、相对稳定性、概括性、包容性、层次性等特点。科学、合理的建设项目规划目标对发挥规划指导作用、明确相关建设责任有重要意义,也是评价和监督规划实施效果的主要依据。

分阶段目标是规划期内某一阶段、某一方面要实现的社会经济发展、产业结构优化调整、生产服务能力构建、技术水平提升等的具体目标。各项分阶段目标应满足总体目标的要求,是实现总体目标的基础。

(二)规划目标的制定

规划目标的制定要体现科学性、前瞻性、合理性、指导性,是制定具体建设任务的依据,内容应高度概括,文字应简明扼要。尽可能采取科学、定量方法对目标进行测算,应用相关的规划指标体系,根据规划期内各方面的条件,特别是应考虑政府配置资源的可能性和市场配置资源的基础性作用来确定规划目标。

在应用规划指标体系时,应注意由于每个建设项目规划涉及的领域不同,所要求的指标也有较大差异。一是结合具体情况,确定规划的指标组成。有主要指标和次要指标,有定性指标和定量指标,有预期指标和规划期内必须达到的约束性指标。二是指标之间要相互协调,做到指标之间相互配合,不矛盾、不冲突。三是应尽可能采用国家统计部门公布的指标,并与国际指标靠拢,便于对比。四是指标的确定应与不同规划期的目标相一致,便于阶段工作考核。

五、规划编制内容

项目规划是统筹规划各年度项目,根据主管部门的要求,为改善科研基础设施条件、提升科研能力,在项目单位现有资源及未来发展目标的基础上,按照顶层设计的思路,本着科学规划、突出重点、轻重缓急的原则,确定未来几年需要什么样的基地、基地需要进行哪些修缮,并提出各年度拟申报项目、建设内容、投资估算等。项目规划通常以 3 年为规划年度。规划编制开始前,各项目单位首先需在全单位范围内进行需求征集,包含修缮和购置两方面。修缮购置专项负责部门对征集结果进行分类和汇总,与单位科研管理处室一同,根据单位科研发展,各研究室对修缮、设备购置的必要性、紧迫性等进行初步筛选,形成规划项目初稿。召开修购专题会,针对初稿给出意见后,由修缮购置专项负责部门按照初稿组织编制可行性研究报告及专家论证等相关材料。项目规划编制主要包括以下内容:(1)规划文本(提纲参照表 4－2 格式);(2)规划项目表(格式参照表 4－3);(3)项目可行性研究报告;(4)项目承担单位平台情况表;(5)现有 50 万元以上仪器设备统计表;(6)拟购置 50 万元以上仪器设备清单;(7)规划论证意见;(8)相关会议纪要。

表 4－2　　　　　中央级科学事业单位改善科研条件专项规划

```
×××研究所
中央级科学事业单位改善科研条件专项规划
（××××—××××年）

一、前言
二、科技基础条件现状
（一）单位概况
（二）修购专项总体实施情况
1. 资金投入情况
2. 主要管理措施
```

续表

(1)组织管理。

(2)制度建设。

(3)经费管理。

(4)绩效考核。

3.主要建设成效

(1)完成的主要建设内容(包括已完成但未验收的项目)及解决的主要问题。

房屋修缮类：

基础设施改造类：

仪器设备购置类：

仪器设备升级改造类：

(2)成效综述。

(三)仍面临的主要问题

三、2023—2025年条件专项规划

(一)指导思想

(二)规划原则

(三)规划目标

(四)规划重点

(五)共建共享方案

(六)资金安排

1.修缮规划

(1)××××年××××房屋修缮项目(×××万元,执行期×年)

项目建设地点位于×××,主要实施内容为×××。经费需求总额为×××万元,其中××××年经费需求×××万元。

项目实施后,××××。

(2)××××年×××基础设施改造项目(×××万元,执行期×年)

项目建设地点位于×××,主要实施内容为×××。经费需求总额为×××万元,其中××××年经费需求×××万元。

项目实施后,××××。

2.购置规划

(1)××××年×××仪器设备购置(×××万元,执行期×年)

续表

> 项目建设地点位于×××,主要实施内容为×××。经费需求总额为×××万元,其中××××年经费需求×××万元。
>
> 项目实施后,××××。
>
> (2)××××年×××自研与改造项目(×××万元,执行期×年)
>
> 项目建设地点位于×××,主要实施内容为×××。经费需求总额为×××万元,其中××××年经费需求×××万元。
>
> 项目实施后,××××。
>
> 四、保障机制与主要措施
> (一)健全组织
> (二)制度建设
> (三)经费监管
> (四)资产管理
> (五)绩效考核
> (六)队伍建设

六、投资估算与资金筹措

投资估算在规划阶段也称作投资匡算,为方便与现行的称谓统一,统称为投资估算。

(一)投资估算

建设规划投资估算应根据《建设项目经济评价方法与参数》的相关规定,参照规划区同类建设项目工程造价、费用定额以及规划基准年度的造价市场信息,结合项目区的实际情况进行编制。投资估算可以单项工程为核算对象。

在进行投资估算时一般应根据工程量分别计算各单项工程投资估算,汇总成工程投资。工程投资包括建设投资、建设期利息和流动资金。对于政府投资非经营性项目,一般只考虑建设投资,主要包括工程建设费、工程建设其他费。其中,工程建设费包括建安工程费、田间工程费。工程建设其他费包括工程咨询、勘察、设计、监理、招标代理等费用。

规划的总投资估算,应以估算的单项工程投资为基础,比照近年来建成的类

表 4—3　×××××—×××××年修缮购置工作规划表（样表）

项目单位：_____　　预算编码：_____　　制表时间：____年__月__日

序号	项目名称	项目（修缮、改造、购置等）主要内容概要	修缮建筑面积（m²）	购置（改造）仪器设备（台件）	拟需求经费（万元）			
					合计	中央财政	主管部门	其他
	总　计							
	×××××年合计	—						
	房屋修缮类项目小计	—						
	××项目							
	××项目							
	……							
	基础设施改造类项目小计							
	××项目							
	××项目							
	……							
	仪器设备购置类项目小计							
	××项目							
	××项目							
	……							
	仪器设备升级改造类项目小计							
	××项目							
	××项目							
	……							

续表

序号	项目名称	项目(修缮、改造、购置等)主要内容概要	修缮建筑面积(m²)	购置(改造)仪器设备(台/件)	拟需求经费(万元)			
					合计	中央财政	主管部门	其他
	××××年合计							
	房屋修缮类项目小计							
	××项目							
	××项目							
	……							
	基础设施改造类项目小计							
	××项目							
	××项目							
	……							
	仪器设备购置类项目小计							
	××项目							
	××项目							
	……							
	仪器设备升级改造类项目小计							
	××项目							
	××项目							
	……	—						
	××××年合计							

续表

序号	项目名称	项目（修缮、改造、购置等）主要内容概要	修缮建筑面积（m²）	购置（改造）仪器设备（台件）	拟需求经费（万元）			
					合计	中央财政	主管部门	其他
	房屋修缮类项目小计							
	××项目							
	××项目							
	……							
	基础设施改造类项目小计							
	××项目							
	××项目							
	……							
	仪器设备购置类项目小计							
	××项目							
	××项目							
	……							
	仪器设备升级改造类项目小计							
	××项目							
	××项目							
	……							

注：此表由项目单位依据2006—2008年修缮购置工作规划填报，并根据项目类型选填"修缮建筑面积"和"购置（改造）仪器设备"。此表经主管部门审核后报财政部教科文司备案。

似工程造价和物价指数,采用相关的估算方法,计算出各类工程投资,汇总得出该规划的总投资。需要估算建设期利息、流动资金的项目,可以在估算各类工程投资时考虑这两项费用,也可以在计算总投资时一并考虑,但不能重复计算。

项目规划的投资估算须满足以下要求:一是投资估算的范围应与项目建设的工程内容相一致;二是投资估算应符合国家有关主管部门的相关规定;三是投资估算应符合行业主管部门制定的投资估算办法和估算指标;四是估算的精确度应能满足建设规划及有关项目前期论证不同阶段的要求;五是估算的投资应计算合理,没有提高或者降低估算标准,没有重复计算、漏项少算或高估冒算等情况。

(二)资金筹措

资金筹措应根据国民经济和社会发展规划,相关产业及行业规划所确定的投资方向及重点领域,充分考虑中央、地方财力的可能,充分调动社会资金的积极性,按照不同地区、不同项目来确定投资来源及构成比例,包括中央和地方预算内基本建设投资、其他财政资金、商业银行和政策性银行的信贷资金以及其他社会资金等。

在编制规划资金筹措方案时,应根据地方政府财政收入水平,结合项目建设单位财务状况,分析地方政府配套资金、建设单位自筹资金的投入能力,不突破中央投资总规模的原则,合理确定各类资金的投入比例。主要应包括资金筹措原则、资金筹措方式、资金筹措金额等内容。

七、规划编制管理要点

(一)三年规划是修缮项目的指导思想

从规划中能看出项目单位的发展方向和战略变更。规划编制时,首先在研究单位内部确定需求,由于提交上来的需求比较零散,因此需要先对需求进行整合,再进行层层讨论和决策。这个过程将零散项目申报模式转变为整体设计申报模式,优点是资金批复规模会大幅度上升。

(二)加强项目合理性规划

在项目前期设计过程中,由领导班子决策后,立即邀请专家对规划的项目进行评审,从项目的整体规划性、战略匹配性、可执行性、重要性等方面入手,为项目规划提供依据。还须根据项目单位发展战略和方向确定项目的优先级,同时整体合理规划项目。

(三)减少材料审核和修改次数

材料编写人对申报材料的准确性和逻辑性负责,尤其应注意勾稽关系以及细节问题。编写后上报的材料即为终稿,不可再反复修改,材料的编写由具体执行人员提供测算依据等内容,材料的整体涉及方向由所领导班子确定后,由项目负责人把关。

第三节 年度项目申报

项目申报在每年的7月份开展,在三年规划基础上,申报下一年度项目的具体内容,并组织专家论证,经领导班子集体决策后,确定申报建设内容后,组织使用部门、设计院共同编制项目申报材料,形成项目申报书。农业农村部、财政部经过评审后,批复年度项目申报书,并批复资金额度。项目申报材料主要包括通用材料和专用材料两部分。

通用材料包含但不限于以下材料,具体以上级部门通知为准:(1)单位简介;(2)固定资产清单;(3)××××—××××年项目预算执行进度表(以往年度);(4)单位科研平台情况表;(5)××××—××××年改善科研条件专项财政拨款情况表(以往年度);(6)××××—××××年改善科研条件专项执行情况统计表(以往年度);(7)申报年度改善科研条件专项资金项目申报汇总表;(8)规划论证意见;(9)相关会议纪要;(10)项目申报请示。

专用材料包括但不限于以下材料,具体以上级部门通知为准:(1)项目可行性研究报告、相关图纸和投资估算;(2)现状照片;(3)项目申报文本(改革更名前格式详见本书附录1;改革更名后格式详见本书附录2)。

一、项目申报文本的编制

项目申报文本是争取国家财政批准立项并获得经费支持的依据,因此申报单位要高度重视,认真组织相关部门和专业技术人员精心编制。项目申报文本是在项目可行性研究报告的基础上,为了说明项目建设的背景和必要性,明确项目建设方案和建设内容,确定项目预算而编制的文本材料。项目申报文本主要内容包括项目单位基本情况表、项目基本情况表、明细项目表、明细项目主要内容及支出预算表等。

(一)项目申报文本编制总体要求

其一,内容要全面,包括项目申报理由、主要内容、总体目标、组织实施条件、项目采购方式、绩效评价、支出预算、测算依据及说明。编制时要逐条表述,一定不要漏项缺项。

其二,项目申报的理由和依据必须充分。要实事求是地表述本项目的历史背景、目前的使用状况、存在的主要问题和具体程度、对单位正常运行和科研工作的影响。这里可附上照片和相关部门出具的房屋、设备质量鉴定报告及限期整改通知书等,说明项目实施的重要性和迫切性,以赢得评审专家和财政部门的同情及认可。

其三,项目目标、经费测算要合理。项目目标要同单位的任务、科研方向、学术领域相匹配,不好高骛远,贪大求洋,符合单位目前和近期实际。经费预算必须经济合理,所购设备要货比三家,价格适中,如从国外进口,还须考虑关税及保险费用。维修项目各支出明细要符合国家建设标准、工程造价和取费定额,选料用料要经济适用,数量同需求吻合,不掺水分,不造假,不高估冒算,要经得起实践和时间的考验。

(二)项目情况概述编制要求

项目基本情况概述要尽可能以量化的指标简要说明项目实施的意义,明细各项目工作目标、验收标准及项目实施的保障条件等。还应包括以下内容:

(1)总体情况。简要介绍项目单位的主要职责、研究对象和范围、人员构成以及完成的科研项目及获得的科技成果等,应能反映出该项目单位的真实科研能力和水平。

(2)规划符合性情况。说明拟申报的项目在工作规划中的安排情况,包括规划年限、实施地点、项目内容、规模和资金与规划的符合性。如涉及对规划的调整,包括项目的年度调整、内容调整、规模调整、项目更替、规划外新增等,应予专门说明。

(3)项目基本情况。主要包括阐述现状和必要性、概述方案、实施保障等。若申请多个项目,应按类型分项目逐一进行列述。修缮项目基本情况编写要求如下:一是需阐述现状和必要性。说明详细地点、建成时间、规模、结构形式、使用情况、存在的问题与制约因素等,客观分析项目的必要性及可行性,合理预计项目达到的目标。二是概述方案。包括修缮和改造的主要内容、规模、资金测算等。三是实施保障。明细项目工作目标、验收标准及实施的保障条件。

(三)项目文本中相关表格编制要求

(1)各表格中的"修缮工作内容摘要"或"主要改造内容摘要"应详细说明拟维修的房屋或拟改造基础设施的具体位置、范围、内容、标准、工程做法和工程量等。

(2)修缮项目的"项目主要内容"应分别列出各单项工程的改造方案,包括修缮和改造的内容和规模、相关技术参数、结构形式、工程做法、分部分项工程的工程量等。

(3)修缮项目的"项目申请经费测算依据"应说明经费测算的文件、规定和基本方法。按照"项目主要内容"中确定的单项工程、单位工程或分部分项工程的工程量,依据当地的工程造价定额和取费标准,或根据当地的人工、材料、机械使用等综合价格水平,分别测算出各项工程的经费。设计费、招标费、监理费等应参照住房和城乡建设部、国家发改委等有关规定计取,并分别列出。

(4)修缮项目的"项目支出预算明细表"应在经费测算编制完成后汇总填报。将经费测算总金额分解到设备购置费、材料费、劳务费、水电动力费、设计费、运输费、安装调试费、其他费用等科目中。支出科目应以经费测算中的设备费、人工费、材料费、机械费,以及工程建设其他费用测算明细为基础编制。费用分配的原则如下:①设备购置费。包括仪器设备费、备品配件费,建安工程中水、暖、电、通、空调等单位工程中的设备费(如电梯、锅炉、配电箱柜、制冷机组、通风设备等)。②材料费。包括经费测算中的主材费、辅材费等。③劳务费。包括经费测算中所有的人工费等。④水电动力费。包括经费测算中的施工机械费(含施工运输费)、水电及动力使用费等。⑤设计费。经费测算中的设计费。⑥运输费。仪器设备的运输费、能单独提出的施工机械费中的运输费、特殊情况独立发生的运输费等。⑦安装调试费。指设备调试费和建安工程中水、暖、电、通、空调等单位工程中必须发生的系统调试费用。⑧其他费用,如招标费、监理费等。

二、可行性研究报告的编制

项目申报最基础的材料是可行性研究报告、相关图纸和概算的编制,也是项目申报阶段管理的要点。在修缮专项规划的基础上,委托具有资质的设计院进行编制。在编制前,需对拟建设内容进行现场调研,充分了解拟修缮的设施、房屋的现状,摸清工程量。调研的主要内容包括以下几点:

(1)拟维修改造的科研用房和科研设施的必要性是否充分,是否是科研急需的,是否为新建。

(2)拟改造的水、电、围墙、挡土墙、道路、排水沟等以长度为计量单位的基础设施现场的铺设路线是否可行。

(3)拟修缮的房屋使用年限是否达到,是否有修缮的必要,修缮后是否能满足科研使用需要。是否为全部拆除后重建(专项严禁房屋修缮类将房屋拆除重建)。

(一)可行性研究报告编制的依据

项目可行性研究报告的编制依据主要有以下几点:

(1)国民经济与社会发展的长期规划与计划;行业、部门、地区的发展规划与计划;国家、地方经济建设的方针、政策及地方法规。

(2)经批准的修缮专项规划。

(3)与投资项目有关的工程技术规范、标准、定额等资料。

(4)拟建项目地点的自然、经济、文化、社会等的基础资料。

(5)国家批准的资源报告、区域国土开发整治规划、建厂地区的规划(如城市建设规划、交通道路网络的规划及生产力布局等)。

(6)国家正式公布的编制可行性研究报告的内容、编制程序及评价方法与参数等。

(二)可行性研究报告编制的要求

可行性研究报告的质量优劣取决于编制单位的资质条件和编写人员的专业水平。编制可行性研究报告需具备以下几点要求：

(1)确保可行性研究报告的真实性与科学性。可行性研究是一项技术性、政策性、经济性都很强的工作。编制单位应站在公正的立场，保持独立性，遵照事物的客观经济规律及科学研究工作的客观规律办事，在调查研究的基础上，实事求是地进行技术经济论证、技术方案比较与评价，做到数据准确、论据充分、结论明确，满足决策者定方案定项目要求。

(2)编制单位必须具备承担可行性研究的条件。建设项目可行性研究报告内容涉及面较广泛，且有一定的深度要求，因此需要具备一定的技术力量、技术手段、技术装备和相当实践经验等条件的工程咨询公司和设计院等专门单位来承担。参加可行性研究的成员要由工业经济专家、市场分析专家、工程技术人员、建筑工程师、财务人员等组成。

(3)可行性研究的内容和深度及计算指标应达到标准要求。对于不同行业、不同特点、不同性质的建设项目，其可行性研究的内容和深度及计算指标，必须满足作为项目投资决策和进行设计的要求。报告中确定的主要工程技术数据，应能满足项目初步设计的要求，选用主要设备的规格、参数应满足订货的要求。

(4)可行性研究报告必须经签字与审批。可行性研究报告编制完成之后，应有编制单位的行政、技术、经济方面的责任人签字，并对研究报告的质量负责。

(5)修缮项目可行性研究报告的附图、投资估算要求较高。相关设计图需达到初步设计深度要求。投资估算需编制分部分项工程概算。

(6)可行性研究报告文本格式。

封面：项目名称、建设单位、编制单位、出版年月，并加盖编制单位印章；

扉页一：编制单位资格证书。如单位工程咨询证书等；

扉页二:编制单位法人代表、项目负责人、技术负责人等人员名单;

扉页三:编制人、校核人、审核人、审定人名单;

目录;

正文;

投资估算;

附件。

(三)可行性研究报告编制的内容

修缮项目可行性研究报告主要包括以下几个方面的内容:

(1)总论(综述项目概况)。包括项目的名称、建设单位、承担可行性研究的单位、项目提出的背景和建设必要性、编制依据、建设目标以及可行性研究的主要结论概要和存在的问题与建议。

(2)项目背景及必要性。包括项目准备情况、项目建设的必要性、项目所在(涉及)地区的自然及社会经济情况、项目建设单位情况、技术依托单位情况等。

说明项目是在何种情况下提出的,介绍项目提出的背景情况,报告项目提出后进行了哪些准备工作,做了哪些研究,以及取得的阶段性成果。

从国家和地方社会经济发展、行业发展、行业结构调整、市场需求及生态环境保护等方面的需求和生产(服务)存在的问题分析,说明建设该项目的必要性。一般可以从以下几个方面叙述:加强基础设施建设,提升技术服务能力和水平,提高综合生产能力,保障产品供给;合理开发利用资源,转变行业发展方式,调整产业结构,优化生产力布局,促进可持续发展;推广新品种、新技术,提高产品产量和品质,保证产品安全。一些经营性项目建设的必要性,还可以从技术更新改造、提高技术含量、研究开发新产品、扩大生产规模、降低生产成本、提高经济效益等方面表述。

(3)功能定位、目标任务及需求分析。

详细分析与该项目相关的待解决的问题及产生问题的根源,提出该项目的功能定位、总体目标及近期目标。

详细分析项目建设单位当前的软、硬件现状,存在的差距。为达到预期目标在软、硬件方面需要达到的建设目标,从而提出主要的建设内容、购置的仪器设备。

（4）建设条件及项目选址。建设条件包括调查建设项目的地理位置、气象、地质、水文等自然资源情况，分析交通、运输及水、电等公用设施的现状和发展趋势。项目选址包括用地现状、占地面积、总体布置方案等描述，对项目选址进行多方案的技术经济分析和比较选择，提出选择意见。

（5）项目工程技术方案和工艺流程。工程技术方案包括拟建项目的总体规划方案、主体与单项工程布置方案以及功能布局、工程设计外部选型和建设技术的保障。工艺流程包括采用技术和工艺方案的论证，技术来源、工艺流程和生产方法，主要设备选用的必要性、选型方案和技术工艺的分析比较，并应附上工艺流程图等。

（6）建设规模和建设内容。建设规模和建设内容是在功能定位、目标任务及需求分析基础上，论证必选拟建项目的建设规模和方案，作为项目技术方案、设备方案、工程方案及投资估算的依据。

（7）组织机构与人力资源配置。项目组织机构、劳动定员和人员培训、生产管理体制等机构的设置，对工程技术和管理人员的素质和数量的要求，劳动定员的配备方案，人员的培训规划和费用估算。

（8）环境保护与劳动安全。环境保护包括对项目建设地区的环境状况进行调查，分析拟建项目"三废"（废气、废水、废渣）的种类、成分和数量，并预测其对环境的影响，提出治理方案的选择和回收利用情况，对环境影响进行评价。劳动安全包括提出劳动保护、安全生产等危险危害程度分析以及采取相应的防范保护措施方案。

（9）项目实施计划和进度。它包括根据勘察设计、设备制造、工程施工安装、试生产所需时间与进度安排，选择项目实施方案和总进度，并用网络图和横道图来表述最佳实施方案。

（10）初步设计概算和资金筹措。初步设计概算书由编制说明、总概算书、单项工程综合概算书、单位工程概算书组成。项目概算费用由建筑工程费、田间工程费、安装工程费、农机具及仪器设备购置费、工程建设其他费用等构成。资金筹措应说明资金来源、筹措方式、各种资金来源所占的比例、年度投资计划等。

（11）建设风险与效益分析。建设风险包括项目主要风险识别、风险程度分析、防范与降低风险的对策。效益分析则是对项目的社会效益与经济效益的分析。

(12)评价结论与建议。它包括对建设方案作综合分析评价与选择方案的优缺点描述，运用各项数据，从技术、社会、经济、财务等各方面论述建设项目的可行性，最终得出结论性意见和改进的建议。

三、项目申报管理要点

(1)工程量要做到三统一，即现场实际工程量与图纸内工程量与概算中工程量要统一。

(2)项目申报文本的填报以可行性研究报告、概算为依据。

(3)改善科研条件专项主要是对科研用房及科研辅助设施和水、暖、电、气等基础设施进行改造，因此，能准确提供科研用房及科研辅助设施等现状图对项目的设计、工程量计算非常重要。如能提供原施工图最好，如无法找到原施工图，建议委托专业公司进行实地测绘，并做好现状的拍照。

(4)项目申报文本内的"项目支出实施方案"要与可行性研究报告内的"项目建设方案"章节在工程量的描述上保持一致。

(5)项目申报文本内的"项目支出明细"要与概算内的"总概算表"保持一致。对子活动的描述与可行性研究报告内的"项目建设方案"章节对做法的描述保持一致。

(6)项目申报文本内的"项目支出绩效目标申报表"的三级指标和指标值设定要以能切实提供证明文件为设定标准。如以面积、长度等为指标值的，由于实际完成施工后的工程量与绩效目标申报时的工程量不会完全一致，因此，尽量用范围值来设定，实际完成的工程量在申报的范围内便可认定为完成当初设定的绩效目标。

第四节　实施方案编制

实施方案的编制在项目执行当年进行，是在申报书以及预算控制数和中介机构评审意见的基础上，为细化项目预算、建设方案、投资概算、采购方案、组织管理、实施进度等，由项目承担单位编制的关于项目实施的总体安排和预算细化方案。修缮项目实施方案是项目预算执行、监督检查、项目验收和绩效考评的重要依据。

实施方案审核应提交以下材料：

(1)项目申报文本("一上"预算申报文本及"二上"预算填报文本)。

(2)实施方案(格式见本书附录3)。

(3)财政部中介机构评审意见。

(4)初步设计图纸、概算。

(5)房屋质量鉴定报告(房屋修缮类项目)。

(6)决策会议纪要。

(7)××××年改善科研条件专项实施方案编报调整情况表。

一、实施方案与项目申报文本的区别

修缮项目实施方案与项目申报书的区别在于编制的依据和阶段不同、项目内容深度不同、发挥的作用不同。项目申报文本是立项审批的基础材料，依照主管部门下发的文件和规划需求等编制，着重于阐述项目的必要性、可行性，明确项目的内容和预算，是主管部门和财政部门立项决策和预算核定的主要依据。实施方案是依据预算控制数以及项目申报书、中介机构审查意见进行编制，着重于细化建设方案、内容和项目预算，确定组织管理和进度安排等，是项目实施、验收等后续工作的主要依据。

二、实施方案的编制

(一)实施方案编制依据

修缮项目实施方案编制依据《中央级科学事业单位改善科研条件专项资金管理办法》《农业农村部科学事业单位改善科研专项资金管理实施细则》《农业农村部办公厅关于组织报送农业农村部科学事业单位改善科研条件购置专项资金项目实施方案的通知》、财政部下达的"一下"预算控制数、项目申报书和中介机构评审意见、其他相关法律法规，以及现行的工程技术标准、规范等。

(二)修缮项目实施方案编制注意事项

(1)实施方案的格式和内容应按照《农业农村部办公厅关于组织报送农业农

村部科学事业单位改善科研条件购置专项资金项目实施方案的通知》规定的"填报说明及要求"编制，包括项目基本情况、采购情况、组织管理、进度安排、项目预算、建设方案(初步设计)和概算等。

（2）项目基本情况。它包括建设单位、建设地点、建设内容、建设规模和建设投资。其中内容、规模、投资应与建设方案(初步设计)和概算保持一致。

（3）项目采购情况。主要明确项目设计、监理、施工以及货物等组织招标采购情况。包括明确招标组织形式(委托招标、自行招标)和采购方式(公开招标、邀请招标、其他)。采购方式为邀请招标或其他的，应说明理由。

（4）组织管理。说明项目实施管理的组织形式、管理人员构成和相关制度保障等。

（5）进度安排。说明项目从方案编报到施工图设计、项目采购、施工、竣工验收等各阶段的进程和安排。

（6）项目预算。应在修缮专项资金管理制度规定的开支范围内编制，并与概算相对应。

（7）建设方案(初步设计)和概算。应按照有关专业规定及要求进行编制。

（三）实施方案中财政预算支出科目分摊与归并

实施方案概算书编制完成后，编制项目预算时，应将概算总投资(各项费用)分解到设备购置费、材料费、劳务费、水电动力费、设计费、运输费、安装调试费、其他费用等科目中去。预算应以概算书中的设备费、人工费、材料费、机械费汇总表、主要建筑安装材料耗用表、工程建设其他费用概算表为基础编制。费用分解原则如下：

（1）设备购置费。它包括仪器设备费用、备品配件费，概算建安工程中水、暖、电、通、空调等单位工程中的设备费(如电梯、锅炉、配电箱柜、制冷机组、通风设备)等。

（2）材料费。它包括概算中的主材费、辅材费、按所占比例分摊的施工企业费用(如管理费、利润、税金)等。

（3）劳务费。它包括概算中所有单位工程的人工费和按所占比例分摊的施工企业费(如管理费、利润、税金)等。

(4)水电动力费。它包括概算中的施工机械费(含施工运输费)、水电及动力使用费和按所占比例分摊的施工企业费用(如管理费、利润、税金)等。

(5)设计费。总概算表中其他费用中的设计费。

(6)运输费。仪器设备的运输费、能单独提出的施工机械费中的运输费、特殊情况独立发生的运输费用等。

(7)安装调试费。仅指设备调试费和概算建筑安装工程中水、暖、电、通、空调等单位工程中必须发生的系统调试费用和按所占比例分摊的施工企业费用(如管理费、利润、税金)等。

(8)其他费用。如招标费、监理费等。

(四)实施方案中招标组织形式和招标方式的确定

修缮项目实施方案中的采购方式包括公开招标、邀请招标、竞争性谈判、询价采购、单一来源采购等。修缮项目采购方式原则上应采用招标方式。招标组织形式有委托招标、自行招标两种。具体的招标组织形式和招标方式应按照《中华人民共和国政府采购法》《中华人民共和国招标投标法》及政府采购的有关规定执行。

三、初步设计和概算的编制

为确保工程设计质量,依照《中华人民共和国建筑法》和《建设工程勘察设计管理条例》,工程设计文件必须由具有相应资质的设计单位来编制。修缮项目一般应由具有建筑行业设计资质的单位承担,涉及农业建筑、田间工程等内容的项目,应由具有农林行业设计资质的单位承担。

(一)初步设计和概算的主要内容

初步设计主要包括设计说明书、设计图纸、主要设备和材料表及工程概算书等内容。

(1)设计说明书由设计总说明,建筑设计说明,结构设计说明,水、暖、电、通等各专业说明组成。

(2)设计图纸包括总平面图,建筑、结构图,工艺(设备)布置图,水、暖、电、通、空调等专业系统图和布置图，以及室外工程、田间工程等相关图纸。

（3）概算文件主要包括概算编制说明、项目总概算表、单项工程综合概算表、单位工程概算书、其他工程费用和主要人工、材料、机械台班分析表。

（4）初步设计深度应符合各行业部门颁布的相关规定及要求。

（二）初步设计和概算编制的流程

在修缮项目年度申报文本经主管部门批复后即可开展初步设计编制工作。从项目建设单位的角度来看，其流程可概括如下：

（1）根据项目功能性质和建设内容，按照建设项目工程设计资质管理规定，委托相应设计资质范围和相应等级的设计单位开展初步设计文件编制工作。

（2）与设计单位深入沟通本项目的特点，协助设计单位了解项目建设条件，重点落实、解决项目可行性研究阶段提出的技术、经济方案，提出工艺技术指标，形成设计任务书。

（3）设计过程中，委派本单位专人负责与设计单位的接洽，在初步设计文件编制过程中协调项目的工艺需求与工程方案及投资限制之间的差异，并最终达成一致的技术指标。

（4）在初步设计初稿编制完成后，项目单位可以对初步设计初稿进行初审，重点审查设计是否达到工艺技术指标的要求以及投资控制的合理性，将意见反馈设计单位修改后形成终稿。

（三）地质勘查

地质勘查作为设计工作的先决条件，应由项目单位委托有相应勘察资质的单位进行。地质勘察一般可以分为初勘和详勘两个工作阶段，初勘是在批准的工程可行性研究报告推荐建设方案基础上，在经批准后的场（厂）址内进行勘察，其任务是满足初步设计对资料的要求，其目的是全面查明选定场（厂）址的工程地质条件，对场地内各建筑地段的稳定性和工程地质问题做出定量评价，并为确定建筑工程的形式、规模、主要建筑地基基础工程施工方案及对不良地质现象的防治工程提供足够的工程地质数据资料。

详细勘察成果应满足施工图设计的要求，所以它应提出详细的岩土工程资料和设计、施工所需岩土参数；对建筑地基做出岩土工程评价，并对地基类型、基础形式、地基处理、基坑支护、工程降水和不良地质作用的防治等提出建议。详细勘察成果应为有签章的正式报告，并经有审查资质的第三方审查，出具审查合格书。

(四)设计任务书的编制

设计任务书由项目单位编制，作为委托设计单位进行设计工作的指导性文件。设计任务书一般包括以下内容(见表4—4)。

(1)项目名称、建设地点、项目概述。

(2)批准设计项目的文号、规划意见书文号、人防设计条件文号、其他有关内容。

(3)用地概况，包括建设用地范围地形，场地内原有建筑物、构筑物，要求保留的树木及文物古迹的拆除和保留情况等。还应说明场地周围道路及建筑等环境情况。提供测绘地形图、地勘报告。

(4)规划意见书(规划设计要求)，这是展开建筑方案设计的指导性意见，有些是带强制性的规定，对设计者提出了在规划方面的要求。

(5)工程所在地区的气象、地理条件，建设场地的工程地质条件。水、电、气、燃料等能源供应情况，公共设施和交通运输条件，用地、环保、卫生、消防、人防、抗震等要求和依据资料，材料供应及施工条件情况。

(6)项目的使用要求或生产工艺要求。

(7)建筑组成及设计要求。这部分是设计项目的重点部分，说明了对建筑功能及房间的组成要求、所需面积及房间数、建筑剖面(层高)要求、建筑造型及建筑室内外装修方面要求，等等；还包括实验设备的布置方式，实验设备使用所需要的条件，空调系统，采暖系统，通风系统，供电、照明、接地系统，防雷、安防监控、人防、消防等方面的需求。

(8)对于农业设施或田间工程的使用要求及设计需达到的指标。

(9)仪器设备的功能需求及设备参数，仪器设备对土建工程的相关专业的需求。

(10)项目的设计标准及总投资。

表 4—4　　　　　　　　　　　设计任务书示范文本

一、项目基本情况

1. 项目名称。

2. 项目批准文件：文号、名称。

3. 项目地点：依据项目立项批复。

4. 用地规模：依据规划意见书。

5. 建设规模：依据项目立项批复。

6. 项目背景：依据可研报告简单描述。

7. 项目主要用途：简单描述。

8. 建筑类型：(单层、多层、小高层、高层、别墅)依照可研报告填写。

9. 田间工程或农业设施的描述。

10. 投资规模：依据立项批复总投资规模。

11. 项目进度要求：设计单位的设计周期。

二、项目周边环境及配套设施情况

1. 地理位置及周边环境：简单描述，包括周边现有建筑物情况、是否有需要保留的古树名木等、文物情况等，并提供电子地形图。

2. 气候及气象条件：依据可研报告。

3. 地形地貌：简单描述。

4. 初步地质勘察报告(或拟建建筑周围可供参考的地质勘察报告)：有或没有。

5. 地震基本烈度：有特殊要求请注明，但不得低于当地设防烈度。

6. 道路交通情况：注明周边现有道路名称。

7. 现有市政配套设施情况：上水、下水、中水、电力、电信、网络、有线电视、燃气、热力等。

三、设计目标

目标与功能定位，外观形象要求、寓意要求、象征意义、与周边建筑的关系要求、园林绿化要求、功能分区要求等。

四、规划设计条件

1. 总用地面积。

2. 总建设用地面积(以钉桩成果为准)。

3. 其他各种用地，如居住、商业、代征等用地的面积。

4. 容积率。

续表

5. 建筑密度。

6. 建设性质。

7. 建筑控制规模。

8. 建设高度。

9. 建筑退让原则。

10. 绿地率。

11. 交通部门要求。

12. 停车要求。

13. 其他消防、人防、日照、环保等内容。

五、项目使用部门需求

1. 人员构成、业务构成、业务流程。

2. 业务内容对建筑功能的要求：主要建筑功能及面积分配表（除非特别注明：表中面积为使用面积）。

3. 仪器设备、田间工程、农业设施的有关使用需求和应达到的技术指标，明确提出仪器设备、农业设施对土建工程相关各专业的要求。

六、项目设计技术要求

1. 总平面。与周边建筑的关系、交通组织、绿化、景观设计以及外线设计要求等。

2. 地下层。须对地下层的使用提出功能和位置要求，如：人防、库房、管理用房、车库、活动用房、恒温恒湿室、组培用房等。

3. 地上各层。提出平面布局、房间功能名称、楼层净高要求，对功能区位置关系、流线关系以及有特殊楼层使用要求的用房提出要求。

4. 外立面造型。提出本建筑与周围环境、周边建筑及当地的建筑风格等关系，并可适当提出对立面材料选用等基本要求。说明建筑外立面是否有夜景灯光需要。

5. 屋面需考虑是按上人屋面设计还是按不上人屋面设计，如为上人屋面，提出上人屋面使用用途。

6. 建筑内部装饰、装修及建筑材料。明确建筑装修标准，对建筑物室内有专门使用功能要求的房间地面、墙面、吊顶等装修材料提出要求，对公共部分内容不建议用户提具体装修要求。

7. 无障碍。如有特殊要求可以提出。

8. 结构。建筑物合理使用年限（依据《建筑结构可靠度设计统一标准》）。

续表

有特殊荷载要求的部位要明确。

结构选型建议(结构选型应受力合理、安全可靠、经济耐用、易于建造并与建筑造型协调统一):砖混、框架、钢结构;结构材料选用:当地常用砌体材料。

9.暖通。

(1)空调系统。

①冷源:冷源是来自冷冻机组、VRV系统、水(地)源热泵等。

②热源:热源是来自市政还是单位或小区自供等。

③终端设备:风盘、VRV、暖气片(铸铁、钢制、铝铜制等)等。

(2)通风系统。

需明确哪些用房需要通风系统(有通风柜、排毒柜、生物安全柜、专用仪器通风要求的房间)。

防排烟措施要求,在满足防火规范要求基础上是否有特殊房间要求。

(3)温室等过渡季采暖要求,明确方式和其他要求。

制冷与采暖通风空调设备选型应考虑技术先进、维护方便、经济合理的原则,体现科技、环保、可持续发展的观念。

10.给排水。

(1)给水。

①水源接入位置,冷热水给水路由、管径、压力情况。

②各类水泵房位置(室内或室外)和设置要求。

③是否设置中水系统和雨水回收系统(依照市政和环保部门的统一规划实施),如设置中水需明确是市政中水或设计中水机房。

④拟建区内现有消防设施情况。

(2)排水。

①明确排水路由、管径、标高等技术要求。

②是否雨、污分流(雨、污合流)。

③卫生器具选用原则(如:大便器具采用蹲式或坐式,冲洗按钮采用脚踏或感应等)。

④是否有特殊污水处理要求。

11.强电。

(1)明确电源引入的详细情况(如电源电压等级、几回路供电、供电点位置等)。

(2)是否需要发电机房。

续表

(3)明确现有及未来主要仪器设备用电负荷。

(4)明确有特殊动力用电要求的仪器设备。

(5)明确有独立接地要求的仪器设备。

(6)明确计量方式(楼、层、房间等)。

(7)实验室配电箱、插座箱配置要求。

12.弱电及建筑智能化(明确各系统标准),以下各项可根据项目需求情况选择使用。

(1)办公自动化系统。

(2)公共广播系统。

(3)会议系统。

(4)通信网络系统。

(5)建筑设备监控系统。

(6)火灾自动报警与消防联动控制系统。

(7)安全防范及车库管理系统(含入侵报警、视频安防、出入控制、电子巡查等)。

(8)智能化集成系统、智能卡应用系统。

(9)弱电机房设置原则(是否单独设置)。

(10)信息网络系统、信息引导及发布系统、信息网络安全管理系统。

(11)电话交换系统。

(12)室内移动通信覆盖系统。

(13)有线电视及卫星电视接收系统。

(14)公共服务系统。

13.环境保护与节能(能源利用)。

(1)是否利用太阳能技术,主要用途。

(2)是否采用可再生能源。

(3)特殊节能要求。

14.田间工程。

以种植业项目为例,畜牧养殖业、水产养殖业等类型的项目可进行参照。

(1)项目区地形图(电子)(种植业项目一般应提供不小于1∶1 000比例的地形图,万亩以上项目可提供1∶2 000地形图)。

(2)项目区种植作物种类(如:果树、橡胶、蔬菜、水稻、花卉等)。

(3)项目区排涝标准,该标准下的排涝模数(机排模和自排模)(可由当地水利部门提供)。

续表

(4)项目区的防洪标准(可由当地水利部门提供)。

(5)项目区内部和外部水利基本概况(承泄区、水源工程、输配水工程和配套建筑物等基本情况)。

(6)水利建筑物:如新建农用桥/涵洞、泵站、水闸、倒虹吸、渡槽等水利建筑物,需提供地勘报告。

(7)大棚种植喷滴灌设计:需提供种植作物品种、株距、行距、土壤干容重、土壤最大含水率、作物灌水周期等。

(8)温室需提出温度、湿度、光照、种植植物种类、灯光布局(固定或可调)、灯光种类、遮光、内部设施等的要求。

(9)水源工程:需提供灌水方式,地表水、地下水。如地表水需分清灌溉水源类型,提供河流或水库等基本情况;如地下水需提供地下水动水位、单井出水量。

(10)田间生产路:需提供项目现有道路交通状况和外部交通情况;新建道路要求。

15.工程造价。提供当地定额及取费文件。

16.其他有助于完善设计内容的说明资料。

17.附件。

(1)立项批准文件。

(2)可行性研究报告。

(3)建设项目选址意见书(或规划设计条件通知书)、地定桩成果通知单(带坐标的红线图)。

(4)建设项目地区修建性详细规划图。

(5)建筑工程需提供项目用地1∶500现状地形图。

(6)用地地勘报告。初步地质勘察报告(或拟建建筑周围可供参考的地质勘察报告)。

(7)用地地区竖向设计图和周边已建道路密点实测高程图。

(8)周边市政道路规划高程、道路平面、横断面。

(9)雨、污市政管网接口实测位置,管径、管底标高流向;热力、中水等管线进线位置。

(10)规划道路上市政管网接口位置,管径、管底标高等。

(11)用地范围内现有管线情况。

18.其他必要材料。

(五)工艺路线与仪器设备选型确定

工艺路线确定的主要工作是将深化并落实的工艺需求提供给土建工程设计

方,同时形成工艺设计图,作为工程设计的设计条件。一般在设计任务书中提出。

工程设计方面主要是对上述"建筑组成及设计要求"这部分内容所提出的设计要求细化落实。

仪器设备选型确定的主要工作是在工艺路线确定的基础上,在工程设计方案及建造标准的限制条件下落实设备的性能指标参数、设备布置方式、设备的价格。

(六)设计内容与深度要求

设计产品都是非标准产品,没有一项设计成果会是完全相同的,工程项目因工程类型、建设性质、生产工艺、设备装备水平、所处地区和业主要求而异,即使是同类工程也因设计条件和功能变化等因素而有所不同。

设计单位应根据项目可行性研究报告内容和审批意见以及有关建设标准、规范、定额开展初步设计工作。初步设计文件主要包括设计说明书、设计图纸、农机具和仪器设备清单、概算书等。编制初步设计文件过程是围绕建设项目的技术、经济、资源、环境条件对建设项目进行进一步综合分析、论证过程,也是对建设项目主体工程和配套工程及其相关工程、工艺、安全等各专业进行设计的过程。这种设计是由专业人员按照工程设计、制图规范、设计深度要求等,以定性和定量方式表达。

初步设计说明书应由总说明、总图设计说明、工艺设计说明、建筑工程设计说明、农业设施工程设计说明、田间工程设计说明、农机具和仪器设备选型说明等部分组成。

初步设计图纸包括建筑工程设计图、农业设施工程设计图和田间工程设计图。

初步设计概算书由编制说明、总概算书、单项工程综合概算书、单位工程概算书组成。项目概算费用由农业建筑工程费、农业田间工程费、农业安装工程费、农机具及仪器设备购置费、工程建设其他费用、预备费等费用构成。

设计成果文件形式。合并或单独装订的初步设计文件均应有封面或扉页。在封面或扉页中应写明项目名称、编制单位、编制年月;注明单位资质所属行业、等级、证书编号；扉页中应标明设计单位行政负责人、技术总负责人、项目总负责人和各专业设计人姓名，并经上述人员签字，加盖设计单位印章。

初步设计图纸应按规定进行有效签署，至少应有设计、审核、审定三级人员签署，一般签署人员每人只能签署一级。

初步设计概算文件应注明项目名称、编制单位、编制日期、单位资质证书号，由审核人员、专业负责人和主要编制人署名，并加盖单位印章。

（七）修缮项目总概算中各项费用的计取

按照初步设计编制要求，总概算包括建安工程费、工程建设其他费两项。

(1)建安工程费包括建筑工程费、田间工程费、安装工程费。

建筑工程费：根据建设方案(初步设计)内容和图纸计算工程量，按照国家或当地建筑工程定额规定的方法和取费标准编制。

田间工程费：按照建设方案(初步设计)中确定的工程做法和工程量，根据国家或地方颁布的类似工程定额和取费标准编制。如无合适的定额，可根据工程做法，按照当地的人工、材料、机械价格水平考虑可行的施工组织方式，采用组价的方法编制。

安装工程费：根据建设方案(初步设计)的内容和图纸、主要材料表计算工程量，按照国家或地方颁布的安装工程定额和取费标准编制。

(2)工程建设其他费。按照实际发生和可能发生的费用列支，主要包括勘察设计费、工程监理费、招标代理费等。

（八）设计质量控制要点

初步设计文件主要服务于主管部门审批，与施工图设计文件用途有着明显区别。初步设计质量控制要点如下：(1)工艺设计应详细且完整，工程设计与工艺路线应配套呼应。(2)各相关工程专业设计内容应完整、详尽，各专业设计内容应体现专业间的技术配合。(3)初步设计整体深度应达到规范规定的要求，并满足主管部门审批需要，要做到能为审批、确定项目概算提供依据。(4)能满足指导施工图设计文件编制需要，指导进行项目实施准备等工作；满足主要农机具、仪器设备及材料招标采购、加工订货的初步需要。

（九）项目单位初步设计文件初审要点

（1）注意比较初步设计与可行性研究报告批复文件之间的差异，建设规模、标准、总投资变化程度有没有超过规定范围，调整理由是否充分、合理。

（2）总平面图中所确定的位置、面积指标是否与可行性研究报告批复文件一致；总平面图中的布置形式是否与现场一致。

（3）仪器设备数量、型号、技术参数等是否符合可行性研究报告批复文件要求。

（4）项目初步设计建设规模是否按可行性研究报告批复文件进行设计，有无提高或降低工程建设标准，工程建设规模、标准、设备清单如有变更，是否有情况说明，理由是否充分。

（5）建设项目总投资涉及各项建设内容是否都纳入初步设计文件。

第五节　工程建设及验收

在实施方案批复后，就进入工程建设实施阶段。工程建设实施阶段包含工程建设前期、工程建设及工程验收、项目验收三个主要阶段。

一、工程建设前期

工程建设前期主要的工作包括施工图设计、招标控制价及工程量清单编制、政府采购意向公开、采购需求公示、采购计划审批、工程招标、合同签订7个主要环节。合理安排每项工作的时间以及每项工作间的相互衔接，对有序开展项目实施，加快项目执行提供保障。

（一）施工图设计

施工图设计可让工程建设项目直观化，也是招标控制价及工程量清单编制、工程施工、后期养护的重要依据。应依法遴选具有与工程相适应设计资质、具有类似工程设计经验的设计单位绘制施工图纸，确保设计单位能设计出符合要求的施工图纸,建议委托初步设计和概算编制单位进行施工图设计。

施工图设计文件深度要求：

施工图设计文件主要为各专业的设计图纸,一般工程的设计说明和必要的设备材料表应分别写在有关图纸上。非合同要求,不编制工程预算书。施工图设计文件编排如下：

(1)封面。项目名称、编制单位、设计编号、设计阶段、编制单位法定代表人、技术总负责人、项目总负责人、编制年月。

(2)图纸目录。先列新绘制图纸,后列选用标准图或重复利用图。施工图一般分为总平面图(或场区工程图)和各单项工程的设计图纸。单项工程设计图纸包括工艺图、田间工程图、建筑图、结构图、给水排水图、采暖与通气空调图、电气工程图等。

(3)各专业图纸。田间工程主要包括土地平整、田间电气工程、田间路以上等级的道路工程、农田防护林工程和农田水利工程。

工艺设计图纸包括工艺平面图、立(剖)面图、工艺流程图、管道详图及设备安装图、必要的零件加工图或型材断面图。农业设施工程还应有与工艺使用要求相关的设施设备系统的工程说明及工程图纸。

建筑设计图纸包括平面图、立面图、剖面图和详图。

结构设计图纸包括基础平面图、基础详图、结构平面布置图、构件详图、节点构造详图和其他图纸(包括楼梯、特种结构和构筑物、预埋件详图、钢结构施工详图等)。结构计算书由设计单位内部归档。

给水排水设计图纸包括给水排水总平面图、排水管道高程表(或纵断面图)。建筑给水排水设计图纸包括平面图、系统图、局部设施和详图。

采暖通风与空气调节设计图纸包括平面图,通风、空调剖面图,通风、空调、制冷机房平面图,通风、空调、制冷机房剖面图,系统图,立管图和详图。

建筑电气设计图纸包括电气总平面图(仅有单体设计时,无此项内容);变、配电站(高、低压配电系统图,平、剖面图,继电保护及信号原理图,竖向配电系统图)、配电、照明(配电箱系统图、配电平面图、照明平面图)、防雷、接地及安全(建筑物顶层平面图、接地平面图)、火灾自动报警系统(火灾自动报警及消防联动控制系统图、各层平面图)、其他系统图(各系统的系统框图)。

热能动力设计图纸包括的内容：

锅炉房设计图纸包括设备平面布置图，热力系统图，汽、水、风、烟等管道布置平面图，其他图纸(如机械化运输平、剖面布置图，设备安装详图，非标准设备制造图或制作条件图，应根据工程情况进行绘制)。

室外管网设计图纸包括管道平面布置图、管道纵断面图、管道横断面图、节点详图。

室内管道设计图纸包括管道平面布置图、管道系统图(或透视图)、安装详图(或局布放大图)。

其他动力站房设计图纸包括管道系统图、设备管道平面图、剖面图。

建筑总平面图包括保留的地形和地物、测量坐标网、坐标值、场地范围的测量坐标(或定位尺寸)、道路红线、建筑控制线、用地红线、场地四邻原有及规划的道路、绿化带等的位置(主要坐标或定位尺寸)以及主要建筑物和构筑物及地下建筑物等的位置、名称或编号、层数、定位(坐标或相互关系尺寸)；广场、停车场、运动场地、道路、围墙、无障碍设施、排水沟、挡土墙、护坡等的定位(坐标或相互关系尺寸)。如有消防车道和扑救场地，需注明。

竖向布置图包括场地测量坐标网、坐标值，场地四邻的道路、水面、地面的关键性标高，建筑物和构筑物名称或编号，室内外地面设计标高，地下建筑的顶板面标高及覆土高度限制，广场、停车场、运动场地的设计标高，景观设计中水景、地形、台地、院落的控制性标高，道路、坡道、排水沟的起点、变坡点、转折点和终点的设计标高(路面中心和排水沟顶及沟底)、纵坡度、纵坡距、关键性坐标，道路标明双面坡或单面坡、立道牙或平道牙，必要时标明道路平曲线及竖曲线要素。

土石方图包括场地范围的测量坐标(或定位尺寸)，建筑物、构筑物、挡土墙、台地、下沉广场、水系、土丘等位置(用细虚线表示)，20m×20m 或 40m×40m 方格网及其定位，各方格点的原地面标高、设计标高、填挖高度、填区和挖区的分界线，各方格土石方量、总土石方量。

管道综合图包括总平面布置，场地范围的测量坐标(或定位尺寸)，道路红线、建筑控制线、用地红线的位置，保留、新建的各管线(管沟)、检查井、化粪池、储罐等的平面位置，注明各管线、化粪池、储罐等与建筑物、构筑物的距离和管线间距，场外管线接入点的位置，管线密集的地段宜适当增加断面图，表明管线与建筑物、构筑物、绿化之间及管线之间的距离并注明主要交叉点上下管线的标高或间距。

绿化及建筑小品布置图包括平面布置，绿地（含水面）、人行步道及硬质铺地的定位，建筑小品的位置（坐标或定位尺寸）、设计标高、详图索引。

详图包括道路横断面、路面结构、挡土墙、护坡、排水沟、池壁、广场、运动场地、活动场地、停车场地面、围墙等详图。

设计图纸的增减：当工程设计内容简单时，竖向布置图可与总平面图合并；当路网复杂时，可增绘道路平面图；土石方图和管线综合图可根据设计需要确定是否出图；当绿化或景观环境另行委托设计时，可根据需要绘制绿化及建筑小品的示意性和控制性布置图。

（4）图纸的签署。图纸应按规定进行签署，工程内容较多的应有图纸目录，符合国家颁布的相关专业制图标准。标题栏应进行有效签署，应有设计、校对、审核、审定四级人员签署，一般签署人员每人只能签署一级。

（5）设计质量控制要点。施工图文件是否按当地建设管理部门的相关批件要求进行设计，如：是否符合国土局的用地范围、用地性质，是否符合规划局的面积指标、高度指标、退让红线距离等，是否符合环保局的环保措施要求、园林局的绿化保护要求、人防办及消防办的批件要求，等等。

田间工程：建设地点、建设规模、建设内容、单项工程主要功能等是否符合初步设计批复要求，要与初步设计及批复、建设用地协议、技术标准及规范等进行核对。

施工图中各专业所采用的材料、设备及做法的标准是否能够与初步设计批复的造价相匹配，是否造成投资增加。

（二）招标控制价及工程量清单编制

招标控制价及工程量清单是对修缮项目实行经济核算、考核工程成本、确定工程造价、招投标的主要依据。应依法遴选具备造价咨询资质及能力的造价咨询单位，根据施工图编制招标控制价。

1. 工程量清单

工程量清单计价方式，是在建设工程招投标中，招标人自行或委托具有资质的中介机构编制反映工程实体消耗和措施性消耗的工程量清单,并作为招标文件的一部分提供给投标人,由投标人依据工程量清单自主报价的计价方式。

(1)工程量清单:载明建设工程分部分项工程项目、措施项目、其他项目的名称和相应数量以及规费、税金等内容的明细清单。

(2)招标工程量清单:招标人依据国家标准、招标文件、设计文件以及施工现场实际情况编制,随招标文件发布供投标人投标报价的工程量清单,包括说明和表格。

2. 工程量清单计价的要点

(1)使用国有资金投资的建设工程发承包,必须采用工程量清单计价。

(2)工程量清单应采用综合单价计价。

(3)招标工程量清单必须作为招标文件的组成部分,其准确性和完整性应由招标人负责。

(4)招标工程量清单是工程量清单计价的基础,应作为编制招标控制价、投标报价、计算或调整工程量、索赔等的依据之一。

(5)招标工程量清单应以单位(项)工程为单位编制,应由分部分项工程项目清单、措施项目清单、其他项目清单、规费和税金项目清单组成。

(6)分部分项工程项目清单必须载明项目编码、项目名称、项目特征、计量单位和工程量,并且必须根据相关工程现行国家计量规范规定的项目编码、项目名称、项目特征、计量单位和工程量计算规则进行编制。

(7)工程量必须以承包人完成合同工程应予计量的工程量确定。当发现招标工程量清单中出现缺项、工程量偏差,或因工程变更引起工程量增减时,应按承包人在履行合同义务中完成的工程量计算。

(8)招标工程量清单中项目特征不符、工程量清单缺项、工程量偏差等瑕疵带来的工程造价增减变化均由发包人承担。

3. 工程量清单编制的主要风险

(1)分部分项工程项目清单的5个要件:项目编码、项目名称、项目特征、计量单位和工程量。

(2)对项目特征描述方面的风险:包括工程量清单项目特征描述与施工图纸不一致、项目特征描述不到位或描述错误等。

工程量清单5个要件中,项目特征极为重要,其重要性主要表现在3个方面:一是项目特征是用来表述分部分项清单项目的实质内容,用于区分同一清单条目下各个具体的清单项目的依据;二是项目特征决定了工程实体的实质内容,直接决定工程实体的自身价值,是确定综合单价的前提;三是项目特征是履行合同义务的基础。

在工程实践中,相对于工程量计算而言,工程量清单编制者往往对项目特征描述的准确性重视不够,导致出现大量清单项目特征描述不清,甚至漏项、错误等情况,引起纠纷和索赔,给建设单位带来损失。

(3)工程量清单缺项。

(4)工程量计算有误,导致工程施工过程中应予计量的实际工程量与招标工程量清单出现偏差。

4. 风险防范对策建议

(1)加强对施工图纸质量的审查把关,在督促设计单位做好内审,特别是图纸会签时做好各专业图纸核对的基础上,必要时聘请专家专门对图纸的错、漏、碰、缺等情况进行重点核查。

(2)有条件时,可委托两家造价咨询单位同时编制工程量清单,或委托一家编制另一家审查。通过比对、审查发现问题,核对后确定最终结果。

(3)在工程量清单编制过程中做好图纸的核对工作。

对工程量清单编制过程中发现图纸存在的错、漏、碰、缺等问题,受时间所限,清单编制单位往往简单化地自行决定做法,并在清单编制说明中简要说明。因在施工过程中,如设计单位最终明确的做法与之不一致,将给建设单位带来较大风险。为此,应要求清单编制单位遇到图纸问题时不可简单化自行处理,而是要将问题提交建设单位,由设计单位对问题做出明确决定。一方面可保证清单的准确性,另一方面可通过该过程进一步完善施工图纸。

(4)工程量清单编制完成后,亦可与初步设计概算批复、施工图预算对比审查,对工作内容、清单项目、工程量的偏差进行分析、核对。

(5)对分部分项工程量清单项目特征描述进行重点审查。与施工图纸的做法要求进行比对,结合相应的施工规程规范要求,逐一审查各清单项目的特征描述,保证特征描述准确、齐全,宁重复勿遗漏。

5. 招标控制价

(1)招标控制价的定义：招标控制价是指招标人根据国家或省级、行业建设主管部门颁发的有关计价依据和办法，按设计施工图纸计算的，对招标工程限定的最高工程造价。

(2)招标控制价的编制主体：《建设工程工程量清单计价规范》规定国有资金投资的建设工程招标，招标人必须编制招标控制价。

招标控制价应由具有编制能力的建设单位或受其委托具有相应资质的工程造价咨询单位编制。

6. 招标控制价的编制和成果质量控制要点

(1)招标控制价是工程施工招标时控制投标价格，进而影响合同价格的重要指标。因此，应合理、准确地设置招标控制价，不得过高或过低。

(2)招标控制价应依据拟定的招标文件和招标工程量清单编制。

(3)招标控制价编制时应充分考虑工程施工现场情况、工程特点，并根据常规施工方案确定措施项目等有关费用或价格。

(4)综合单价中应包括招标文件中规定的应由投标人承担的风险范围及其费用。

(5)招标控制价采用的价格信息是工程造价管理机构通过工程造价信息发布的价格，对工程造价信息没有发布的应参照市场价，因此需要招标控制价编制人员对市场有充分的了解。

(6)合理确定暂估价材料、设备范围，单价应与招标工程量清单中列出的单价一致。

(7)对建设单位自行发包的专业工程，根据建设单位要求施工单位对分包单位的配合和服务情况，合理计取总承包服务费。

(8)根据工程特点和设计图纸的情况，合理确定暂列金额。

(9)有条件时，建设单位可委托两家造价咨询单位同时编制招标控制价，并进行审查、核对。

(10)将招标控制价与概算批复投资进行比较。如招标控制价超过概算批复投资，则需对超出原因进行分析，特别是与设计概算进行比对分析，分析重点：施工图设计内容与初步设计图纸有无变化、初步设计概算有无漏项、工料机价格有无重大偏离、概算批复是否合理等。在分析的基础上采取必要措施对招标控制价进行调整。

7. 工程合同价款

(1)合同价款的定义。发承包双方在工程合同中约定的工程造价,即包括分部分项工程费、措施项目费、其他项目费、规费和税金的合同总金额。

(2)合同价款的确定原则。采用招标发包的工程,其合同价款应为投标人中标价,即投标人投标报价。

不实行招标的工程合同价款,应在建设单位和施工单位双方认可的工程价款基础上,由双方在合同中约定。

对不实行招标的工程,可由拟选定的施工单位根据施工图纸、施工现场情况、施工组织设计等编制报价文件,由建设单位或其委托的中介单位审核后作为合同价款的确定依据。

8. 招标控制价编制要求

(1)工程量要做到三统一,即现场实际工程量、施工图纸内工程量与预算中工程量要统一。

(2)现行的定额是编制招标控制价的基础资料。编制招标控制价,从分部分项工程项目的划分到工程量的计算,都必须以预算定额为依据。

(3)单价可参考当地取费标准和有关动态调价文件,最新市场材料价格是预算单价的重要依据。

(4)有条件时,可委托两家造价咨询单位同时编制工程量清单,或委托一家编制另一家审查。通过比对、审查发现问题,核对后确定最终结果。

(5)加强对施工图纸质量的审查把关,在督促设计单位做好内审,特别是图纸会签时做好各专业图纸核对的基础上,必要时聘请专家专门对图纸的错、漏、碰、缺等情况进行重点核查。

(6)在工程量清单编制过程中做好图纸的核对工作。对工程量清单编制过程中发现图纸存在的错、漏、碰、缺等问题,受时间所限,清单编制单位往往简单化地自行决定做法,并在清单编制说明中简要说明。在施工过程中,如设计单位最终明确的做法与之不一致,将给建设单位带来较大风险。为此应要求清单编制单位遇到图纸问题时不可简单化自行处理,而是要将问题提交建设单位,由设计单位对问题做出明确决定。一方面可保证清单的准确性,另一方面可通过该过程进一步完善施工图纸。

(7)工程量清单编制完成后,亦可与初步设计概算批复、施工图预算对比审查,对工作内容、清单项目、工程量的偏差进行分析、核对。

(8)对分部分项工程量清单项目特征描述进行重点审查。与施工图纸的做法要求进行比对,结合相应的施工规程规范要求,逐一审查各清单项目的特征描述,保证特征描述准确、齐全,宁重复勿遗漏。

(三)政府采购意向公开、采购需求公示、采购计划审批

1. 政府采购意向公开

高度重视采购意向公开工作,是优化政府采购营商环境的重要举措。做好采购意向公开工作有助于提高修缮项目的透明度,方便让供应商提前了解修缮项目的采购信息,提升采购绩效,有利于修缮项目的工作推进。

(1)采购意向公开的渠道。在中国政府采购网地方分网公开,采购意向也可在省级以上财政部门指定的其他媒体同步公开,以及单位门户网站同步公开。

(2)采购意向公开的内容应当包括采购项目名称、采购需求概况、预算金额、预计采购时间等。

(3)采购意向公开时间应当尽量提前,原则上不得晚于招标活动开始前30日公开采购意向。

政府采购意向公开参考文本"《关于开展政府采购意向公开工作的通知》(财库〔2020〕10号文)等有关规定》"。

2. 采购需求公示

采购需求应当符合法律法规、政府采购政策和国家有关规定,符合国家强制性标准、遵循预算、资产和财务等相关管理制度规定,符合改善科研条件专项的特点和实际需要。采购需求应当完整、明确。采购需求内容主要包括需要满足修缮项目实施条件的技术要求和商务要求。

(1)技术要求:改善科研条件专项的功能和质量要求,包括性能、材料、结构、外观、安全,或者服务内容和标准等。

(2)商务要求:包括改善科研条件专项的工期时间、地点、付款条件、售后服

务等。

采购需求一般在招标公告发布前先公示不少于 3 日,在中国政府采购网地方分网公示,采购需求也可在省级以上财政部门指定的其他媒体同步公示,以及单位门户网站同步公示,以征求社会公众的意见。

3. 采购计划审批

采购计划具体内容包括采购项目的类别、名称、预算、采购数量(规模)、组织形式、采购方式、落实政府采购政策有关内容等,严格按照实施方案批复文件执行。

(四)工程招标

修缮项目的招标投标是项目在建设过程中项目单位作为一个买方,从多个卖方中择优确定项目的前期咨询、勘察、设计、施工、监理以及设备、材料供应商的竞价方式。在所有市场采购中,价格是最为敏感的因素,而买方心理是质优价廉,卖方的心理是同质价优,为了解决这一矛盾需求和提高资源的配置效率,人们便采用了招标投标制的竞价方式。我国从 20 世纪 80 年代初开始引入招投标制,并逐步试行推广,得到了良好的效益。招标与投标具有程序规范、透明度高、公平竞争、一次成交等特点,是政府采购以及项目建设确定供应商或承包商的主要方式。通过这种方式,优选出建设项目的承建单位,有利于提高建设质量,节约建设费用,确保建设工期。

1. 修缮项目的招标方式和特点

根据《中华人民共和国招标投标法》第十条规定:招标方式分为公开招标和邀请招标。

公开招标,是指招标人按照法定程序以招标公告的方式邀请所有潜在的不特定的供应商或承包商参加投标,采购人通过某种事先确定的标准,从所有投标供应商中择优评选出中标供应商,并与之签订采购合同的一种采购方式。公开招标方式体现了市场机制公开信息、规范程序、公平竞争、客观评价、公正选择以及优胜劣汰的本质要求。公开招标因为投标人较多、竞争充分,且不容易串标、围标,有利于招标人从广泛的竞争者中选择合适的中标人并获得最佳的竞争效益。依法必须进行招标的项目采用公开招标,应当按照法律规定在国家发改委和其他有关部门指定媒介发布资格预审公告或招标公告,招标公告应当写明招标人的名称和地址、招标项目的性质、规模数量、质量要求、实施地点和时间以及获取具体招标文件的途径等事项。符合招标项目规定资格条件的潜在投标人不受所在地区、行业限制,均可申请参加投标。

邀请招标,也称选择性招标或有限竞争投标,是由招标人按照法定程序向三个以上具备承担项目的资质能力、资信良好的特定法人或组织机构发出投标邀请书,邀请他们参加投标竞争,从中选定中标供应商或承包商的一种采购方式。采用邀请招标的项目一般属于以下几种情况,一是涉及国家安全、国家秘密或者抢险救灾,适宜招标但不宜公开招标的;二是项目技术复杂或有特殊要求的工程,或者受自然地域环境限制,只有少量潜在投标人可供选择的;三是工期要求紧迫,没有时间进行公开招标的施工项目工程;四是采用公开招标方式的费用占项目合同金额的比例过大的。非依法必须公开招标的项目,由招标人自主决定采用公开招标还是邀请招标。国家重点建设项目的邀请招标,应当经国家国务院发展计划部门批准;地方重点建设项目的邀请招标,应当经各省、自治区、直辖市人民政府批准。全部使用国有资金投资或者国有资金投资占控股或者主导地位的并需要审批的工程建设项目的邀请招标,应当经项目审批部门批准,但项目审批部门只审批立项的,由有关行政监督部门审批。

邀请招标能够按照项目需求特点和市场供应状态,有针对性地从已知了解的潜在投标人中,选择具有与招标项目需求匹配的资格能力、价值目标以及对项目重视程度均相近的投标人参与投标竞争,有利于投标人之间均衡竞争,并通过科学的评标标准和方法实现招标需求目标,招标工作量和招标费用相对较小,既可以省去招标公告和资格预审程序(招投标资格审查)及时间,又可以获得基本或者较好的竞争效果。但是邀请招标与公开招标相比,投标人数量相对较少,竞争开放度相对较弱;受招标人在选择邀请对象前已知投标人信息的局限性,有可能损失应有的竞争效果,得不到最合适的投标人和获得最佳竞争效益。

2. 必须招标工程项目

为了确定必须招标的工程项目,规范招标投标活动,提高工作效率、降低企业成本、预防腐败,根据《中华人民共和国招标投标法》第三条的规定,国家发展和改革委员会第16号令公布了必须招标工程项目(2018年6月1日起施行)。

全部或者部分使用国有资金投资或者国家融资的项目包括：

(1)使用预算资金 200 万元人民币以上，并且该资金占投资额 10％以上的项目。

(2)使用国有企业事业单位资金，并且该资金占控股或者主导地位的项目。

使用国际组织或者外国政府贷款、援助资金的项目包括：

(1)使用世界银行、亚洲开发银行等国际组织贷款、援助资金的项目。

(2)使用外国政府及其机构贷款、援助资金的项目。

不属于本规定第二条、第三条规定情形的大型基础设施、公用事业等关系社会公共利益、公众安全的项目，必须招标的具体范围由国务院发展和改革部门会同国务院有关部门按照确有必要、严格限定的原则制订，报国务院批准。

本规定第二条至第四条规定范围内的项目，其勘察、设计、施工、监理以及与工程建设有关的重要设备、材料等的采购达到下列标准之一的，必须招标：

(1)施工单项合同估算价在 400 万元人民币以上。

(2)重要设备、材料等货物的采购，单项合同估算价在 200 万元人民币以上。

(3)勘察、设计、监理等服务的采购，单项合同估算价在 100 万元人民币以上。同一项目中可以合并进行的勘察、设计、施工、监理以及与工程建设有关的重要设备、材料等的采购，合同估算价合计达到前款规定标准的，必须招标。

3. 工程项目招标文件的编制

编制招标文件是一项细致、复杂的工作，是向投标单位提供参加投标所需要的一切情况。招标文件要力求做到精练、准确、清楚，明确投标要求。招标文件的繁简程度，要视招标工程项目的性质和规模而定。一般情况下，在发布招标公告或发出投标邀请书前，招标人或其委托的招标代理机构应根据项目的特点和要求编制招标文件。

4. 招标文件编制原则

招标文件的编制应遵循下列要求和原则：

(1)招标文件必领遵守国家有关招标投标的法律、法规和部门规章的规定，避免出现招标文件发售、澄清或者修改、投标文件递交时限少于法定时限等情况。

(2)招标文件必须遵循公开、公平、公正的原则，不得以不合理的条件限制或者排斥潜在投标人,不得对潜在投标人实行歧视待遇。

(3)招标文件必须遵循诚实信用的原则,招标人向投标人提供的工程情况,特别是工程项目的审批、资金来源和落实等情况,都要确保真实和可靠。

(4)招标文件内容应当完整,文字应当严谨、规范,避免出现文件前后不一致、条款存在歧义或者重大漏洞等现象,损害招投标当事人的利益。例如,招标文件介绍的工程情况和提出的要求,必须与资格预审文件的内容相一致;招标文件要能清楚地反映工程的规模、性质、商务和技术要求等内容,设计图纸应与技术规范或技术要求相一致,使招标文件系统、完整、准确。

(5)招标文件应当针对招标项目技术、经济特点和实际需求编制,拟订的投标人资格条件和评标办法要保证充分竞争及科学择优,合同条款要考虑发包人和承包人之间风险的合理分担、招标人对项目风险的管理能力和意愿等因素。

5. 招标文件的组成

招标人根据招标项目的特点和需要编制招标文件,若招标人在招标文件中规定实质性要求和条件时,应当用醒目的方式标明。招标文件一般由下列几项内容组成:

(1)招标公告或投标邀请书。

(2)投标人须知。

(3)招标项目的性质、数量。

(4)技术规格或条款。

(5)投标价格要求及其计算方式,采用工程量清单招标的,应当提高工程量清单。

(6)评标标准和方法。

(7)投标文件的编制要求。

(8)主要合同条款。

(9)设计图纸文件。

(10)投标辅助材料。

6. 解决招投标相关问题的几种方法

(1)防止投标人互相串标、哄抬标价、投标资质弄虚作假;如果发现所有投标价都高于估算标底很多,那么就有可能是集体串标、哄抬标价的结果。处理方法如下：如果时间允许应重新招标；如果时间紧，重新招标影响工程的总体进度，为了保证投标资质的准确性，应该在报名时出具投标资质及营业执照、税务登记证、安全合格证等有效证件的原件。

(2)投标书的划分：标书划分的目的就是把标书中的硬分与软分区别开来。硬分是客观分，是实实在在的，而软分是主观分。硬分在商务标中，软分在技术标中。对技术标密封保密的要求就是防止打分的评委钻空子，打权力分、打关系分。

(3)签署要求明确：商务标由投标单位的法定代表人或其授权的代理人签署，并将投标授权书附在其内。技术标不用签署，而且不得含有任何能够识别该单位的记号或字样。开标时，先开技术标后开商务标，评标期间不得外显。技术标在开标评分之后，由投标单位的法定代表人或其授权代理人现场签署认证。

(4)开标、评标、定标过程控制：为了避免由于招投标管理的不完善，给某些人在软分和定标办法上做手脚，在评标时应当注意以下几个方面的问题。

对于招标人，首先要确定评标办法、定标原则及标价下浮率。

对于投标人，一定要对自己的报价保密，不能向别的投标人透露，以免他人通过计算得知自己的硬分比不过别人，就千方百计找关系拉软分。

(5)防止恶意低价中标，保证高质高价：《招标投标法》和《评标办法实施细则》中规定：低于成本价的投标报价不能中标。如果评标是采用最低价中标法，那么很容易出现中标价低于成本价的现象。原则上低于成本价的投标是不能中标的，以下两种情况除外。其一，投标人非常想打入这个市场，建立起自己的形象和业绩后，在将来的工程中获取利益；其二，经过事先估算，在具体施工中有大量索赔发生，从中谋取利益。经考察如果是一个重合同、守信誉的企业，在留有足额保证金的情况下，可以让其中标。否则中标后很少有保质、保量、按时完成任务的。

(五)合同管理

1. 工程项目合同管理

工程项目合同管理是指对项目合同的签订、履行、变更和解除进行监督检查，对合同履行过程中发生的争议或纠纷进行处理，以确保合同依法订立和全面履行。项目合同管理贯穿于合同签订、履行、终结全过程。在工程建设中签订的各类合同,其施工合同最为重要,因此,本节以施工合同为例介绍合同的管理。

2. 施工合同的组成

目前我国的《建设工程施工合同》借鉴了国际上广泛使用的 FIDIC 土木工程施工合同条款,由国家住房和城乡建设部、国家工商行政管理局联合发布。国家 2017 版《建设工程施工合同(示范文本)》(GF-2017-0201),主要由《合同协议书》《合同通用条款》《合同专用条款》三部分组成,并附有《承包人承揽工程项目一览表》《发包人供应材料设备一览表》《工程质量保修书》等 11 个附件。

(1)合同协议书。《示范文本》合同协议书共计 13 条,主要包括:工程概况、合同工期、质量标准、签约合同价和合同价格形式、项目经理、合同文件构成、承诺以及合同生效条件等重要内容,集中约定了合同当事人基本的合同权利义务。

(2)通用合同条款。通用合同条款是合同当事人根据《中华人民共和国建筑法》《中华人民共和国民法典》等法律法规的规定,就工程建设的实施及相关事项,对合同当事人的权利义务做出的原则性约定。通用合同条款共计 20 条,具体条款分别为:一般约定、发包人、承包人、监理人、工程质量、安全文明施工与环境保护、工期和进度、材料与设备、试验与检验、变更、价格调整、合同价格、计量与支付、验收和工程试车、竣工结算、缺陷责任与保修、违约、不可抗力、保险、索赔和争议解决。前述条款安排既考虑了现行法律法规对工程建设的有关要求,也考虑了建设工程施工管理的特殊需要。

(3)专用合同条款。专用合同条款是对通用合同条款原则性约定的细化、完善、补充、修改或另行约定的条款。合同当事人可以根据不同建设工程的特点及具体情况,通过双方的谈判、协商,对相应的专用合同条款进行修改补充。在使用专用合同条款时,应注意以下事项:

专用合同条款的编号应与相应的通用合同条款的编号一致。

合同当事人可以通过对专用合同条款的修改,满足具体建设工程的特殊要求,避免直接修改通用合同条款。

在专用合同条款中有横道线的地方,合同当事人可针对相应的通用合同条款进行细化、完善、补充、修改或另行约定;如无细化、完善、补充、修改或另行约定,则填写"无"或划"/"。

(4)附件。附件共有11个,包括《承包人承揽工程项目一览表》《发包人供应材料设备一览表》《工程质量保修书》《主要建设工程文件目录》《承包人用于本工程施工的机械设备表》《承包人主要施工管理人员表》《分包人主要施工管理人员表》《履约担保格式》《预付款担保格式》《支付担保格式》《暂估价一览表》。

《建设工程施工合同(示范文本)》适用于房屋建筑工程、土木工程、线路管道和设备安装工程、装修工程等建设工程的施工承发包活动,但非强制性使用文本。合同当事人可结合建设工程具体情况,根据《建设工程施工合同(示范文本)》订立合同,并按照法律法规规定和合同约定承担相应的法律责任及合同权利义务。

3. 施工合同类型

其一,固定总价合同。固定总价合同是按承发包双方商定一个固定金额价承包工程,它的特点是以图纸和工程说明为依据,明确承包内容并计算承包价,而且一次包死,不受任何涨价因素或其他有关因素的影响,此类合同通常仅适用于规模较小、技术不太复杂、工期较短、设计图纸和工程量计算详细并且对市场行情充分掌握的工程项目。在合同执行过程中,除非发包单位要求变更原定的承包内容外,承发包双方一般不得要求变更包价。采用这种计价方法,如果设计图纸和说明书达到一定深度,能据此比较精确地估算造价,合同条件也考虑得比较周全,对承发包双方都不会有太多经济风险时,可采用此种比较简便的承包方式。但是,如果图纸和说明书不够详细,或者工期比较长,或材料价格涨幅较大,承包企业要承担较大经济风险,往往要加大不可预见费,因而不利于降低造价,最终对建设单位不利。

其二,固定单价合同。固定单价合同又叫单价合同,亦称工程量清单合同。固定单价合同的基础是明确划分出价位的各种工作的名称和工作量,以及各种工作的单位报价。或者没有施工图就开工,或虽有施工图但对工程某些条件尚不完全清楚的情况下,因不能比较精确地计算出工程量,为避免风险,而采用固定单价合同。这种合同有两种主要形式,分别适用于不同的情况。

(1)按分部分项工程承包单价,即由发包单位开列分部分项工程名称、计量单位和估计工程量,由承包单位填报单价,签订单价合同,将来根据实际完成的工程数量,按合同单价结算工程价款。这种计价合同适用于一些大型土木工程,虽有施工图和近似工程量,但在实际工作中可能会出现较大的变化,例如在建设道路时就可能因反常的地质条件而使土石方数量产生较大的变化,为了使承发包双方都能避免由此而带来的风险,通常也采用单价合同。

(2)按最终产品承包单价,这种方式通常适用于大量兴建的采用标准设计的工程,如建设标准化住宅公寓、简易道路、水沟等工程。

其三,计量估价合同。计量估价合同以工程量清单和单价表为依据来计算承包价,通常由建设单位委托专业造价机构提出工程量清单,作为招标文件的重要组成部分,列出分部分项工程量,例如在房建工程中的挖土方××立方米、混凝土××立方米、砖砌体××立方米、墙面抹灰××平方米,等等,由承包商填列单价,再算出总造价;个别项目在特殊条件下(例如深基础打桩),还可规定报暂定价,允许按实际发生情况调整。因为工程量是统一计算出来的,承包企业只要经过复核并填报适当的单价即可得出总造价,承担风险较小;发包单位也只要审核单价是否合理即可,对双方都比较方便。目前国际上采用这种方式确定承包价者较多。我国的施工图预算也属于此种类型。

其四,成本加酬金合同。成本加酬金合同的基本特点是按工程实际发生的成本,加上商定的总管理费和利润,来确定工程总造价。通常有下列四种形式:一是承包价固定酬金,即承包按实际发生数,但酬金是事先商定的一个固定数额;二是成本加定比酬金,即成本实际值,酬金事先按约定好的成本的一定百分比来计算合同总价;三是承包加浮动酬金,这种承包时预先商定工程成本和酬金的预期水平,根据实际成本与预期成本的差价,酬金上下浮动;四是目标成本加奖罚合同,和合同与成本加浮动酬金基本相同。工程成本包括人工费、材料费、施工机具使用费、其他直接费和施工管理费以及各项独立费,包括承包企业的总管理费和应缴纳的税金。这种计价方式主要用于开工前对工程内容尚不十分清楚的情况,例如边设计边施工的工程以及遭受自然灾害破坏需紧急修复的工程等。

4. 合同起草与签订

《中华人民共和国民法典》(以下简称《民法典》)第七百八十九条规定:建设工程合同应当采用书面形式。工程项目合同签订之前,需要有一方负责起草拟签订的合同文本。如果是通过招标投标形成的合同,则一般由招标人事先按照

《中华人民共和国招标投标法》第十九条的规定，在编制招标文件时就包括了拟签订合同的主要条款。尤其是住房城乡建设部和国家工商行政管理总局联合批准颁发的工程项目合同示范文本在我国陆续出台，国家发改委、住房城乡建设部等九部门牵头起草《标准施工招标文件》也已经包括了施工合同的主要条款，这些都为工程项目合同起草工作奠定了基础。目前多数采用国家住房和城乡建设部、国家工商行政管理局联合发布的国家 2017 版《建设工程施工合同（示范文本）》(GF-2017-0201)，但具体专用条款或细节性内容由双方协商确定，且商定的内容要用词准确，不能产生歧义。

《民法典》规定：当事人订立合同，应当具有相应的民事权利能力和民事行为能力。工程项目合同签订时应首先检查相对方签字人的身份，如果签字人是企业法定代表人的，应具有相关证明材料。如果是法定代表人授权委托人的，一定要有法定代表人的授权委托书，授权委托书上应载明授权范围、权限并有授权人的签名、盖章。合同文本中具体内容如果有修改的，应在修改处盖章注明，并保持双方存留合同文字内容的一致性。项目合同一经签署就对签约双方产生法律约束，任何一方都应严肃、认真、积极执行合同，否则将承担相应的违约责任。

5. 合同索赔管理

索赔是合同当事人在合同实施过程中，根据法律、合同规定对并非由于自己的过错，而是属于应由合同对方承担的责任情况造成，且实际发生了损失，为了取得工程经济效益和弥补相关损失，向对方提出给予经济补偿或时间补偿的要求。索赔事件的发生，可以是违约行为造成，也可以由不可抗力引起；可以是合同当事人一方引起，也可以是任何第三方行为引起。索赔的性质属于补偿行为，而不是惩罚。索赔的损失结果与被索赔人的行为并不一定存在法律上的因果关系。施工合同索赔既包括施工单位向建设单位索赔等，也包括建设单位向施工单位索赔。

(1) 工程合同索赔依据。

工程建设索赔是合同和法律赋予受损失者的权利，对工程建设各方主体来说，都是一种保护自己，维护正当权益，避免损失，增加利润的手段。虽然当前我国在培育和发展工程咨询和建筑市场工作中还存在有关法规不够健全、不够严密的问题，但是对逐步推行工程项目索赔工作，客观上还有一定的条件。《民法典》中有涉及工程索赔的条款，可以作为推行工程索赔的法律依据。

《民法典》第一百零六条规定：公民、法人违反合同或者不履行其他义务的，应当承担民事责任。公民、法人由于过错侵害国家的、集体的财产，侵害他人财产、人身的，应当承担民事责任。这里所指的民事责任是根据法律规定在民事上应负的给付义务。这种给付义务包括一般民事义务和侵权行为或债务不履行所造成的赔偿义务。根据民事责任的原则，在《民法典》第一百一十一条对违反合同的民事责任作了如下规定，即"当事人一方不履行合同义务或履行合同义务不符合约定条件的，另一方有权要求履行或者采取补救措施，并有权要求赔偿损失"。《民法典》第一百一十二条还规定："当事人一方违反合同的赔偿责任，应当相当于另一方因此所受到的损失。"在施工合同履行过程中，发包人违反合同的现象是屡屡发生的。这种违反合同的现象，可能是合同内因素，也可能是合同外因素；可能是发包人故意行为，也可能是客观原因，使发包人不能履行合同或者不能完全履行合同。不论什么情况，只要是发包人的责任，使承包企业遭受到合同价款以外的损失或影响工期，承包企业就可以依法要求发包人采取补救措施，并有权要求赔偿损失，这种要求赔偿权就是依法索赔权。

《民法典》第一百零七条至第一百一十四条也有上述类似的规定。在施工合同履行过程中，由于发包人过错，承包企业就可以依据这些条款，向发包人要求其支付违约金和赔偿金，这种要求即为索赔。

（2）工程索赔证据与要求。

索赔证据。索赔报告中提出的索赔事件必须有足够证据来证明事件的真实性，这些证据必须附于索赔报告之后。证据是索赔的关键，证据不足或没有证据，索赔是不能成立的。证据是在施工过程中，也就是合同履行中产生的。索赔证据主要包括合同文件、会议纪要、通知信函、施工现场的各种记录、工程照片、气象资料、材料凭证、价格信息、法律法规等。

合同文件。合同文件是提出索赔要求的最直接证据，其合同条款内容包括承发包双方的要约和承诺。

会议纪要。在施工过程中发包人、承包人、监理人及有关方面针对工程召开的一切会议的纪要。但纪要要经过参与会议的各方签认，或由发包人或监理人签章发给承包企业才有法律效力。

通知信函。发包人驻工地代表或监理工程师发出的各种指令、通知、联系函件,包括工程设计变更、工程暂停等指令。

施工现场的各种记录。如施工记录、施工日志、工长日记、检查人员日记或记录,以及经发包人驻工地代表或监理工程师签认的工程中停电、停水、道路封闭、开通记录或证明等。

工程照片。拍摄清晰、完整、色彩分明的工程照片,突出主体部位,注明日期。

气象资料。指现场每日天气状况记录,由发包人驻工地代表或监理工程师签证的天气记录以及气象部门发布气象信息等。

材料凭证。材料及设备的采购、运输、保管和使用等方面的原始凭证。

价格信息。政府主管工程造价部门发布的材料信息价、调整造价的方法和指数等。

法律法规。国家发布的法律、法令和政策文件,特别是涉及工程索赔的各类文件。

(3)索赔要求。

在承包工程中,由于发包人的原因或发生承包商和发包人因不可抗力因素而遭受损失时,向发包人提出的补偿要求,索赔补偿要求通常有以下两个方面。

合同工期的延长。施工合同中都有工期(开始期和持续时间)和工程拖延的罚款条款约定。如果工程拖期是由承包商管理不善造成的,则他必须承担责任,接受合同规定的处罚。而对外界干扰引起的工期拖延,如受天气、水文地质等自然因素影响或社会政治经济等人为因素影响,承包商可以通过索赔取得发包人对合同工期延长的认可,则在这个范围内可免去对他的合同处罚。

经济补偿。由于非承包商自身责任造成工程成本增加,使承包商增加额外费用,如增加人工费、材料费、机械设备费等,使其蒙受经济损失,他可以根据合同规定提出费用赔偿要求。如果该要求得到发包人的认可,发包人应向他追加支付这笔费用以补偿损失。这样,实质上承包商通过索赔提高了合同价格,常常不仅可以弥补损失,而且能增加工程利润。

(4)索赔处理。

根据国家住房和城乡建设部、国家工商行政管理局联合发布的国家 2017 版

《建设工程施工合同(示范文本)》(GF-2017-0201)),简要介绍合同各方提出索赔的程序及索赔处理程序。

①承包人的索赔。根据合同约定,承包人认为有权得到追加付款和(或)延长工期的,应按以下程序向发包人提出索赔:

承包人应在知道或应当知道索赔事件发生后 28 天内,向监理人递交索赔意向通知书,并说明发生索赔事件的事由,承包人未在前述 28 天内发出索赔意向通知书的,丧失要求追加付款和(或)延长工期的权利;承包人应在发出索赔意向通知书后 28 天内,向监理人正式递交索赔报告,索赔报告应详细说明索赔理由以及要求追加的付款金额和(或)延长的工期,并附必要的记录和证明材料;索赔事件具有持续影响的,承包人应按合理时间间隔继续递交延续索赔通知,说明持续影响的实际情况和记录,列出累计的追加付款金额和(或)工期延长天数;在索赔事件影响结束后 28 天内,承包人应向监理人递交最终索赔报告,说明最终要求索赔的追加付款金额和(或)延长的工期,并附必要的记录和证明材料。

对承包人索赔的处理程序如下:送发包人、监理人对索赔报告存在异议的,有权要求承包人提交全部原始记录副本;发包人应在监理人收到索赔报告或有关索赔的进一步证明材料后的 28 天内,由监理人向承包人出具经发包人签认的索赔处理结果,发包人逾期答复的,则视为认可承包人的索赔要求;承包人接受索赔处理结果的,索赔款项在当期进度款中进行支付,承包人接受索赔处理结果的,按照争议解决约定处理。

②发包人的索赔。根据合同约定,发包人认为有权得到赔付金额和(或)延长缺陷责任期的,监理人应向承包人发出通知并附有详细的证明。

发包人应在知道或应当知道索赔事件发生后 28 天内通过监理人向承包人提出索赔意向通知书,发包人未在前述 28 天内发出索赔意向通知书的,丧失要求赔付金额和(或)延长缺陷责任期的权利。发包人应在发出赔偿意向通知书后 28 天内通过监理人向承包人正式递交索赔报告。

对发包人索赔的处理程序如下:承包人收到发包人提交的索赔报告后,应及时审查索赔报告的内容、查验发包人证明材料;承包人应在收到索赔报告或有关索赔的进一步证明材料后 28 天内,将索赔处理结果答复发包人,如果承包人未在上述期限内做出答复的,则视为对发包人索赔要求的认可;承包人接受索赔处理结果的,发包人可从应支付给承包人的合同价款中扣除赔付的金额或延长缺陷责任期,发包人不接受索赔处理结果的,按争议解决约定处理。

(5)提出索赔的期限。

承包人按竣工结算审核约定接收竣工付款证书后,应被视为已无权再提出在工程接收证书颁发前所发生的任何索赔。

承包人提交的最终结清申请单中,只限于提出工程接收证书颁发后发生的索赔。提出索赔的期限自接受最终结清证书时终止。

二、工程建设及工程验收

(一)基本建设程序

签订施工合同后,项目进入建设期。项目建设期的主要工作包含施工准备、施工质量管理、施工安全管理、施工工期管理以及投资管理。各项管理工作均要符合建设程序。

1. 项目开工前准备

在项目开工前,应组织施工图纸会审,进行施工组织设计审查。

施工单位取得施工图以及查看完施工现场后,提出施工图中不明确或不完善的事项。由建设单位主持,监理单位组织,建设单位、监理单位、设计单位和施工单位共同参加,四方共同进行设计图纸的会审。图纸审查的目的是领会设计意图、明确技术要求,发现设计图纸中的差错问题,提出修改与洽商意见,使之在施工开始之前改正。施工单位根据自审记录以及对设计意图的了解,提出施工图中存在的问题或一些建议,如施工图纸建筑结构与各专业图纸本身是否有差错及矛盾,大样图标注有无遗漏,工程材料来源有无保证或能否代换,图中所要求的条件能否满足,新材料、新技术的应用有无问题。最后在四方共同确认的基础上,对所探讨的问题逐条地做好记录,形成"图纸会审纪要",参加单位共同会签、盖章,同建设单位正式行文,作为与设计文件同时使用的技术文件和指导施工的依据,以及建设单位与施工单位进行工程结算的依据。

建设单位(业主)应在施工承包合同中明确审查施工组织设计的权力,在下达开工令前应委托监理单位对施工组织设计进行审查,审查内容包括施工方案、施工进度计划、施工平面图以及质量与安全措施等。

2. 施工过程的管理

对关键质量点跟踪管理：监督检查在工序施工过程中的施工人员、施工机械设备、材料、施工方法及工艺或操作是否处于良好状态，是否符合保证质量的要求。检查建筑工程的观感质量，采用照、敲、摸、看等方法进行检查，对于重要的工序和部位、质量控制点，应在现场进行施工过程监控，要做好隐蔽工程或者重点部位的质量检查和校验工作，以确保工程质量。

处理设计变更：施工过程中，由于前期勘察设计的原因，或由于外界自然条件的变化，探明的地下障碍物、管线、文物、地质条件不符，以及施工工艺方面的限制、建设单位要求的改变等，均会涉及设计变更。设计变更要引起工程变更，因此，做好设计变更的控制工作，也是施工作业过程质量控制的一项重要内容。设计变更的要求可能来自建设单位、设计单位或施工承包单位。为确保工程质量，不同情况下设计变更的实施、设计图纸的澄清和修改，具有不同的工作程序。

做好施工过程中的检查验收工作：对于各工序的产出品和重要的部位，先由施工单位按规定自检和自评，及时发现和整改那些存在的质量问题，自检自评合格后方可向监理工程师提交"质量验收通知单"，经监理工程师检验确认合格后，才能进入下一道工序施工。加强施工工序的质量检验工作，确保各道建筑工程施工工序均可以满足规定要求，确保施工过程中各项工序的质量。

工程质量问题和质量事故的处理：质量问题和质量事故是由各种主观和客观原因造成的，工程上出现不合格产品或质量问题往往难以避免。当施工出现质量问题时，应立即向施工单位发出通知，要求其对质量问题进行补救处理。当出现不合格产品时，监理工程师应要求施工单位采取措施予以整改，并跟踪检查，直到合格为止。交工后在质量责任期内出现质量问题时，监理工程师应要求施工单位进行修补或返工，直到建设单位满意为止。对出现的工程质量事故，监理工程师应要求施工单位报送质量事故调查报告和经设计等相关单位认可的处理方案，并应对质量事故处理记录整理归档。

下达停工和复工指令，确保工程质量：当施工现场出现质量异常，又未采取有效措施；隐蔽作业未经检验而擅自封闭；未经同意擅自修改设计或图纸；使用不合格的原材料、构配件等情况之一时,监理工程师应下达停工指令,纠正之后才可以下达复工指令。

材料配合比的质量控制:建筑材料是建筑工程得以顺利进行的重要物质条件,由于不同原材料的配合及拌制后的产品对最终工程质量有重要的影响,因此要做好材料配合比的质量管理工作。如混凝土工程中砂、石骨料本身的组分配合比例,混凝土拌制的配合比;交通工程中路基填料的配合比及拌制;路面工程中沥青摊铺料的配合比等。为确保工程质量,要对工程材料、混凝土试块、砂浆试块、受力钢筋等实行取样送检制度。施工单位在取样时,要通知监理工程师,在其监督下完成见证取样,然后将取样送试验室检验。

加强组织管理:网络计划在时间安排上是紧凑的,要求参加施工的不同管理部门及管理人员协调配合努力工作。因此,应从全局出发合理组织,统一安排劳力、材料、设备等,在组织上使网络计划成为人人必须遵守的技术文件,为网络计划的实施创造条件。保证总体目标实现对工期应着重强调工程项目各分级网络计划控制。严格界定责任,依照管理责任层层制定总体目标、阶段目标、节点目标的综合控制措施。

做好合同价款调整的管理:合同价款调整因素主要包括法律法规变化、工程变更、项目特征不符、工程量清单缺项、工程量偏差、计日工、物价变化、暂估价、不可抗力、提前竣工、误期赔偿、索赔、现场签证、暂列金额等。

(二)"四制"管理

项目实施要严格执行项目法人责任制、招标投标制、工程监理制和合同管理制。

(1)要成立以项目单位法定代表人为组长的工程建设领导小组,对项目的策划、资金管理、建设实施、项目验收、资产的保值增值实行全过程负责。

(2)根据招投标有关规定确定项目各参建单位。

(3)为了确保工程质量、投资、进度、安全达到规定要求,委托有资质的公司进行项目全过程监理,监理人员按规定采取旁站、巡视和平行检验等形式,按作业程序即时跟班到位进行监督检查。

(4)项目涉及的设计、造价咨询、招标代理、施工、监理、决算审计等事项,均要依法订立合同，合同要素完整规范，各类费用的支付均严格按合同约定进行。

(三)施工阶段的工程造价管理

1. 预付工程款

在开工前，发包人按照合同约定预先支付给承包人用于购买合同工程施工所需的材料、工程设备，以及组织施工机械和人员进场等的款项。

预付工程款的数额、支付时间和抵扣方式应在合同条款中约定。

2. 预付工程款的数额和支付时间

(1)根据工程具体情况，在合同中约定的预付工程款数额可以是绝对数，如50万元、100万元等，也可以是相对数，如合同金额的10％、15％等。一般情况下，包工包料工程的预付款支付比例不得低于合同价款(扣除暂列金额)的10％，不宜高于合同价款(扣除暂列金额)的30％。

(2)合同中约定的预付工程款支付时间可表述为：合同签订后一个月内支付、工程开工日前7天内支付等。

对重大工程项目，预付工程款按年度工程计划逐年支付。

合同中规定了预付款保函时，预付工程款应在承包人向发包人提供了与预付工程款等额的预付款保函后支付。

3. 预付工程款的抵扣

(1)预付款起扣点的规定：预付款起扣点一般是按照工程款拨付的进度百分比规定，如预付工程款为合同金额的30％，可规定从工程进度款支付至合同金额的50％时开始抵扣，或规定工程付款累计至合同金额的80％时开始抵扣，等等。也可按照工程的形象进度规定预付款起扣点，如工程地下工程完工后抵扣多少、工程主体结构完成后抵扣多少等。

对于工期较短、造价较低的工程，无需分期抵扣，一般只规定累计付款的截止点即可。

(2)每次扣款的额度规定：每次抵扣的预付工程款金额可以为固定金额，如50万元、100万元等，也可以是预付工程款的固定百分比，如预付款的10％、15％等，也可以随进度款按所付预付款同比例抵扣。规定应确保预付工程款在付款截止前全部扣回。

4.工程计量和工程进度款支付

工程进度款是指在合同工程施工过程中,发包人按照合同约定对付款周期内承包人完成的合同价款给予支付的款项,也是合同价款期中结算支付。

工程进度款是在工程计量的基础上进行支付的。

工程计量是指发承包双方根据合同约定,对承包人完成合同工程的数量进行的计算和确认。

(1)工程计量的原则。

①工程量必须按照相关工程现行国家计量规范规定的工程量计算规则计算。

②工程量必须以承包人完成合同工程应予计量的工程量确定。

③工程计量应根据合同约定,选择按月或按工程形象进度分段计量。

④应确保对"已完合格工程"(即承包人已按照施工图纸的要求施工完毕,并经监理单位验收合格的工程项目)进行计量,对未经监理单位验收或验收不合格的项目不予计量。

⑤因承包人原因造成超出合同工程范围施工或返工的工程量,发包人不予计量。

⑥当发现招标工程量清单中出现缺项、工程量偏差,或因工程变更引起工程量增减时,应按承包人在履行合同义务中实际完成的工程量计算。

⑦对采用施工图预算方式发包形成的总价合同,除工程变更引起的工程量增减外,应按照总价合同内各项目的工程量作为承包人结算的最终工程量,不再按实调整。

(2)工程进度款的支付。

根据合同约定,工程进度款可按月支付,也可按工程形象进度进行支付。

工程进度款应采用上述工程计量的结果,严格按照合同规定的工程单价进行计算。

经发承包双方确认调整的合同价款,应与工程进度款同期支付。

应按照合同规定的时限进行工程进度款的支付。

5.合同价款调整

合同价款调整是指在合同价款调整因素出现后,发承包双方根据合同约定,对具体合同价款进行变动的提出、计算和确认。

合同价款调整因素主要包括：法律法规变化、工程变更、项目特征不符、工程量清单缺项、工程量偏差、计日工、物价变化、暂估价、不可抗力、提前竣工、误期赔偿、索赔、现场签证、暂列金额等。

(1)项目特征不符、工程量清单缺项、工程量偏差。

该部分均属于招标工程量清单误差造成的合同价款的调整。通过采取适当的防范工程量清单风险的措施，可消除工程量清单的大部分误差，但很难做到全部杜绝。

在施工阶段，从造价控制的角度，可通过合同条款的制定，及早解决工程量清单误差问题，及早了解误差对总投资的影响，从而在后续造价控制中做到心中有数，更有针对性。

比如，可在合同中规定"要求施工单位在合同签订后或工程开工后1个月内，对工程量清单进行复核，对清单误差问题以书面形式提出，过期不再受理"，从而督促施工单位及时解决清单误差的问题。

(2)洽商变更费用的管理。

如前所述，在设计和招标阶段尽量完善施工图纸。工程开工前组织监理人员和施工单位人员及时熟悉施工图纸，尽早发现施工图纸的错、漏、碰、缺等问题，向建设单位报告，与设计单位联系，争取在开始施工前解决。

施工过程中，明确洽商变更的确认程序，特别是明确建设单位对工程变更的知情权和确认权，避免让施工单位私自找设计单位变更。

洽商变更的书写要明确。洽商变更是施工和监理的依据，也是计算洽商变更费用的依据，所以一定要明确、无歧义。洽商变更的内容主要是要将洽商变更的事由、原因、做法等描述清楚，做到施工、结算都有据可循，必要时可有预算人员参与起草。

及时处理洽商变更费用。对每一份已生效的洽商变更，要求施工单位在规定时间内填写洽商变更费用报审表报监理单位审核，一方面建设单位能做到对费用变化心中有数；另一方面可保证施工单位及时获得洽商变更工程款，减少索赔诱因。

为防止施工单位随意高估冒算洽商变更费用，减少审核工作量，提高审核效率,可在合同中规定对高估冒算的处罚条款。

(3)暂估价材料、设备及整项暂估的专业分包工程价差的管理。

暂估价是指招标人在工程量清单中提供的用于支付必然发生但暂时不能确定价格的材料、工程设备的单价以及专业工程的金额。

暂估价材料、设备是指在工程招标阶段,在工程量清单中给出暂估价的材料、设备;暂估价的专业工程是指在工程招标阶段,在工程量清单中给出整项暂估价的专业分包工程。

对于非暂估价材料、设备,投标时由施工单位自主报价,结算时不做调整;对于暂估价材料、设备,投标时施工单位必须以工程量清单中给定的暂估价计算,结算时按照建设单位确认的实际采购价格调整正负价差;对于暂估价的专业工程,投标时施工单位按照给定的价格整项计入投标报价,结算时按建设单位确认的分包合同价格调整正负价差。

对于暂估价,建设单位对其造价进行控制的核心是对暂估价材料、设备实际采购价和专业分包工程实际分包价格的确认。应在合同中明确规定暂估价材料、设备和暂估价专业工程的采购方式、程序。

如果相关暂估价的材料、设备或专业工程分包根据法律、法规、规章及规范性文件的要求属于依法必须招标的范围或达到招标规模时,必须采用招标采购的方式;如果相关暂估价的材料、设备或专业工程分包根据法律、法规、规章及规范性文件的要求不属于依法必须招标的范围或未达到招标规模时,必须在合同中明确规定采购方式和程序,比如可采用招标采购的方式,也可采用询价比较、竞争性谈判等方式。

无论采取哪种方式,建设单位都应坚持主动控制、以我为主、强化竞争的原则。

对市场的充分了解是做好价格确认工作的前提。

(4)费用索赔的管理。

尽量按照施工合同的规定履行好自己的职责,并督促设计、监理等单位认真履行职责,减少费用索赔的诱因。比如督促设计单位按照规定时限提交设计变更文件;避免错误的监理指令;按合同规定时限进行工程进度款支付等。

对可能出现的索赔事件进行有效的防范。比如对出现了大的社会事件如奥运会召开,可能对工程施工造成不利影响,或预见到自身履约可能存在的问题时,可提前与施工单位沟通,尽早通过施工计划的调整,争取做到整体施工不受影响。

对施工单位提出的索赔意向及时处理,特别应注意要在合同规定的时限内给予答复。

对确已形成索赔事实的,应按合同规定对索赔费用进行认真、细致的核对。

6. 工程竣工结算

工程竣工结算是指施工单位按照施工合同和设计文件的规定完成施工并经验收合格后,与建设单位进行的最终工程价款结算。

工程竣工结算分为单位工程竣工结算、单项工程竣工结算和工程项目竣工总结算。

(1)工程竣工结算的程序。

施工合同规定的工程竣工结算基本程序:工程竣工验收合格后,施工单位在一定时间内编制完成工程竣工结算报告,提交监理单位进行审核,监理单位在合同一定时间内审核完毕并经建设单位同意后,审核结果作为建设单位和施工单位结算工程款的依据。一般情况下,建设单位可委托有资质的工程造价咨询单位对监理单位审核的结果进行审计。

(2)工程竣工结算的控制要点。

工程竣工结算应由施工单位编制,不是由建设单位或监理单位编制,也不是由建设单位委托造价咨询单位编制。

工程竣工结算的编制和审核应符合合同规定的原则。工程竣工结算费用由合同价款和前述各项合同价款调整项目的费用汇总组成,一般不应根据施工图纸或竣工图纸再行计算。

为防止施工单位盲目做高结算费用,减少审核工作量,提高审核效率,可在合同中规定相应的处罚条款。

在工程竣工结算的审核中立足发挥监理单位的作用,不提倡将工程竣工结算直接交由工程造价咨询单位审核。同时,考虑到监理单位能力和水平参差不齐,应在鼓励建设单位在监理单位对工程竣工结算审核的基础上,委托有资质的工程造价咨询单位对监理单位审核的结果进行审计。

引入工程建设造价全过程跟踪审计,应视为一项好的做法。但应注意理清与监理单位工程造价控制之间的关系,确定好工作流程。原则上应把握对工程施工过程中的任一造价管理事项,应先由监理单位控制,后由造价咨询单位审计,这样可促进监理单位提高造价控制工作的质量,也可提高工作效率。应注意避免二者之间的工作交叉和工作越位。

(四)工程验收

1. 监理单位组织工程预验收

监理单位组织预验收,需要建设单位、施工单位、设计单位、勘察单位等工程项目参建方全部到场,然后对工程的质量进行工程预验收。一旦发现问题,要出具整改通知书,施工单位根据通知书内容进行整改,并填写相应的整改报告,最后由监理单位核实整改情况,预验收合格后方可申请进行工程竣工验收。

2. 施工单位自检评定

施工单位在工程完工之后,需要先对整个工程项目进行自检,核查质量是否符合设计要求,审核通过之后,填写工程验收报告,并由工程项目经理签字加盖执业资格章,提交给相应的监理单位。

3. 监理单位验收

监理单位在收到工程验收报告之后,对施工单位提交的材料进行核查,并对整个工程项目的施工质量进行评估,评估合格后,出具监理单位工程竣工验收工程质量评估报告,并由总监理工程师审核签字加盖执业资格章,并提交监理单位法定代表人签字盖章。

4. 设计单位验收

工程完工之后,设计单位需要对原设计文件以及期间设计变更的图纸进行重新核查,并出具相应的设计单位工程竣工验收工程质量检查报告,由设计项目负责人签字加盖公章。

5. 勘察单位验收

工程完工之后,勘察单位需要对原勘察文件以及勘察文件变更情况进行重新核查,并出具相应的勘察单位工程竣工验收工程质量检查报告,由勘察项目负责人签字加盖公章。

6. 建设单位组织工程竣工验收

预验收合格后,施工单位向建设(监理)单位提交工程竣工验收申请及相关竣工验收资料,建设单位组织向地方质监部门提交工程竣工验收通知表,确定验收时间、地点、验收组成员,并制订验收方案。如无地方质监部门实施项目监督的,建设单位根据需要仅需制定一份验收方案即可,再根据方案开展工程竣工验收工作。

7. 施工单位提交工程技术资料

施工单位需要在规定的时限内提交完整的工程技术资料。

8. 工程竣工验收

资料准备齐全之后,由建设单位组织各单位人员参与工程竣工验收,一旦发现质量问题,应立即提出整改意见。需要注意的是,地方质监部门在验收环节必须到场,并对验收的程序以及验收的标准进行现场监督。如无地方质监部门实施项目监督的,由建设单位监督部门实施现场监督。

竣工验收之后,相关单位会出具整改通知书,施工单位应该根据通知书进行整改,然后填写整改报告,由监理、设计以及建设单位签字盖章确认。对于整改后还不合格的,应该按照规范要求再整改,直到合格为止。

9. 工程结算

工程竣工验收合格后,施工单位应按合同约定期限要求编制完成竣工结算文件并及时提交至建设单位,建设单位应委托有资质的工程造价咨询单位进行结算审核,一般应当在工程竣工验收合格后 2～3 个月内完成工程结算。结算时提交给结算审核单位的结算依据资料一般包括上级主管部门批复的项目建议书(可行性研究报告)、上级主管部门批复的初步设计和概算、工程预算书(或清单)、工程招标文件、中标单位的投标文件(商务标书)、中标通知书、施工合同及补充协议、工程地质勘察报告、施工组织设计(施工方案)、图纸会审纪要、招标答疑文件、隐蔽工程有效资料、工程月进度报表、工程变更单及工程联系单、工程技术核定单、工程签证单、甲供材料(设备)清单、工程结算书、工程竣工报告(竣工验收证明)、工程施工图纸、工程竣工图纸、施工日记、监理日记等。

10. 项目审计

项目结算完成并交付使用后,项目单位委托社会中介机构进行项目审计工作,对项目的基本情况(包含项目承担单位、立项批复、项目实施等情况)、项目预算安排及执行情况(包括预算安排、经费到位、经费使用、经费结余、新增固定资产情况)、项目绩效评价做审计审查,并出具审计意见。专项资金审计报告应包括财政专项经费决算表、新增固定资产明细表、仪器设备采购执行情况明细表等。

11. 档案整理

项目单位应按照《建设工程文件归档规范》(GB/T50328-2014)、项目所在地城建档案管理要求和院档案管理有关规定,安排专人建立健全项目档案,随项目建设进度即时收集、整理从项目提出到项目建设、工程竣工验收各个环节产生形成的具有保存、查考利用价值的各种载体的文件材料,归入项目档案并分离立卷归档。竣工验收合格后,按照有关规定移交档案。同时财务部门要完善项目相关财务档案资料。

三、项目验收

(一)项目验收方式

根据《农业农村部科学事业单位改善科研专项资金管理实施细则》,60万元(不含60万元)以下的项目由项目承担单位自行组织验收。60万元以上至200万元(不含200万元)的项目由项目执行单位上级主管部门组织验收;200万元及以上的项目经项目执行单位上级主管部门组织初步验收通过后,报请农业农村部科技教育司组织验收。

60万元以上的项目执行结束达到验收条件后,项目单位及时向项目执行单位上级主管部门提出验收申请,并同步提交电子版验收材料。

(二)申请验收应提交的资料

(1)验收项目汇总表。

(2)《项目实施方案》或"二上"预算项目申报材料。

(3)项目重大变动申请变更报告及批复说明。

(4)社会中介机构出具的专项资金审计报告。

(5)项目验收申请。

(6)项目执行报告。

(7)按各项目打印的项目总账和明细账,提供并折好项目发生时的会计凭证。

(8)可根据项目实际情况附上能够体现实物特征的照片、多媒体资料及技术资料。

(9)按各项目打印的农业农村部科学事业单位修缮购置专项资金项目绩效评价报告(初步验收项目不涉及)。

(10)项目执行情况统计表(初步验收项目不涉及)。

(11)项目合同执行情况表。

(12)其他材料。

(三)验收工作程序

(1)项目承担单位PPT汇报项目执行情况。

(2)提交社会中介机构出具的专项资金审计报告。

(3)验收组专家查阅、审核工程档案、财务账目及其他相关资料。

(4)验收组专家进行质询和现场查验(项目单位提供项目批复与实际执行情况对照表)。

(5)验收组讨论形成项目验收意见书,复核确认项目执行情况统计表。

(6)验收组专家对各单位修缮购置专项资金绩效进行评价(初步验收项目不涉及)。

(四)项目验收的内容

项目验收的内容主要包括:

(1)项目建设内容、建设规模、建设标准、建设质量等是否符合批准的项目实施方案。

(2)项目资金使用是否符合财政部《中央级科学事业单位改善科研条件专项资金管理办法》(财教〔2021〕100号)及有关规定。

(3)项目实施是否按批准的实施方案或"二上"预算项目申报材料执行政府采购和招标投标的有关规定。

(4)工程验收记录是否合格,改造部分的建设内容是否编制了相关专业竣工图。

(5)项目是否按要求编制决算及专项资金审计报告。

(6)项目前期工作文件、实施阶段工作文件、招标投标和政府采购文件、验收材料及财务档案资料等是否齐全、准确,并按规定归档。

(7)是否按要求对修缮购置专项资金绩效进行了自评(初验项目不涉及)。

(8)项目管理情况及其他需要验收的内容。

(五)验收资料编写要求

项目验收完成后,项目单位应按年度编制项目验收材料。

(1)按要求编写验收材料。各单位要严格按照《农业部科学事业单位修缮购置专项资金修缮改造项目验收办法(试行)》规定的格式,认真编写验收材料。

(2)认真编写项目执行报告。项目完成后,各单位应当及时对项目执行情况进行总结,全面总结项目组织实施管理情况、项目任务和目标完成情况、项目经费使用情况等,梳理取得的成效、经验和做法,并分析存在的问题,提出改进措施。特别要认真客观总结修购专项项目的实施对改善本单位科研基础条件、推进科技创新条件建设的重要作用。总结应突出重点,文字与图片相结合。认真填写农业农村部科学事业单位修缮购置专项资金修缮改造项目执行报告,其中"实际完成建设内容"要对照"实施方案批复的内容"逐条逐项实事求是填写。

(3)及时报送项目执行情况统计表。各单位要按项目类型,填写项目执行情况统计表。

(4)按时报送验收工作报告。项目验收工作结束后,各单位要系统总结验收情况,按年度编制项目验收工作报告,其中跨年度执行的项目验收工作报告在项目立项年度编制。

(5)报送验收材料。通过验收的项目,由各单位负责将所有验收材料汇编装订成册[用 A4 纸、4 号仿宋字体打印,按验收材料目录顺序编写页码,统一采用羊皮纸(皮纹纸)封皮进行胶订,不能用塑料封皮等其他装订方法],汇编的验收材料要整齐、完整、规范,页码编写要正确,并且要确保验收纸质材料与审计报告、网上数据一致。纸质材料加盖本单位公章后一式四份(双面打印)随项目验收工作总结一并报送项目执行单位上级主管部门。

第六节 项目绩效评价

一、年度绩效评价

(一)项目绩效评价依据

改善科研条件专项项目实施单位应根据《中央部门项目支出核心绩效目标和指标设置及取值指引(试行)》(财预〔2021〕101号)在"一上"预算申报、"二上"预算上报阶段设置和使用项目支出核心绩效目标和指标。项目单位应根据"二上"预算设置的项目绩效指标对项目进行年度绩效评价(单位自评)。

(二)绩效指标分值权重确定

原则上一级指标权重统一按以下方式设置:对于设置成本指标的项目,成本指标20%、产出指标40%、效益指标20%、满意度指标10%、预算执行率指标10%;对于未设置成本指标的项目,产出指标50%、效益指标30%、满意度指标10%、预算执行率指标10%;对于不需设置满意度指标的项目,其效益指标分值权重相应可调增10%。

(三)绩效指标赋分规则

(1)直接赋分。主要适用于进行"是"或"否"判断的单一评判指标。符合要求的得满分,不符合要求的不得分或者扣相应的分数。

(2)按照完成比例赋分,同时设置及格门槛。主要适用于量化的统计类等定量指标。具体可根据指标目标值的精细程度、数据变化区间进行设定。

预算执行率按区间赋分,并设置及格门槛。如:项目完成,且执行数控制在年度预算规模之内的,得10分;项目尚未完成,预算执行率小于100%且大于等于80%的得7分,预算执行率小于80%且大于等于60%的得5分,预算执行率小于60%的不得分。

其他定量指标按比例赋分,并设置及格门槛。如:完成率小于60%为不及格,不得分;大于等于60%的,按超过的比重赋分,计算公式为:得分=(实际完成率-60%)÷(1-60%)×指标分值。

(3)按评判等级赋分。主要适用于情况说明类的定性指标。分为基本达成目标、部分实现目标、实现目标程度较低三个档次,并分别按照该指标对应分值区间100%~80%(含)、80%~60%(含)、60%~0%合理确定分值。

(4)满意度赋分。适用于对服务对象、受益群体的满意程度询问调查,一般按照区间进行赋分。如:满意度大于等于90%的得10分,满意度小于90%且大于等于80%的得8分,满意度小于80%且大于等于60%的得5分,满意度小于60%的不得分。

(四)绩效指标佐证资料

按照数据来源提供对应的佐证材料。主要包括以下类型:

(1)正式资料。统计年鉴、文件、证书、专业机构意见(标准文书)等。

(2)工作资料。部门总结、统计报表、部门内部签报、专家论证意见、满意度调查报告、相关业务资料等。对于过程性资料,部门和单位应当在项目实施过程中及时保存整理。

(3)原始凭证。预决算报表、财务账、资产账、合同、签到表、验收凭证、网站截屏等。

(4)说明材料。针对确无直接佐证材料或者综合性的内容,由相关单位、人员出具正式的说明。

二、部门绩效评价

(1)部门评价内容主要包括项目立项情况;绩效目标和绩效指标设定情况;资金管理和使用情况;相关管理制度办法的健全性及执行情况;实现的产出情况;取得的效益情况;服务对象满意度情况;其他相关内容。

(2)确定绩效评价对象和范围并下达绩效评价通知。在单位自评基础上,农业农村部计划财务司每年初会统筹研究确定当年绩效评价工作计划,确定绩效评价对象和范围,明确评价任务、评价对象、评价内容、评价工作进程安排、需项目单位提供的资料等,在组织实施部门评价前下达绩效评价通知至各项目单位。必要时委托第三方机构实施部门评价。

(3)研究制订绩效评价工作方案。部门评价工作方案要符合可行性、全面性和简明性原则,评价内容、方法、步骤和时间节点安排科学合理。评价指标与评价对象密切相关,全面反映项目决策、项目和资金管理、产出和效益;优先选取最具代表性、最能直接反映产出和效益的核心指标,精简实用;指标内涵应当明确、具体、可衡量,数据及佐证资料应当可采集、可获得;同类项目绩效评价指标和标准应具有一致性,便于评价结果相互比较。工作方案中应根据项目情况成立5人(含)以上的评价工作组。评价工作组由项目所涉及领域专家、财务管理专家、绩效管理专家等组成,其中项目所涉及领域专家人数不得少于成员总数的一半。评价工作组人员数量、专业结构及业务能力应满足评价工作需要,并充分考虑利益关系回避、成员稳定性等因素。

(4)收集相关数据资料,并进行现场调研、座谈。部门评价原则上应采取现场和非现场评价相结合的方式。非现场评价是指评价人员对项目单位提供的项目相关资料和各种公开数据资料进行分类、汇总和分析,对项目进行评价的过程。非现场评价原则上须覆盖所有项目单位。现场评价是指评价人员到项目现场采取勘察、询查、复核或与项目单位座谈等方式,对有关情况进行核实,对所掌握的资料进行分析,对项目进行评价的过程。

(5)核实有关情况,分析形成初步结论;与被评价部门(单位)交换意见。评价工作组应在与项目单位充分沟通的基础上,考虑完整性、重要性、相关性、可比性、可行性、经济性、有效性等因素,科学编制绩效评价指标体系,以充分体现和客观反映项目绩效状况和绩效目标实现程度。

(6)评价工作组应在对现场评价和非现场评价情况进行梳理、汇总、分析的基础上,综合分析并形成最终结论,形成评价结果并撰写部门评价报告,最后建立绩效评价档案。

第七节 项目财务核算

修购专项是"十一五"期间设立的财政专项,2021年更名为改善条件专项,它与农业财政专项、科研财政专项、基本建设财政专项相比具有特殊性,改善条件专项从政府支出功能分类科目来看,属于"科学技术支出";从项目的实施程序来看,"房屋修缮"和"基础设施改造"项目与基本建设项目的实施程序基本相同,因此科学合理地反映修购专项资金的支出内容,对提高修购专项资金的使用效率、做好农业科学事业单位修缮购置专项资金核算工作具有重要意义。

从2006年中央财政设立了修购专项以来,中国热带农业科学院通过改善条件专项的实施,逐步完善科研试验基地的建设,购置更新了实验室科研仪器设备,改变了科研仪器设备、基础设施及房屋老、破、旧的局面,极大地改善了热科院科研设施条件和试验基地面貌,进而使热科院在国内、世界热区的学术地位和综合竞争能力得到明显提升,同时也积累了一些在改善条件专项项目组织实施和财务核算上的管理经验,本节以项目基础设施改造为例,集中展示修购专项财务核算全过程,供项目承担单位的财务人员借鉴、参考。

一、经费支出范围

项目经费支出是指在项目组织实施过程中与项目相关的、由项目经费支付的各项费用支出,具体包括:

(1)设备购置费。是指仪器设备费用,备品配件费,建安工程中水、暖、电、通、空调等单位工程中的设备费(如电梯、锅炉、配电箱柜、制冷机组、通风设备)等。

(2)材料费。是指在项目实施过程中消耗的主材费、辅材费等。

(3)劳务费。是指项目实施过程中发生的人工费等。

(4)水电动力费。是指在项目实施过程中发生的可以单独测算的施工机械费(含施工运输费)、水电及动力使用费等。

(5)设计费。是指与项目相关的设计费。

(6)运输费。是指仪器设备的运输费、能单独提出的施工机械费中的运输费、特殊情况独立发生的运输费用等。

(7)安装调试费。仅指设备调试费和建安工程中水、暖、电、通、空调等单位工程中必须发生的系统调试费用。

(8)其他费用。指招标费、监理费、审计费等。

二、会计核算的基本要求

(1)遵循《政府会计准则制度》等相关规定。

(2)建立项目辅助账,按项目单独核算,确保专款专用。

(3)按国库支付的要求及时请款,确保项目实施的资金需求。

(4)修购项目财政拨款,通过"财政补助收入"科目反映;项目支出核算,依据政府收支分类科目中的经济分类科目,通过"其他资本性支出"等科目反映。

(5)项目形成的资产要及时登记入账。

三、会计核算

(一)房屋修缮类项目会计核算

根据房屋产权情况,对项目实施过程中发生的费用分别进行会计核算。

(1)单位房屋自有产权。实施房屋修缮类项目所发生的费用应该在"资本性支出"(310类)下"基础设施建设""大型修缮""办公设备购置""专用设备购置""信息网络及软件购置更新"等相应的支出科目中核算。项目完工后,以通过验收的"财政专项决算表"和审计报告为依据,增加原固定资产的价值,计入"固定资产"。

(2)单位只有房屋使用权,指科研单位长期租赁的野外台站、基地等。分两种情况处理:如果修缮的房屋已建立了固定资产账户,则项目实施过程中发生的费用可参照单位自有产权的核算方法,租赁到期后,根据事业单位国有资产管理办法处理;如果修缮的房屋没有建立固定资产账户,则先按项目建立固定资产账户,然后再按第一种情况进行账务处理。

(二)基础设施改造类项目会计核算

根据科研基地产权情况,对项目实施过程中发生的费用分别进行会计核算。

(1)单位科研基地自有产权。实施基础设施改造类项目所发生的费用原则上应该在"其他资本性支出"(310类)下选择相应的科目进行核算。如果是用于农田设施、道路、桥梁、水坝等方面的支出,可选择"基础设施建设"科目;如果是用于办公楼、科研楼等公共基础设施方面的支出,可选择"大型修缮"科目;如果是用于购买各种设备,可选择"办公设备""专用设备""信息网络购建"等科目。项目完工后,以验收时批复的"财政专项决算表"为依据,增加原有固定资产的价值,计入"固定资产"。

(2)单位只有科研基地使用权。可参照房屋修缮类项目第二种核算方式。

四、业务实例

(一)项目基本情况

1. 项目立项情况

项目名称:A 基础设施改造项目。

该项目经批复立项,总预算 4 850 000.00 元。

2. 项目实施情况

该项目委托专业建筑设计院负责设计,施工单位通过委托招标代理公司组织公开招标选定,项目施工过程委托监理进行全过程监理。项目招标控制价、工程量清单以及结算审核均委托第三方造价咨询单位编制。该项目于 2021 年 6 月 19 日开工建设,2021 年 12 月 20 日完成主体工程竣工验收。

(二)项目预算经费管理和使用情况

1. 预算安排情况

根据批复文件及项目实施方案,核定项目预算总投资 4 850 000.00 元,全部为财政预算经费。支出范围包括:设备购置费 220 000.00 元、材料费 2 661 000.00 元、劳务费 1 157 300.00 元、水电动力费 446 700.00 元、设计费 150 000.00 元、其他费用 215 000.00 元。

2. 项目专项经费会计核算情况

(1)收到财政拨款额度。

按照上报的用款计划下达财政拨款额度,2021 年全年累计收到财政拨款额度 4 850 000.00 元,由于收到财政拨款额度账务处理相同,故此处合并列示:

财务会计分录

借:零余额账户用款额度/项目支出　　　　4 850 000.00

贷:财政拨款收入　　　　　　　　　　　　　4 850 000.00

预算会计分录

借:资金结存/零余额账户用款额度/项目支出　4 850 000.00

贷:财政拨款预算收入　　　　　　　　　　　4 850 000.00

收到的专项资金纳入单位财务统一管理,建立项目辅助账单独核算,本案例所涉及科目辅助核算的项目档案均为"A 基础设施改造项目"。

(2)支付设计费。

2021 年 5 月,与建筑设计院签订建设工程设计合同,合同金额为 150 000.00 元。2021 年 6 月收到该公司提交的初步设计(含概算)和全部施工图及电子版材料之后,按照合同约定支付设计费,账务处理如下所示:

财务会计分录

借:在建工程/待摊投资　　　　　　　　　　135 000.00

贷:零余额账户用款额度　　　　　　　　　　135 000.00

在建工程科目辅助核算:[待摊投资明细:设计费]

预算会计分录

借:事业支出/科研支出/财政拨款　　　　　　135 000.00

贷:资金结存/零余额账户用款额度　　　　　　135 000.00

事业支出科目辅助核算:[经济分类(政府预算支出):资本性支出(一)][经济分类(部门预算支出):设计费]

2021 年 12 月,达到合同约定付款条件,将设计费尾款 15 000.00 元支付给建筑设计院,账务处理同上。

(3)支付房屋鉴定检测费。

2021 年 5 月,与专业房屋鉴定单位签订委托鉴定合同,对该项目房屋安全性进行鉴定,合同金额为 24 153.00 元,6 月该公司完成现场检测并出具正式报告后,按照合同约定支付检测费,账务处理如下所示:

财务会计分录

借:在建工程/待摊投资　　　　　　　　　　24 153.00

贷:零余额账户用款额度　　　　　　　　　　24 153.00

在建工程科目辅助核算:[待摊投资明细:工程检测费]

预算会计分录

  借:事业支出/科研支出/财政拨款   24 153.00

   贷:资金结存/零余额账户用款额度   24 153.00

事业支出科目辅助核算:[经济分类(政府预算支出):资本性支出(一)][经济分类(部门预算支出):其他支出]

(4)支付造价咨询费。

2021年5月,与工程造价咨询单位签订建设工程造价咨询合同,为该项目提供建设工程造价咨询服务,合同金额为15 200.00元。收到该项目工程造价技术成果文件材料后,按合同约定支付造价咨询费,账务处理如下所示:

财务会计分录

  借:在建工程/待摊投资   15 200.00

   贷:零余额账户用款额度   15 200.00

在建工程科目辅助核算:[待摊投资明细:招投标费]

预算会计分录

  借:事业支出/科研支出/财政拨款   15 200.00

   贷:资金结存/零余额账户用款额度   15 200.00

事业支出科目辅助核算:[经济分类(政府预算支出):资本性支出(一)][经济分类(部门预算支出):造价咨询费]

(5)支付招标代理服务费。

2021年5月,与招标代理单位签订工程建设项目招标代理协议书,约定由该公司承担项目的施工招标代理工作,合同金额为15 000.00元。6月,按合同约定支付招标代理服务费,账务处理如下:

财务会计分录

  借:在建工程/待摊投资   15 000.00

   贷:零余额账户用款额度   15 000.00

在建工程科目辅助核算:[待摊投资明细:招投标费]

预算会计分录

  借:事业支出/科研支出/财政拨款   15 000.00

   贷:资金结存/零余额账户用款额度   15 000.00

事业支出科目辅助核算:[经济分类(政府预算支出):资本性支出(一)][经济分类(部门预算支出):其他支出]

(6)支付监理费。

2021年6月,与监理单位签订建设工程委托监理合同,合同金额为102 700.00元。按合同约定在合同签订后15天内,支付30%的监理费(30 810.00元),账务处理如下:

财务会计分录

  借:在建工程/待摊投资   15 000.00

   贷:零余额账户用款额度   15 000.00

在建工程科目辅助核算:[待摊投资明细:监理费]

预算会计分录

  借:事业支出/科研支出/财政拨款   15 000.00

   贷:资金结存/零余额账户用款额度   15 000.00

事业支出科目辅助核算:[经济分类(政府预算支出):资本性支出(一)][经济分类(部门预算支出):监理费]

合同约定施工进度达80%后一周内支付50%监理费51 350.00元,工程竣工验收结算完成并提供合格完成的监理材料后15天内支付20%监理费20 540.00元。以上费用分别于2021年9月和12月支付,账务处理同上,此处不再赘述。

(7)支付工程款。

该项目于2021年6月签订建设工程施工合同,合同总价为4 445 920.53元。合同签订后,施工方须以履约保函或者银行转账方式缴纳履约保证金。根据施工合同、施工方付款申请、履约保函等材料,按合同约定支付30%工程首付款1 333 776.16元,账务处理如下:

财务会计分录

  借:预付账款/建设工程款/预付工程款 1 333 776.16

   贷:零余额账户用款额度   1 333 776.16

预算会计分录

  借:事业支出/科研支出/财政拨款   1 333 776.16

贷:资金结存/零余额账户用款额度　　　　　　1 333 776.16

事业支出科目辅助核算:[经济分类(政府预算支出):资本性支出(一)][经济分类(部门预算支出):工程款]

经施工单位、监理公司、建设单位三方核定,施工方完成工程量的35%,6月工程量价款1 322 661.35元,按进度比例扣除预付款466 821.65元,应支付工程款1 322 661.35－466 821.65=855 839.70元,账务处理如下:

财务会计分录

借:在建工程/建筑安装工程投资/建筑工程　　1 322 661.35

贷:预付账款/建设工程款/预付工程款　　　　　466 821.65

零余额账户用款额度　　　　　　　　　　　　855 839.70

预算会计分录

借:事业支出/科研支出/财政拨款　　　　　　　855 839.70

贷:资金结存/零余额账户用款额度　　　　　　855 839.70

事业支出科目辅助核算:[经济分类(政府预算支出):资本性支出(一)][经济分类(部门预算支出):工程款]

注:工程进度款的支付依据以下材料:施工方出具的工程进度款申请函;施工方、监理单位、建设单位三方确认的工程进度款审核表及支付申请表;监理单位出具的工程款支付证书、工程进度款支付申请审查记录;施工方出具的工程进度总价材料等。

2021年9月,施工单位完成工程量达到80%,工程量价款2 011 779.05元,按进度比例扣除预付款1 144 824.54元,应支付工程款2 011 779.05－1 144 824.54=866 954.51元,账务处理如下:

财务会计分录

借:在建工程/建筑安装工程投资/建筑工程　　2 011 779.05

贷:预付账款/建设工程款/预付工程款　　　　　866 954.51

零余额账户用款额度　　　　　　　　　　　　1 144 824.54

预算会计分录

借:事业支出/科研支出/财政拨款　　　　　　　1 144 824.54

贷:资金结存/零余额账户用款额度　　　　　　1 144 824.54

事业支出科目辅助核算:[经济分类(政府预算支出):资本性支出(一)][经济分类(部门预算支出):工程款]

2021年12月,工程竣工验收,结算审定金额4 511 896.05元,按合同约定支付至100%结算价款,累计已付款3 334 440.40元,应支付工程进度尾款1 177 455.65元,账务处理如下:

财务会计分录

  借:在建工程/建筑安装工程投资/建筑工程　　1 177 455.65

   贷:零余额账户用款额度　　　　　　　　　　1 177 455.65

预算会计分录

  借:事业支出/科研支出/财政拨款　　　　　　1 177 455.65

   贷:资金结存/零余额账户用款额度　　　　　　1 177 455.65

事业支出科目辅助核算:[经济分类(政府预算支出):资本性支出(一)][经济分类(部门预算支出):工程款]

注:支付工程尾款时,除了支付进度款材料之外,还须有以下材料:建设单位、设计单位、监理单位、施工单位共同作意见的竣工验收证书;造价公司出具的竣工结算审核书;工程竣工验收报告等。

(8)支付竣工结算审核费用。

该项目竣工结算审核委托工程造价咨询单位,2021年12月,完成项目的竣工结算审核工作,并提交了相关成果文件,按合同支付结算审核费13 200.00元,账务处理如下:

财务会计分录

  借:在建工程/待摊投资　　　　　　　　　　　13 200.00

   贷:零余额账户用款额度　　　　　　　　　　　13 200.00

在建工程科目辅助核算:[待摊投资明细:其他待摊费]

预算会计分录

  借:事业支出/科研支出/财政拨款　　　　　　　13 200.00

   贷:资金结存/零余额账户用款额度　　　　　　　13 200.00

事业支出科目辅助核算:[经济分类(政府预算支出):资本性支出(一)][经济分类(部门预算支出):其他支出]

(9)年末注销零余额授权结转额度。

截至2021年12月31日,该项目共支出4 832 149.05元,剩余17 850.95元结转下年使用,账务处理如下:

财务会计分录

  借:财政应返还额度/财政授权支付   17 850.95

   贷:零余额账户用款额度   17 850.95

预算会计分录

  借:资金结存/财政应返还额度/财政授权支付 17 850.95

   贷:资金结存/零余额账户用款额度   17 850.95

(10)收到财政应返还额度。

2022年1月,收到财政应返还额度,账务处理如下:

财务会计分录

  借:零余额账户用款额度   17 850.95

   贷:财政应返还额度/财政授权支付   17 850.95

预算会计分录

  借:资金结存/零余额账户用款额度   17 850.95

   贷:资金结存/财政应返还额度/财政授权支付 17 850.95

(11)支付专家评审费等其他相关费用。

2022年初,组织对该项目验收工作,发生专家评审费用10 000.00元,实际发放给个人9 000.00元,代扣个税1 000.00元,账务处理如下:

财务会计分录

  借:在建工程/待摊投资   10 000.00

    银行存款   1 000.00

   贷:零余额账户用款额度   10 000.00

    应交税费/应交个人所得税   1 000.00

在建工程科目辅助核算:[待摊投资明细:其他待摊费]

预算会计分录

  借:事业支出/科研支出/财政拨款   10 000.0

   贷:资金结存/零余额账户用款额度   10 000.00

事业支出科目辅助核算:[经济分类(政府预算支出):资本性支出(一)][经济分类(部门预算支出):其他支出]

(12)支付审计费。

委托会计师事务所对该项目进行审计,发生审计费用 7 850.95 元,支付审计费账务处理如下:

财务会计分录

  借:在建工程/待摊投资   7 850.95

  贷:零余额账户用款额度   7 850.95

在建工程科目辅助核算:[待摊投资明细:社会中介审计(审查)费]

预算会计分录

  借:事业支出/科研支出/财政拨款   7 850.95

  贷:资金结存/零余额账户用款额度   7 850.95

事业支出科目辅助核算:[经济分类(政府预算支出):资本性支出(一)][经济分类(部门预算支出):其他支出]

(13)列增固定资产。

该项目已全部完工,支出明细见表4—5。

表 4—5   支出明细

项目档案名称	科目名称	支出金额
×××××基础设施改造项目	在建工程/建筑安装工程投资/建筑工程	4 511 896.05
	在建工程/待摊投资	338 103.95
	待摊投资明细	
	设计费	150 000.00
	监理费	102 700.00
	招投标费	30 200.00
	社会中介审计(审查)费	7 850.95
	工程检测费	24 153.00
	其他待摊费	23 200.00
	合计	4 850 000.00

2022年以通过验收的"财政专项决算表"和审计报告为依据,增加原固定资产的价值,计入"固定资产"科目 4 850 000.00 元。账务处理如下:

财务会计

①将待摊投资转入"在建工程/建筑安装工程投资/建筑工程"科目。

借:在建工程/建筑安装工程投资/建筑工程　　　338 103.95
　　贷:在建工程/待摊投资/设计费　　　　　　　150 000.00
　　　　在建工程/待摊投资/监理费　　　　　　　102 700.00
　　　　在建工程/待摊投资/招投标费　　　　　　 30 200.00
　　　　在建工程/待摊投资/社会中介审计(审查)费 7 850.95
　　　　在建工程/待摊投资/工程检测费　　　　　 24 153.00
　　　　在建工程/待摊投资/其他待摊费　　　　　 23 200.00

②列增固定资产。

借:固定资产/非融资租入固定资产/房屋及构筑物
　　　　　　　　　　　　　　　　　　　　　　4 850 000.00
　　贷:在建工程/建筑安装工程投资/建筑工程　　4 850 000.00

预算会计不做处理。

2023年实行预算管理一体化后,会计核算出现了以下新变化:(1)实行预算管理一体化后,无下拨财政拨款额度和注销财政拨款额度,不再进行会计处理;(2)实行预算管理一体化的中央预算单位在会计核算时不再使用"零余额账户用款额度"科目;(3)财政资金支付时,在财务会计下贷记"财政拨款收入"科目(使用本年度预算指标)或"财政应返还额度"科目(使用以前年度预算指标)。同时,在预算会计下贷记"财政拨款预算收入"科目(使用本年度预算指标)或"资金结存——财政应返还额度"科目(使用以前年度预算指标)。

第五章

设备、文献购置和设备研发及升级改造类项目管理实践

购置类项目(以下简称购置项目)主要包括专用仪器设备购置、文献资料购置、设备研发及升级改造类项目等。作为农业科学事业单位改善科研条件专项资金的重要支持方向,购置类项目的实施与管理,需要单位在项目规划编制、年度项目申报、实施方案编制、设备采购及验收、项目绩效评价、项目财务核算等环节进行有效的管理,顺利完成项目各项要求,改善提升单位科研基础条件。购置项目的管理可以划分为七个阶段,即购置类项目的启动、项目规划编制、年度项目申报、实施方案编制、设备采购及验收、项目绩效评价、项目财务核算。每个阶段包含不同的内容,每个阶段管理重点、管理方法也不相同。

第一节 规划编制管理

一、规划编制的概念和作用

(一)规划编制的概念

规划编制是项目单位根据主管部门的要求,为改善科研基础设施条件、提升

科研能力,按照顶层设计的思路,本着科学规划、突出重点、轻重缓急的原则,提出对科学仪器设备和文献资料的购置、研发及升级改造的统筹安排。

规划编制是统领,也是编报项目申报书的基础。未纳入工作规划的项目原则上不得进行年度项目申报。

(二)规划编制的作用

项目单位对近三年重点研究领域、重大设施、平台建设等进行系统梳理,确定未来较长一段时间的发展方向,立足于支撑重大项目,培育重大成果,有效支撑科技创新发展。避免以课题组或研究室为单位筹划项目,避免项目小而散。

二、规划编制的要求

项目规划的文本形式,一般包括正文和规划说明两部分。其中,正文包括目录、前言、规划背景、规划的意义与必要性、规划指导思想与原则、规划目标、规划布局与建设内容、典型工程、投资估算与资金筹措、实施步骤、效益分析、保障措施、附表附图。

规划说明主要用于介绍规划编制的有关情况,包括规划领域的现状、存在问题的分析、规划编制面临的新趋势和需求、规划编制的总体思路、规划编制特点的阐述、规划的主要内容以及履行编制程序的情况,并对征求意见、衔接和论证情况做出专门说明,对未采纳的主要意见应当说明理由。

(一)规划编制背景

项目单位围绕"保供固安全,振兴畅循环",统筹协调财政科技专项、基本建设投资、横向科研课题等各渠道资源,有效衔接国家和部、院、所有关建设和发展规划,有效衔接以前年度修缮购置专项的编制和执行情况,优化项目布局,更好地体现专项资金的基础性和公益性,着力解决农业科技基础条件建设面临的紧迫、重大需求,协同推进农业科技创新。

(二)规划编制指导思想与原则

(1)科学规划,突出重点。强化规划约束,立足专项定位及科研工作实际,区分轻重缓急，量力而行，切实解决科技基础条件建设面临的紧迫、重大需求。

（2）统筹资源，共享共用。强化顶层设计，盘活存量资源，有效调控增量资源，做好与其他资金的统筹衔接，实现开放共享，切实提高资源配置效率。

（三）规划目标

1. 总体目标和分阶段目标

规划目标包括总体目标和分阶段目标。总体目标是建设项目在规划期末要达到的社会经济发展、产业结构优化调整、生产服务能力构建、技术水平提升等目标，它具有可实现性、相对稳定性、概括性、包容性、层次性等特点。科学、合理的建设项目规划目标对发挥规划指导作用、明确相关建设责任有重要意义，也是评价和监督规划实施效果的主要依据。

分阶段目标是规划期内某一阶段、某一方面要实现的社会经济发展、产业结构优化调整、生产服务能力构建、技术水平提升等的具体目标。各项分阶段目标应满足总体目标的要求，是实现总体目标的基础。

2. 规划目标的制定

规划目标的制定要体现科学性、前瞻性、合理性、指导性，是制定具体建设任务的依据，内容应高度概括，文字应简明扼要。尽可能采取科学、定量的方法对目标进行测算，应用相关的规划指标体系，根据规划期内各方面的条件，特别是应考虑政府配置资源的可能性和市场配置资源的基础性作用来确定规划目标。

三、规划编制内容

项目规划是统筹规划各年度项目，根据主管部门的要求，为改善科研基础设施条件、提升科研能力，在项目单位现有资源基础上、未来发展目标上，按照顶层设计的思路，本着科学规划、突出重点、轻重缓急的原则，确定未来几年需要购置和升级改造的仪器设备。提出各年度拟申报项目、仪器购置清单等。项目规划通常以三年为一个规划周期。规划编制开始前，各项目单位首先需在全单位范围内进行需求征集。修缮购置专项负责部门对征集结果进行分类和汇总，与单位科研管理处室一同，并根据单位科研发展、各研究室对设备购置的必要性、紧迫性等进行初步筛选，形成规划项目初稿。召开修购专题会，针对初稿给出意见后，修缮购置专项负责部门按照初稿组织编制可行性研究报告及专家论证等相关材料。项目规划编制阶段通常需要提交的材料如下：

(1)中央级科学事业单位改善科研条件专项规划(格式见表4－2)。

(2)改善科研条件专项规划项目表(格式见表4－3)。

(3)单位科研平台情况表(格式见表5－1)。

(4)现有50万元以上仪器设备统计表(格式见表5－2)。

(5)拟购置50万元以上仪器设备清单(格式见表5－3)。

(6)单位正式申报文件。

(7)单位领导集体决策会议纪要。

(8)单位组织论证材料等。

四、其他注意事项

(1)充分论证。单位对工作规划应进行充分论证，确保不重不漏，并经单位领导班子集体研究后才能上报。

(2)做好沟通。单位应就设备购置类项目与院相关职能部门、单位大型仪器管理分中心等进行充分沟通。

(3)做好查重。对于大型科研仪器设备，规划阶段就要做好查重工作。已有可共享共用的设备不建议继续申报。

(4)充分考虑项目实施可行性。如设备存放环境、技术支撑团队、运行经费、使用频率等。

(5)充分考虑项目支持范围。5万元以下小型仪器设备不支持，生产性设备、经营性设备、办公设备不支持，与科研工作联系不紧密的设备不支持，与项目功能性不匹配的设备不支持，全新构建的平台设备原则不支持等。

(6)规划资金年度间均衡。实施情况复杂的项目，可考虑分年度实施。

(7)避免随意调整项目名称。

(8)注意材料间的一致性。

表 5—1　××××单位科研平台情况表（截至 20××年底）

序号	名称	类型	批复文号	获批时间（年）	地点	功能描述（限 50 字内）	共享情况（限 30 字内）	备注
例 1	××××重点实验室	部重点实验室	农科教〔2011〕8 号	2011				
例 2	××××科学观测实验站	部科学观测实验站	农科教〔2011〕8 号	2011				
例 3	××××试验基地	院级		2002				
例 4	××××试验基地	所级		2009				
……								
合计	—	—	—	—	—	—	—	—

说明：

1. 类型包括国家重点实验室、农业部重点实验室、农业部科学观测实验站、院所级重点实验室、国家工程实验室、国家工程技术研究中心、试验基地、科学调查船等。

2. 为避免项目名称混淆，各所在所直属试验基地或列为共建共享对平台的核心功能进行简要描述。

3. 功能描述从科学试验、科学观测、技术示范等角度对平台的核心功能进行简要描述。

4. 共享情况从科学科群共享、所内共享、院内共享、区域共享等方面进行简要描述。

表 5—2　×××× 单位 50 万元以上仪器设备清单（截至 20×× 年底）

序号	仪器设备名称	型号	数量（台/件）	金额（元）	购置时间（年）	资金来源	设备状态	20××—20×× 年均有效使用机时（小时）	备注
1	扫描电子显微镜	S-2360	1	583 631	2011	修购专项	正常使用	1 000	已购置未入账
2									
3									
4									
5									
6									
……									
合计	—	—	—		—				—

说明：
1. 统计口径为本单位 50 万元以上（含 50 万元）的全部仪器设备，包括已购置未入账仪器设备，并在备注中标明。
2. 资金来源按修购专项、基本建设和其他资金填写。
3. 设备状态按正常使用、待维修和待报废填写。

表 5-3　20××—20××年拟购置 50 万元以上仪器设备清单

序号	单位名称	所属项目名称	拟购置时间（年）	仪器设备名称	参考品牌型号	数量（台/件）	金额（万元）	备注
1								
2								
3								
4								
5								
6								
……								
合计			—	—	—			—

第二节　年度项目申报

年度项目申报一般在每年4月份组织开展,在规划编制基础上,申报下一年度项目的具体内容,并组织专家论证,经领导班子集体决策后,确定申报购置清单后,组织使用部门、修购专项管理部门共同编制项目申报材料,形成项目申报书。农业农村部、财政部经过评审后,批复年度项目申报书,并批复资金额度。

年度项目申报是主管部门审定和下达项目预算资金的依据,编制年度项目申报书是项目申报和实施的一项基础性工作,主要材料包括单位正式申报文件、单位领导集体决策会议纪要、单位组织论证材料等(按年度项目申报通知补充)。

一、通用项目申报要求

各类项目均需附的通用材料包括：申报单位简介(单位基本情况,科研队伍、科技经费、科技成果等)、预算执行情况表(见表5－4)、项目申报文本(见本书附录4)、项目可行性研究报告(见本书附录5)、单位科研平台情况表(见表5－1)、2006－20××年修缮购置专项财政拨款情况表(见表5－5)、2006－20××年修缮购置专项执行情况统计表(见本书附录6)、单位固定资产清单、20××年中央级科学事业单位改善科研条件专项资金项目申报汇总表(见表5－6)、单位正式申报文件、单位领导集体决策会议纪要等。

设备购置类项目应附可行性研究报告及单位现有科研仪器设备总体情况(包含但不限于仪器设备总量、大型仪器使用情况、支撑队伍情况、仪器设备开放共享情况)。

单台(套)价格50万元(含)以上的科学仪器设备购置,应附由厂家出具并盖章的正式报价单、单位50万元以上仪器设备清单(见表5－2)、20××年拟购置50万元以上仪器设备清单(见表5－7);并提供单位负责人签字的新增大型科研仪器设备使用承诺书(见本书附录7)。

单台(套)价格200万元(含)以上的大型科学仪器设备购置,需提供由3家以上厂家出具并盖章的正式报价单、仪器设备购置专家论证意见(见本书附录8)、大型科研仪器设备购置申请汇总表(见表5－8)等。按照《中央新购大型科研仪器设

表5-4 预算执行情况表

序号	项目名称	项目类别	20××年项目预算数	20××年项目截至20××年3月底执行数	20××年执行率	20××年项目预算数	20××年项目截至20××年3月底执行数	20××年执行率	综合执行进度
1	项目1	仪器设备购置							
2	项目2	文献购置							
3	项目3	设备研发及升级改造类							
	中国热带农业科学院××所合计								

第五章　设备、文献购置和设备研发及升级改造类项目管理实践 | 175

表 5—5　　　　2006—20××年修缮购置专项财政拨款情况表

单位：万元

序号	项目名称	类型	年度	项目经费	备注
1					
2					
……					
合计	—	—	—		

注：
1. 项目经费按财政预算批复地填列，涉及财政2013年调减预算、项目中止、净结余收回的，在备注中注明具体金额。
2. 跨年度项目在备注中说明。

表 5-6　20××年中央级科学事业单位改善科研条件专项资金项目申报汇总表

单位：万元

序号	单位	项目名称	项目类型（房屋修缮/基础设施改造/仪器设备购置/设备自研及升级改造）	与科研工作的关系或拟解决的关键科研问题	项目主要内容摘要（150字以内）	年度	资金需求			是否"十四五"规划内项目	单位排序	备注
							合计	20××年	20××年	20××年			
1													
2													
3													
4													
……													

表 5—7　20×× 年拟购置 50 万元以上仪器设备清单

序号	仪器设备名称	型号	数量（台/件）	金额（万元）	拟购置时间（年）	是否已通过 20×× 年度新增大仪评议	查重情况及说明（所、院、海南省查重）	备注
1								
2								
3								
4								
5								
6								
……								
合计	—	—			—			

表 5-8　大型科研仪器设备购置申请汇总表

仪器编号	中文名称	英文名称	所属单位名称	主管部门名称	设备规格型号	主要功能	产地国别	仪器类型	生产厂商	购置数量	仪器单价（万元）	预算经费（万元）	经费来源	购置必要性	同类仪器	新购仪器安装条件	配备实验人员情况	开放共享方案

备查重评议管理办法》(财科教〔2019〕1号)规定,对于单台(套)价格200万元(含)以上的大型科学仪器设备购置,还需提供有关设备购置申请报告(见本书附录9)。

同一项目购置多台(套)同类设备的,应在申报文本中说明原因。

各单位应将本次申报的设备购置类项目内容与上一年新(拟)申报的基建项目中设备购置内容进行比对查重,确保没有重复购置的情况,并提供改善科研条件专项设备购置类项目查重情况说明(见本书附录10)。

二、项目申报文本的编制

项目申报文本是争取国家财政批准立项并获得经费支持的依据,因此申报单位要高度重视并认真组织相关部门和专业技术人员精心编制。项目申报文本是在项目可行性研究报告的基础上,为了说明项目建设的背景和必要性,明确项目建设方案和建设内容,确定项目预算而编制的文本材料。项目申报文本主要内容包括项目单位基本情况表、项目基本情况表、明细项目表、明细项目主要内容及支出预算表等。

(一)项目申报文本编制总体要求

(1)内容要全面,包括项目申报理由、主要内容、总体目标、组织实施条件、项目采购方式、绩效评价、支出预算、测算依据及说明。编制时要逐条表述,一定不要漏项缺项。

(2)项目申报的理由和依据必须充分。要实事求是地表述本项目的历史背景、目前的使用状况、存在的主要问题和具体程度、对单位正常运行和科研工作的影响。

(3)项目目标、经费测算要合理。项目目标要同单位的任务、科研方向、学术领域相匹配,不好高骛远、贪大求洋,符合单位目前和近期实际。经费预算必须经济合理,所购设备要货比三家,价格适中,如需从国外进口,还须考虑关税及保险费用。

(二)项目情况概述编制要求

项目基本情况概述要尽可能以量化的指标简要说明项目实施的意义,明确各项目工作目标、验收标准及项目实施的保障条件等，还应包括以下内容：

(1)总体情况。简要介绍项目单位的主要职责、研究对象和范围、人员构成，以及完成的科研项目及获得的科技成果等，应能反映出该项目单位的真实科研能力和水平。

(2)规划符合性情况。说明拟申报的项目在工作规划中的安排情况，包括规划年限、实施地点、项目内容、规模和资金与规划的符合性。如涉及对规划的调整，包括项目的年度调整、内容调整、规模调整、项目更替、规划外新增等，应予专门说明。

(3)项目基本情况。主要包括阐述现状和必要性、概述方案、实施保障等。若申请多个项目，应按类型分项目逐一进行列述。修缮项目基本情况编写要做到以下两点：一是需阐述现状和必要性，要说明详细地点、建成时间、规模、结构形式、使用情况、存在的问题与制约因素等，客观分析项目的必要性及可行性，合理预计项目达到的目标；二是概述方案，包括修缮和改造的主要内容、规模、资金测算等；三是实施保障，明确项目工作目标、验收标准及实施的保障条件。

(三)项目文本中相关表格编制要求

(1)购置项目的"项目支出立项依据"应充分说明项目立项的可行性和必要性，介绍项目负责人的基本情况、研究领域、所获得的成果及承担与项目相关的科研任务情况等。

(2)购置项目的"项目支出实施方案"应说明项目主要内容和目标，制订项目工作计划进度和项目实施的组织保障条件。

(3)购置项目的"项目支出计划"是在项目预算年度对全年预算和预计支出进行统筹安排。

(4)购置项目的"项目支出明细"主要是对项目活动及子活动的描述，同时对分项支出、数量/频率、价格/标准及支出计划等各项内容进行细化。其中，对子活动的描述主要描述仪器设备的主要功能和研究方向，仪器设备的品牌型号和主要技术参数。

(5)购置项目的"项目支出绩效目标"应制定项目中期目标和项目年度目标，并设定一级指标、二级指标、三级指标和指标值。

三、可行性研究报告的编制

项目申报最基础的材料是可行性研究报告的编制,也是项目申报阶段管理的要点。在规划编制的基础上,申报单位组织有关部门进行编制。在编制前,需对拟申报内容进行市场调研,充分了解拟购置设备的使用范围及研究方向。调研的主要内容包括两点:其一,拟购置仪器设备的必要性是否充分,是否科研急需的;其二,拟购置仪器设备单位查重情况,对单位已有但仍需采购的设备需充分说明原因。

(一)可行性研究报告编制的要求

可行性研究报告的质量优劣取决于编制单位的条件和编写人员的专业水平。编制可行性研究报告需具备以下几点要求:

(1)确保可行性研究报告的真实性与科学性。可行性研究是一项技术性、政策性、经济性都很强的工作。编制单位应站在公正的立场,保持独立性,遵照事物的客观经济规律及科学研究工作的客观规律办事,在调查研究的基础上,实事求是地进行技术经济论证、技术方案比较与评价,做到数据准确、论据充分、结论明确,满足决策者定方案定项目的要求。

(2)编制单位必须具备承担可行性研究的条件。项目可行性研究报告内容涉及面较广泛,且有一定的深度要求,因此需要具备一定的技术力量和实践经验的人员参与编写。

(3)可行性研究报告必须经单位法人签字并盖项目单位公章。可行性研究报告编制完成之后,应经单位分管领导及单位法人审核签字,并对研究报告的质量负责。

(4)可行性研究报告文本格式。详见《×××项目可行性研究报告提纲(参考)》(见本书附录5)。

(二)可行性研究报告编制的内容

购置项目可行性研究报告主要包括以下几个方面的内容。

(1)基本情况。包括申报单位基本情况:申报单位概况、人员状况、科研成果、资产与财务状况等；项目基本情况：项目情况、项目主要支撑团队情况。

（2）项目的背景和意义。说明项目是在何种情况下提出的，介绍项目提出的背景情况，报告项目提出后进行了哪些准备工作，做了哪些研究，以及取得的阶段性成果。

从国家和地方社会经济发展、行业发展、行业结构调整、市场需求及生态环境保护等方面的需求和生产（服务）存在的问题进行分析，说明建设该项目的必要性。

（3）项目内容和关键技术。包括主要研究内容、技术路线、拟解决的关键问题等。

详细说明项目的主要内容，包含设备的品牌型号、产地、价格、主要性能指标及技术参数、主要用途及申请理由、仪器设备放置地点以及使用条件、与国内外同类型仪器设备比较、仪器查重情况、询价比对情况、设备共享方案等。

制定科研技术路线图，分析需解决的关键问题。

（4）必要性、紧迫性和可行性。充分分析项目建设的必要性和紧迫性，提出项目建设的可行性。

（5）组织实施方式和保障措施。主要包括项目组织实施管理方式和项目实施的保障措施。需详细介绍项目申报单位组织实施管理及项目实施的保障措施。

（6）前期工作基础。主要包含申报单位前期研究工作情况和前期研究所取得的进展和阶段性成果。

（7）计划进度。详细编制项目工作计划及进度，以及每个阶段的工作内容及阶段性成效。

（8）绩效目标。设定研究目标（总体与年度目标）和绩效考核指标（总体绩效指标与年度绩效指标）。研究目标包含总体目标和年度目标，需详细说明各目标需要完成的内容和相对应的指标。绩效考核指标包含总体考核指标和年度绩效指标，需详细说明各指标设定的内容。

（9）资金支出内容及测算依据。项目申报需根据市场调研测算出每台（套）仪器设备的价格，充分考虑仪器设备购置费及其他各项服务费用。

四、其他注意事项

(1)强化单位论证。项目单位应组织相关专家对项目可行性进行研究论证,主要包括项目建设内容是否符合单位重点科研方向,拟购仪器设备与项目内容功能一致性,拟购仪器设备的紧迫性、先进性、适用性,预算合理性及预计年度使用机时,是否具有仪器设备存放的必要条件,是否具有技术支撑团队,是否配备专职仪器管理人员等。建议专家组由项目单位学术委员会成员、共享分中心负责人、外单位专家组成。

(2)大型仪器查重评议。首先,单价在 50 万元以上的大型科研仪器设备应做好"三级"[国家级(见图 5—1)、省级(见图 5—2、图 5—3)、院级(见图 5—4)]查重工作,并对查重结果进行认真分析。充分考虑同类设备在本院及本区域的存量、技术指标先进性和适用性、与现有设备的配套性和共享性及预期使用率等。

图 5—1　重大科研基础设施和大型科研仪器国家网络管理平台(https://nrii.org.cn/)

图 5—2　海南科研设施与仪器共享服务平台(https://www.hidyw.com/)

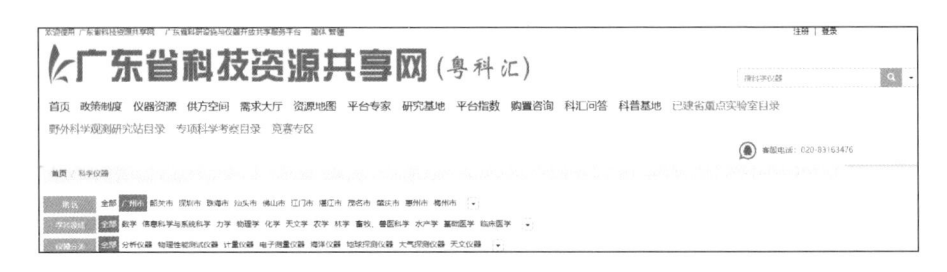

图 5-3　广东省科技资源共享网（https://www.gdkjzy.net/）

图 5-4　中国热带农业科学院仪器设备共享管理平台（http://153.0.153.133/）

其次，单价在 200 万元以上的大型科研仪器设备还需提交仪器设备购置专家论证意见（见本书附录 11）、设备购置申请报告、单位明确同意购置的证明（见本书附录 11）。

再次，项目建设单位及本区域现存同类仪器设备较多且功能可以满足当前研究需要的，可以通过共享支撑当前研究（一般按照现有共享仪器设备年有效使用机时是否达到 1 200 小时来判断）。

最后，为应对应急突发事件需购置大型科研仪器设备的，可不进行查重评议。

(3) 厂家报价单要求由生产厂家或国内一级代理商提供，而非中间代理商提供。

(4) 应注意申购仪器设备功能用途与项目的研究方向相符；应在申报书中绘

制项目技术路线图。

(5) 避免对申购仪器设备刻意拆分、打包。

(6) 仪器设备应使用规范名称。

(7) 项目申报书中阐述现状和必要性，主要说明现有仪器设备和文献资料的使用情况、购置年代、存在的问题和客观需求等，分析购置、研发和升级改造的必要性及可行性，合理预期项目达到的目标。

概述方案。应说明拟购置设备和文献资料的名称、技术参数、功能用途、台/套数和资金测算等；设备研发和升级改造类项目应说明研发或升级改造的主要内容和改造所采用的技术，以及需要配置的仪器设备台/套数和资金测算等。

实施保障。应明确工作目标、验收标准及实施的保障条件。

(8) 同一个项目中存在购置多台同类仪器设备的，应说明原有仪器设备的利用情况，并对新购的仪器务必说明实际需求和理由，包括样品量、课题数、机时、地域等情况。

(9) 常规仪器设备应优先采购国产仪器设备，如超低温冰箱、培养箱、人工气候箱、超纯水、高压灭菌锅、超净工作台、生物安全柜、紫外分光光度计等。

(10) 活动明细的填写。填写项目活动、对项目活动的描述；子活动、对子活动的描述；分项支出、数量/频率、价格/标准及支出计划。

(11) 绩效指标的制定。制定中期目标和年度目标，设定一级指标、二级指标、三级指标和指标值。

第三节　实施方案编制

实施方案是按照农业农村部下达的项目"一下"预算控制数，根据项目申报书工作内容和中介机构评审意见及相关文件要求，为细化项目预算、建设方案、投资概算、采购方案、组织管理、实施进度等，由项目承担单位编制的关于项目实施的总体安排和预算细化方案。

项目实施方案编制是项目预算执行、监督检查、项目验收和绩效考评的重要依据。

实施方案内容应与项目申报文本、"一下"控制数以及财政部中介机构评审意见保持一致。

一、实施方案与项目申报文本的区别

购置项目实施方案与项目申报文本的区别在于编制的依据和阶段不同，项目内容深度不同，发挥的作用不同。项目申报文本是立项审批的基础材料，依照主管部门下发的文件和规划需求等编制，着重于阐述项目的必要性、可行性，明确项目的内容和预算，是主管部门和财政部门立项决策和预算核定的主要依据。实施方案是依据预算控制数以及项目申报书、中介机构审查意见进行编制，着重于细化建设方案、内容和项目预算，确定组织管理和进度安排等，是项目实施、验收等后续工作的主要依据。

二、实施方案的编制

（一）实施方案编制依据

购置项目实施方案编制依据《中央级科学事业单位改善科研条件专项资金管理办法》《农业农村部科学事业单位改善科研专项资金管理实施细则》《农业农村部办公厅关于组织报送农业农村部科学事业单位改善科研条件购置专项资金项目实施方案的通知》、财政部下达的"一下"预算控制数、项目申报书和中介机构评审意见、其他相关法律法规，以及现行的工程技术标准、规范等。

（二）实施方案编制内容

（1）实施方案格式和内容。实施方案的格式和内容应按照院主管部门规定的"填报说明及要求"详细填写。设备购置类项目应说明仪器设备的规格、主要配置和技术参数；设备研发和升级改造类项目应说明项目基本情况、现有工作基础、主要工作任务与目标、技术路线、实施方案与进度计划、成果形成及考核指标、项目主要参加人员、项目经费预算、设备采购清单等。其中"现有工作基础"应说明相关的技术、工作、科研支撑基础条件、相关的研究成果，"考核指标"应分

别列出项目实施前后仪器设备的功能和技术参数指标。

实施方案编制过程中,项目建设地点、建设性质、建设单位发生变更,以及因建设内容、建设标准、建设规模与财政部预算批复相比发生较大变化,从而导致项目主要使用(服务)功能和目标发生改变的,应向财政部门申请重新立项。

(2)仪器设备配置和技术参数应具体,必要时应提供三家不同厂家或国内一级代理商出具的报价单。报价单应注意有效期限及具体参数配置。

(3)格式的合规性、材料的完整性与申报书的符合性。

(4)文本部分数据前后不一致或表表之间数据不一致。

(5)设备配置及技术参数与参考型号及报价不匹配。一是中介建议采购国产设备后,价格改了,但技术参数与参考型号仍然是进口设备的;二是仪器参数和价格不匹配,从配置附件和参数表里看不出仪器配置版本情况。

(6)技术参数有指向性。产品、配置参数过于明确的指向性,尤其是针对一个品牌型号,不妥。建议:一是项目单位提出的技术参数作为对仪器设备的明确需求指标,指标可以是范围而不是某一特定值更为妥当;二是对后续的招标工作提供依据,编制招标文件技术参数应该参照项目要求编写,不能直接使用项目专家提供的参数。

(7)提供的仪器设备清单格式不统一。各所提交的"仪器设备主要技术参数和主要配置清单",一是有的是表格也有的是标书格式;二是均未明确列出仪器配置清单,无法准确判断价格合理性。建议各院今后在申报书阶段就对这个文件的格式和内容提出明确要求,并在院级形式审查时严格把关。要求把关提前至申报书阶段,也为争取中介机构评审提供方便,减少主观判断的可能。

(8)仪器调整说明不完整,调整理由不充分。一是有些仪器价格调整明显,也未参照中介意见,但没有说明理由;二是删减增补设备提出满足了单位的科研需要,未说明与项目建设目标的关系,特别是一些调整大的项目;三是申报书和实施方案前后意见矛盾,仪器设备增减反复多次,理由说明牵强。建议加强申报书环节的论证,关口前移。

(9)部分仪器设备报价偏高。询价不够广泛,绝大部分未在评审材料中附上报价单。建议报价单应该是同类设备和不同厂家的报价,而不是同一设备不同经销商的报价。但考虑到今年国际经济形势及外汇变动风险,建议设备价格预算尚可考虑有一定的浮动因素。

(10)招投标形式选用不合理。要按照政府采购法等法规规定及要求，选用合适的采购方式。

(11)实施周期进度不切合实际。一是不符合预算执行进度要求，有填写18个月或24个月的现象；二是进度计划安排不具体，作为实施方案阶段的编制，应结合将要开展的实际工作，编制具体采购实施计划进度。如招投标所需时间、仪器设备办理进口审批手续时间、项目财务审计时间、总结验收时间等情况，否则都将影响实施的进度。

三、其他注意事项

(1)实施方案的格式和内容，应按照《农业农村部办公厅关于组织报送农业农村部科学事业单位改善科研条件购置专项资金项目实施方案的通知》规定的"填报说明及要求"进行填报，具体内容包括仪器设备购置类项目预算明细表、仪器设备购置类项目采购清单、仪器设备配置及技术参数表（见表5－9）、实施方案的补充说明，购置20万元以上仪器设备的，需附共享情况表（见表5－10)等。

(2)仪器设备购置类项目预算明细表。包括项目/费用名称、支出明细（万元）、项目内容、实施周期（月）、项目责任人等。其中项目/费用名称、支出明细（万元）、项目内容应与项目申报文本、概算和中介评审意见保持一致。

(3)仪器设备购置类项目采购清单。包括项目/设备名称、数量、单价、采购执行方式、使用责任人（部门/研究室负责人）、存放地点（部门/研究室名称）。

"设备名称"应将采购的所有仪器设备逐项列出。"采购执行方式"填写采购方式代号，包括：A.公开招标，B.邀请招标，C.竞争性谈判，D.询价，E.单一来源，F.其他方式，采购方式为非公开招标采购方式的，应说明理由。

仪器设备配置及技术参数表。包含项目名称/设备名称、主要用途摘要、数量、单价、金额、设备配置/技术参数、参考品牌及型号等内容。其中设备配置/技术参数仅需列出主要的配置和主要的技术参数。

实施方案的补充说明。主要对实施方案调整与项目申报文本及中介评审意见不一致的地方进行详细说明。

购置20万元以上仪器设备共享情况表。需核查拟购置仪器设备情况与所

表 5—9　仪器设备配置及技术参数表

单位名称：中国热带农业科学院××研究所　　　　　　　　　　　　　　　　　　　　单位：台/件/套，万元人民币

项目编号	项目名称/设备名称	主要用途摘要	数量	单价	金额	设备配置/技术参数	参考品牌及型号
1							
2							
3							
4							
5							
……							

表 5-10　购置 20 万元以上仪器设备共享情况表

项目单位：中国热带农业科学院×××研究所　　项目名称：　　　　　　　　　　单位：万元

序号	预计购置仪器设备情况			所内同类功能仪器设备情况				院内相同功能仪器设备的购置情况				
	设备名称	数量（台/件）	单价	设备名称	数量（台/件）	金额	购置时间	所在单位	设备名称	数量（台/件）	金额	购置时间
1												
2												
3												
4												
……												

注：在"中国热带农业科学院大型仪器设备共享中心"和"海南大型科学仪器协作共用网"上做了查重。

内同类功能仪器设备情况及院内相同功能仪器设备的购置情况。

第四节　设备采购前期工作

一、新增大型仪器评议

新增大型仪器评议工作是由农业农村部组织的一项专项工作，该项工作一般在 4 月份进行，具体以上级主管部门通知为准。下一年度拟新购的单台（套）价值在 50 万元（含）以上的通用设备、单台（套）价值在 100 万元（含）以上的专用设备均纳入评议范围。［2023 年开始改为单台（套）价值在 100 万元（含）以上的仪器设备。］评议通过的设备方能纳入项目申报或购置。

（一）新增大型仪器评议内容

需提交的材料：《新增大型仪器设备申报基本情况表》（见表 5－11）、《新增大型仪器设备购置申请情况说明表》（见表 5－12）、《新购大型科研仪器设备排序表》（见表 5－13）和《大型仪器设备使用情况表》（见表 5－14）等材料。

新增大型仪器设备申报基本情况表：具体包括资产存量、计划处置数量以及新增资产数量等方面内容。

新增大型仪器设备购置申请情况说明表：在单位内部根据工作内容或研究方向、目标进行逐一论证评议，提出新增的必要性和可行性。

新购大型科研仪器设备排序表：项目单位按照科研需求轻重缓急程度对下一年度新增大型仪器设备购置进行合理排序，便于上级主管部门统筹安排。

大型仪器设备使用情况表：汇总分析项目单位现有大型仪器设备的使用情况，具体包括设备型号、数量、购置日期、使用时长、共享共同、使用成效等情况。

各单位应当履行资产管理主体责任，对单位存量资产信息的准确性、完整性以及资产配置需求的合理性、合规性进行审核。财政部门将审定的新增大型仪器评议相关预算随部门预算一并批复，并作为预算资金安排、支付和审批政府采购手续的重要依据。未经批准的资产配置事项，不得组织政府采购。

表 5—11　新增大型仪器设备申报基本情况表

填报单位：(单位全称)

预算代码	单位名称	单位分类	截至20××年12月31日存量情况 设备(台/套)			20××年计划处置数量 设备(台/套)			20××年预计新增资产数量 设备(台/套)			20××年申请新增资产数量 设备(台/套)			人均占有资产水平[(存量数－计划处置数＋20××年预计新增数)/编制内实有人数]			
			单价50万元(含)以上的通用设备	单价100万元(含)以上的专用设备	小计	单价50万元(含)以上的通用设备	单价100万元(含)以上的专用设备	小计	单价50万元(含)以上的通用设备	单价100万元(含)以上的专用设备	小计	单价50万元(含)以上的通用设备	单价100万元(含)以上的专用设备	小计	编制内实有人数	设备(台/套)		
																单价50万元(含)以上的通用设备	单价100万元(含)以上的专用设备	小计

注：编制内实有人数按20××年12月31日人员情况确定。

表 5－12　　　　　　　　　　新增大型仪器设备购置申请情况说明表

设备名称	（填写设备规范名称）	设备类型	□50 万元通用设备 □100 万元以上专用设备
设备单价	×万元	拟购置数量	×(台/套)
所属一级项目	中央基建投资/科研机构修缮购置专项/直属单位和转制单位设施设备修缮购置项目/其他资金(选择其一即可)	项目(二级)名称	（具体项目名称）
项目进展情况	□列入规划　　□项目申报中　　□可研已批复　　□初设已批复 □√其他		
安装设备的环境条件	仪器室环境整洁、通风良好、配置空调与除湿机,温度 20℃～30℃,湿度小于 60%、工作电压 220v±10%,接地电阻小于 3 欧姆,满足设备安装运行的基本条件		
使用设备的专业人员	拥有一批长期从事农业环境介质中污染物环境行为研究队伍和专职从事仪器设备管理的技术队伍,队伍梯队结构合理,可使仪器设备正常运转并发挥其应有的功能。具体使用人员:×××等		
维护设备运行的经费和条件	该设备依托单位为中国热带农业科学院×××研究所,近年来国家和热科院的支持力度不断加大,使我所各项科研工作具有充足的资金保障。本项目实施后,预期仪器设备维护、运转经费,主要从国家农业环境儋州观测实验站项目、非营利性科研机构改革启动费及相关科研项目支出		
设备预期使用频率	预计使用年度使用时长××小时、××次数/年度		
设备购置必要性和可行性	必要性: 可行性:		
项目(二级)主要内容	可研批复文号 项目主要内容		
设备主要规格参数	一、设备功能及用途: 二、主要配置: 三、技术参数:		

说明:

1. 该表每类设备填一张表,同一类型、名称,但单价不同的设备需分开单独填写。

2. 严禁限定或指定特定的品牌、型号等。

3. 安装设备的环境条件应详细说明,根据设备情况,说明设备安装的基本条件是否具备,包括室内温湿度、洁净程度的要求指标,以及现有配电、给水、通风等是否能满足设备安装要求等。

4. 设备与其使用频率应填写预期年度使用时长、次数/年度设计使用时长、次数等。

5. 设备购置必要性和可行性,应结合申报单位的职能和定位,确定工作或研究目标,并根据现状的情况,阐述购置的必要性,以及购置后的可行性(人员、资金等)。

6. 设备主要规格参数应包括功能、用途以及明确主要的规格及参数。

表5—13　新购大型科研仪器设备排序表

[中国热带农业科学院××研究所(站、中心)20××年新购大型科研仪器设备排序表(参考模板)]

序号	单位	设备名称	数量(台/套)	设备单价(万元)	项目大类	资金来源(项目名称)	项目是否已获批	设备类型	排序
1	中国热带农业科学院××研究所	实时荧光定量PCR仪	1	72	中央基建投资/科研机构修缮购置专项/直属单位和转制单位设施设备修缮购置项目/其他资金(选择其一即可)	(项目名称)	是/否	50万元通用设备/100万元以上专用设备	1
2									
3									
4									
……									
合计									

单位负责人：　　　　　　　　　大仪分中心负责人：　　　　　　　　　部门负责人：　　　　　　　　　填表人：　　　　　　　　　填报时间：

注：未设立大仪分中心的单位，可由设备管理牵头部门负责人在"大型仪器分中心负责人"处签署意见。

表 5—14　大型仪器设备使用情况表

序号	单位名称	资产编号	资产名称	设备型号	品牌	数量	账面原值（万元）	购置日期	20××年度使用时长（机时数）	共享共用情况（跨部门共享/部门内共享/单位内共享）	共享共用时长（机时数）	使用成效	设备状况（在用/维修/待报废）	备注
	合计						55		1 080		200			
	中国热带农业科学院××研究所	000004191	多功能凝胶成像系统	Chemi-dOCTMMp	BIO-RAD		55.00	2013-12-18	1 080	跨部门共享	200	简述设备用途及取得的主要成效	在用	示例

单位负责人：　　　　　　大仪分中心负责人：　　　　　　部门负责人：　　　　　　填表人：　　　　　　填表时间：

说明：
1. 大型仪器设备为 50 万元（含）以上通用设备，100 万元（含）以上专用设备。
2. 共享共用情况应明确跨部门共享、部门内共享、单位内共享等。
3. 设备状况需明确在用、维修、待报废等。
4. 使用成效需简述设备用途及取得的主要成效。
5. 未设立大仪分中心的单位，可由设备管理牵头部门负责人在"大型仪器分中心负责人"处签署意见。

(二)其他注意事项

(1)该项工作与后续项目申报、设备采购、部门预算等工作紧密联系,应高度重视,特别注意设备名称的规范性和准确性、设备单价的合理性、材料间的一致性。

(2)新增大型仪器评议是不区分资金来源的,无论使用财政性资金还是非财政性资金、当年资金或上年结转资金拟购置的大型仪器设备,均须进行评议。

(3)单位应对新增大型仪器的必要性、可行性进行认真审核把关,大型仪器配置是否与单位履行职能、事业发展的需要相符。

(4)厉行节约,无必要不配置。

二、新增资产配置预算

新增资产配置预算工作是由农业农村部组织的一项重要工作,其是部门预算的一部分,与部门预算同步进行。各单位使用纳入部门预算和专项预算的资金配置资产均需编制年度新增资产配置预算,除追加项目外原则上年中不再补报。

(一)新增资产配置预算内容

新增资产配置预算。各单位拟新购单台(套)价值在50万元(含)以上的通用设备、100万元(含)以上的专用设备,均应组织新增大型仪器评议,并逐级上报,先由院组织大型仪器设备查重评议,最后由农业农村部组织查重评议和批复。通过大型仪器评议的设备需填中央行政事业单位新增资产配置表(见表5—15)、通用(专用)设备资产明细表(表5—16)及编报说明,并逐级上报。

中央行政事业单位新增资产配置表。主要填报单价50万元及以上的通用设备和单价100万元及以上的专用设备截至当年7月底资产存量情况、当年计划报废数量、下一年度新增资产数等信息。

通用(专用)设备资产明细。对设备名称、设备单价(万元)、拟购置数量、金额(万元)、项目名称、是否具备安装设备的环境条件、是否具备使用设备的专业人员、是否具备维护设备运行的经费和条件、设备预期使用频率(预期年度使用时长、次数,年度设计使用时长、次数,设备主要规格参数,购置设备的必要性)等

第五章 设备、文献购置和设备研发及升级改造类项目管理实践

表 5-15 中央行政事业单位新增资产配置表

表 5-16 通用（专用）设备资产明细

信息进行补充。

编报说明。对每台仪器设备的主要用途、购置理由详细说明。

(二)新增资产配置预算主要依据

新增资产配置预算主要依据为通过大型仪器评议的单台(套)价值在 50 万元(含)以上的通用设备、100 万元(含)以上的专用设备方能列入下一年度新增资产配置预算,未通过大型仪器评议的设备原则上不得编入下一年度新增配置预算。

(三)其他注意事项

(1)资产存量情况。即截至申报预算前单位相关资产的存量情况。单位应科学合理地编制新增资产配置预算,避免不必要的重复购置。

(2)新增资产的情况。由单位按照工作需要,结合项目申报等情况进行填写,要对资产配置的必要性、可行性进行充分论证,详细说明资产配置的依据和理由。

三、编制下一年度政府采购预算

该项工作是项目单位按照项目内容在"一上"预算系统填报政府采购预算,做到科学合理,应编尽编。该项工作是部门预算的重要组成部分,是修购项目实施的前期基础工作。

(一)政府采购的定义

政府采购,是指各级国家机关、事业单位和团体组织,使用财政性资金采购依法制定的集中采购目录以内的或者采购限额标准以上的货物、工程和服务的行为。

分散采购限额标准:货物、服务 100 万元(含);工程 120 万元(含)。

公开招标限额标准:货物、服务 200 万元(含);工程 400 万元(含),具体按照招投标法有关规定执行。

(二)政府采购的范围

财政性资金是指纳入预算管理的资金。以财政性资金作为还款来源的借贷资金,视同财政性资金。

国家机关、事业单位和团体组织的采购项目既使用财政性资金又使用非财政性资金的,使用财政性资金采购的部分,适用政府采购法及本条例;财政性资金与非财政性资金无法分割采购的,统一适用政府采购法。

(三)编制政府采购预算的基本原则

(1)全面性。修购项目购置设备必须编制政府采购预算。
(2)与项目内容相符性。政府采购预算填报应与项目内容一致。

(四)编制政府采购的预算内容

项目单位根据农业农村部下达的通知编制"一上"部门预算。纳入政府采购预算范围内的政府采购项目需填报政府采购设备清单(见表5—17),填报政府采购预算时,政府采购品目应与固定资产分类与代码标准保存一致;设备名称、数量、金额应与项目批复内容保存一致。

(五)其他注意事项

(1)项目单位在执行中严格遵循"无预算不采购"原则,不得随意调整,严格按照批复的采购预算实施采购。
(2)项目单位在政府采购预算编制中,应预留采购份额给中小企业采购并填报相关的执行信息数据,促进中小企业发展。
(3)符合政府采购要求而未编报政府采购预算的,不得开展政府采购活动。
(4)政府采购预算作为部门预算的组成部分,随单位部门预算一同批复,并在政府采购计划信息系统同步数据。
(5)固定资产分类与代码的填报应遵循国家标准。

表 5—17 政府采购设备清单

年度：20××年　　　　　　　　　　　　　　　　　　　　　　　　　　　　单位：万元

序号	部门经济分类	政府采购品目	设备名称	是否政府采购	密级	定密时间	是否长期	保密期限	计量单位	数量	单价（元）	金额（万元）	财政拨款	财政专户管理资金	本年支出 单位资金 小计	非同级财政拨款资金	其他资金	上年结转
1																		
2																		
3																		
……																		
合计																		

说明：
1. 如项目详情表中"是否涉及政府采购"一项选择"是"，则需填写本表。
2. "政府采购品目"按照预算管理一体化系统中的下拉列表取值填写。

四、政府采购进口科研仪器设备论证及备案

该项工作是由农业农村部组织的一项专项工作,一般在4月份左右开展。是修购项目实施的必要工作,进口设备完成备案后才能开展相关采购工作。

(一)政府采购进口科研仪器设备概念

根据《财政部政府采购进口产品管理办法》规定,"进口产品是指通过中国海关报关验放进入中国境内且产自关境外的产品;政府采购应当采购本国产品,确需采购进口产品的,实行审核管理"。

(二)政府采购进口科研仪器设备论证内容

根据《关于简化优化中央预算单位变更政府采购方式和采购进口产品审批审核有关事宜的通知》(财办库〔2016〕416号)、《关于完善中央单位政府采购预算管理和中央高校、科研院所科研仪器设备采购管理有关事项的通知》,要求中央高校、科研院所采购进口科研仪器设备实行备案制管理,因此,本院及院属单位采购进口科研仪器设备需要项目单位或院主管部门组织专家进行进口仪器设备采购专家论证,专家论证意见要随招标采购文件存档备查,按要求准备申报材料。

需提交的材料:申报单位的申请红头文件、政府采购进口产品备案表、所属项目预算批复文件、政府采购进口产品备案申请表(见表5—18)、政府采购进口产品专家论证意见表(见表5—19)、政府采购进口产品论证专家基本情况表、法律专家律师资格证书复印件、非涉密说明、项目申报理由、项目背景等材料,具体以上级主管部门当年通知为准。

(三)政府采购进口科研仪器设备备案

经过论证的进口科研仪器设备由申报单位通过财政部政府采购计划管理系统进行填报,上传相关附件,经上级主管部门进行审核后提交农业农村部备案。

图 5-5 进口产品系统填报 1

图 5-6 进口产品系统填报 2

表 5－18　　　　　　　　　政府采购进口产品备案申请表

申请单位	中国热带农业科学院×××研究所
申请文件名称	中国热带农业科学院×××研究所关于"×××项目"政府采购进口产品的请示
申请文号	××号
采购项目名称	大容量台式离心机
采购项目金额	15万元
采购项目所属项目名称	×××项目
采购项目所属项目金额	××万元
项目使用单位	中国热带农业科学院×××研究所
项目组织单位	中国热带农业科学院
申请理由	原因阐释：（请根据科研需要对比国产设备具体描述）： 我单位从事××研究，目前正开展×××××等研究和技术研发工作。需要大容量台式冷冻离心机用于分子生物学实验样品低温分离，确保在低温环境下有效分离样品。实验要求低温离心机高转速能够达到14 000rpm以上，最大离心力在20 000xg以上，最大离心容量4×750mL，国产离心机最大离心容量一般在4×500mL，转速最高只能达到8 000rpm左右，离心力一般在15 000g，对部分实验存在着一定的局限性，因此申请购置进口产品。 综上，经调研，市场上无满足上述技术条件的国产同类设备，申请采购进口设备。 盖　章 　　年　　月　　日

表 5-19　　　　　　　　　政府采购进口产品专家论证意见

一、基本情况	
申请单位	中国热带农业科学院×××研究所
拟采购产品名称	大容量台式离心机
拟采购产品金额	15 万元
采购项目所属项目名称	×××项目
采购项目所属项目金额	×××万元
二、申请理由	
■1. 中国境内无法获取；	
□2. 无法以合理的商业条件获取；	
□3. 其他。	
原因阐述： 　　申请单位从事××××研究,目前主要开展××××的遗传研究,利用 F2 等分离群体构筑重组自交系等,分析性状的遗传规律及等位性关系,并利用分子技术进行基因定位和克隆。大容量台式冷冻离心机用于分子生物学实验样品低温分离,确保在低温环境下有效分离样品。进口冷冻离心机转速能够达到 14 000rpm 以上,最大离心力在 20 000xg 以上,最大离心容量 4×750mL,国产高速冷冻离心机最大离心容量一般为 4×500mL,转速最高只能达到 8 000rpm 左右,离心力一般在 15 000g,在部分实验中存在着一定的局限性。	
三、专家论证意见	
该单位从事××××研究,大容量台式冷冻离心机主要用于×××××的低温分离。此类研究实验要求设备转速能够达到 1 000rpm 以上,最大离心力在 20 000xg 以上,最大离心容量 4×750mL;目前国产高速冷冻离心机在转速、最大离心力以及最大离心容量上存在着一定的差距。 　　目前,国内同类设备不能满足研究需求,且该产品不属于国家规定的禁止或限制进口产品。因此,建议采购进口产品。 　　专家签字： 　　　　　　　　　　　　　　　　　　　　　　　　　　20××年×月××日	

（四）其他注意事项

（1）国产优先。采购进口仪器设备应当以明确国产不可替代或者不能满足科研需求为前提，严格执行政府采购相关规定，坚持"国产优先"原则。

（2）进口产品应已列入预算和计划。备案的进口产品应已列入本年度政府采购预算和政府采购计划。

（3）设备信息一致性。备案的进口产品应符合所属项目资金管理办法，应与项目申报书、实施方案等内容一致。

（4）设备名称要规范。拟采购产品名称、品目编码、品目名称、项目名称等信息应规范填报。

（5）进口产品申请理由要充分。若明确国内无同类设备，则针对设备采购的必要性和可行性进行论证，列出3～5个主要参数；若明确国内有同类产品但不能满足科研需求，要针对科研需求，对国产与进口仪器设备的主要功能、技术指标逐项进行比对，明确国产仪器设备存在的技术差异，以及差异导致的相关技术指标无法满足科研需求，对比的同类国产设备和进口设备主要功能和技术指标须真实和可量化，科研需求须具体明确，尽可能明确地说明设备的技术指标与科研需求之间的关系。

（6）专家组组成。具有丰富仪器使用经验或管理经验的副高级及以上技术职称专家；专家论证小组由5位以上单数组成，必须包括1名法律专家；本单位专家、采购人代表不得作为专家组成员参与论证。

（7）专家论证意见。应充分说明拟采购进口产品在实际工作中的必要性和不可或缺性，意见要明确，并手写签名。

（8）备案材料应以项目为单位，分别行文。

（9）涉及的计量单位应规范填写。

（10）采购进口仪器设备管理要求：只要买就须备案，只有办免税海关才监管。

五、确定采购方式

(一)政府采购方式

政府采购包含以下方式:公开招标、邀请招标、竞争性谈判、单一来源采购、询价及国务院政府采购监督管理部门认定的其他采购方式。公开招标应作为政府采购的主要采购方式。

(二)政府采购方式适用范围

该项工作根据政府采购限额确定政府采购方式,属于实施方案编制环节的一项重要工作。该项工作一般在2—3月份开展,与实施方案编制环节同时进行。

项目单位采购科研仪器设备业务适用《中华人民共和国政府采购法》及相关规章制度,项目采购金额在100万元以上即为强制执行政府采购相关规定,必须选择法定的政府采购方式。项目采购金额在200万元以上(含200万元)必须公开招标,因特殊情况需要采用公开招标以外的采购方式的,应当在采购活动开始前根据项目实际情况并按规定履行相应审批程序。项目采购金额在100万元以上、200万元以下可选择合适的采购方式进行采购。

目前本院涉及的政府采购方式见表5-20。

(三)其他注意事项

(1)项目执行时,根据项目金额及项目实际情况选择符合要求的采购方式。

(2)不得将应当以公开招标方式采购的科研仪器设备化整为零或者以其他任何方式规避公开招标采购。

第五章 设备、文献购置和设备研发及升级改造类项目管理实践 | 207

表5-20 政府采购方式汇总

类别	来源	采购方式	定义	使用范围	禁止情况和特殊要求	流程简述	时间周期	评审办法
招标采购方式	《中华人民共和国政府采购法》	公开招标	招采购人依法以招标公告的方式邀请非特定的供应商参加投标的采购方式	1. 公开招标是政府采购的主要采购方式； 2. 政府采购货物或服务项目，单项采购金额达到200万元以上的，必须采用公开招标以外的方式多次采标； 3. 国有资金占控股或者主导地位的依法必须进行招标的项目，应当公开招标	1. 采购人不得将应当以公开招标方式采购的货物或者服务化整为零或者以其他任何方式规避公开招标； 2. 在一个财政年度内，采购人将一个预算项目下的同品目或者类别的货物、服务采用公开招标以外的方式累计金额超过200万元，属于以化整为零方式规避公开招标，但项目调整或者经批准采用公开招标以外方式采购的除外	招标—投标开标、评标—中标—合同	1. 资格预审文件或者招标文件的发售期不得少于5个工作日； 2. 投标人提交资格预审申请文件的时间，自资格预审文件停止发售之日起不得少于5日； 3. 自招标文件开始发出之日至投标截止之日止，最短不得少于20日	最低评标价法和综合评分法
非招标采购方式	《中华人民共和国政府采购法》	邀请招标	是指招标邀请书的方式邀请特定的法人或者其他组织投标	1. 技术复杂、有特殊要求或者受自然环境限制，只有少量潜在投标人可供选择； 2. 采用公开招标方式的费用占项目合同金额的比例过大	产生符合资格条件的供应商的途径： 1. 发布资格预审公告征集； 2. 从省级以上人民政府财政部门建立的供应商库中选取； 3. 采购人书面推荐		自投标邀请书开始发出之日至投标截止之日止，最短不得少于20日	

续表

类别	来源	采购方式	定义	使用范围	禁止情况和特殊要求	流程简述	时间周期	评审办法
非招标采购方式	《中华人民共和国政府采购法》	竞争性谈判	是指谈判小组与符合资格条件的供应商就采购货物、工程和服务事宜进行谈判，供应商按照谈判文件的要求提交响应文件和最后报价，采购人从谈判小组提出的成交候选供应商中确定成交供应商的采购方式	1.招标后没有供应商投标或者没有合格标的，或者重新招标未能成立的；2.技术复杂或者性质特殊，不能确定详细规格或者具体要求的；3.非采购人所能预见的原因或者非采购人拖延造成采用招标所需时间不能满足用户紧急需要的；4.因艺术品采购、专利、专有技术或者服务的时间、数量事先不能确定等原因不能事先计算出价格总额的	1.公开招标的货物、服务采购项目，招标过程中提交投标文件响应招标文件实质性要求的供应商只有两家时，经本级财政部门批准后可以与该两家供应商进行竞争性谈判采购，采购人、采购代理机构应当根据招标文件编制谈判文件，成立谈判小组，由该谈判小组对谈判文件进行确认，与该两家供应商进行竞争性谈判。2.直接采用竞争性谈判采购的项目，满足采购文件实质性响应要求的供应商至少要3家	成立谈判小组—制定谈判文件—确定邀请参加谈判的供应商名单—谈判—最终报价—推荐成交供应商—公告—合同	公告期限至少3个工作日，完成竞争性谈判过程至少需要3个工作日	参考最低评标价法确定成交供应商

续表

类别	来源	采购方式	定义	使用范围	禁止情况和特殊要求	流程简述	时间周期	评审办法
非招标采购方式	《中华人民共和国政府采购法》	询价	是指询价小组向符合资格条件的供应商发出采购货物的询价通知书，要求供应商一次报出不得更改的价格，采购人从询价小组提出的成交候选人中确定成交供应商的采购方式	采购的货物规格、标准统一，现货货源充足且价格变化幅度小的政府采购项目。可以采用询价方式采购	1. 在采购过程中符合竞争要求的供应商或者报价未超过采购预算的供应商至少 3 家； 2. 仅适用于货物	成立询价小组，制定询价文件，确定谈判的供应商名单，谈判推荐一最终报价确定成交供应商，合同公告	公告期限至少 3 个工作日，完成询价采购全过程至少需要 3 个工作日	参考最低评标价法确定成交供应商
		单一来源	是指采购人从某一特定供应商处采购货物和服务的政府采购方式	1. 采购人认为只能从唯一供应商处采购的； 2. 公开招标失败或废标，符合专业条件或者做出招标文件实质性响应的供应商只有一家的	1. 达到公开招标限额以上的货物和服务项目：公示 5 个工作日，财政部门批准，组织有相关经验的专业人员与供应商商定合理的成交价格并保证采购项目质量，做好商定情况记录； 2. 未达到公开招标限额以上的货物和服务项目无须公示环节		公告期 5 个工作日后，协商或直接协商	商定合理的成交价格

续表

类别	来源	采购方式	定义	使用范围	禁止情况和特殊要求	流程简述	时间周期	评审办法
非招标采购方式	《政府采购竞争性磋商采购方式管理暂行办法》	竞争性磋商	是指采购人、政府采购代理机构通过组建竞争性磋商小组（以下简称"磋商小组"）与符合条件的供应商就采购货物、工程和服务事宜进行磋商，供应商按照磋商文件的要求提交响应文件和报价，采购人从磋商小组评审后提出的候选供应商名单中确定成交供应商的采购方式	1. 政府购买服务项目；2. 技术复杂或者性质特殊，不能确定详细规格或者具体要求的；3. 因艺术品采购、专利、专有技术或者服务的时间、数量事先不能确定等原因不能事先计算出价格总额的；4. 市场竞争不充分的科研项目，以及需要扶持的科技成果转化项目；5. 按照招标投标法及其实施条例必须进行招标的工程建设项目以外的工程建设项目	1. 在政府购买服务项目中，符合要求的供应商（社会资本）只有两家的，竞争性磋商采购活动可以继续进行；2. 市场竞争不充分的科研项目，以及需要扶持的科技成果转化项目，提交最后报价的供应商可以为两家；3. 除上述情况外，提交最后报价的供应商不得少于三家	公告—磋商—提交最后报价—评分—综合评分—推荐和确定成交供应商—公告—合同	磋商文件的发售期限自开始之日起不得少于5个工作日，全部磋商过程不得少于10日	"明确采购需求"—"竞争报价"—"类似公开招标的"综合评分法"

第五章 设备、文献购置和设备研发及升级改造类项目管理实践 | 211

续表

类别	来源	采购方式	定义	使用范围	禁止情况和特殊要求	流程简述	时间周期	评审办法
非招标采购方式	《中国热带农业科学院工程和设备类项目采购管理规定》	建议方式		1. 20万元以上120万元以下的工程项目; 2. 20万元以上100万元以下的货物和服务项目,含与工程建设有关的货物、服务项目	1. 以上额度范围内的其他特殊工程、货物和服务项目(如供水工程、人防工程、污水处理),经分管院领导审批后,采购实施部门可采用直接委托方式采购; 2. 相应采购文件的供应商不足3家,应重新采购,重新采购仍不足3家的,经分管院领导审批后,采购实施部门可采用直接委托方式采购	组建采购小组—发出采购文件—评审—确定供应商—签定合同	无明确时间限制	未明确
		直接委托方式	采购实施部门可采用直接委托方式采购	采购20万元及以下的货物、工程和服务(含与工程建设有关的货物、服务项目)				

六、编报政府采购计划

该项工作是由农业农村部计划财务司组织的一项专项工作,是项目执行前的一项重要工作。

项目单位根据当年部门预算和政府采购预算的批复,及时进行科研仪器设备项目采购计划的梳理与分解,合理安排采购计划、实施等工作,及时在财政部政府采购计划管理系统做好政府采购计划和申请的填报,逐级上报审批。

(一)编报政府采购计划时间节点

该项工作一般在每个月5日前完成采购计划上报。

(二)其他注意事项

仪器设备采购前,主要做好科研仪器设备采购的预算安排和政府采购计划的填报,通过财政部政府采购计划管理系统完成政府采购计划的填报,并逐级上报审核备案。

财政部政府采购计划管理系统各功能模块已经高度关联,在填报时需注意以下几点:

(1)要注意信息填报的时效性、关联性。

(2)要按照实施项目填报完整,包括设备的产品名称、品目、预算等信息,以及与各预算项目的对应。

(3)要注意实施项目内容和系统具体品目、产品名称等的一致性。

七、政府采购意向公开

政府采购意向公开是项目招标前的一项必要工作。

项目单位应当根据当年政府采购预算批复,及时在中国政府采购网的政府采购意向公开系统(见图5-7)发布科研仪器设备政府采购项目意向公开(见图5-8、图5-9),采购意向公开时间必须在采购活动开始前至少30日。

政府采购意向公开工作是为优化营商环境、促进中小企业发展而出台的,因此,公开采购意向是潜在供应商了解各单位初步采购安排的参考。科研仪器设备采购项目实际采购需求、预算金额和执行时间以项目建设单位最终发布的采购公告和采购文件为准。

(一)政府采购意向公开内容

采购意向公开的内容应当包括采购项目名称、采购需求概况、预算金额、预计采购时间等,政府采购意向公开参考文本。其中,采购需求概况应当包括采购标的名称,采购标的需实现的主要功能或者目标,采购标的数量,以及采购标的需满足的质量、服务、安全、时限等要求。采购意向应当尽可能清晰完整,便于供应商提前做好参与采购活动的准备。

(二)采购意向基本原则

(1)采购意向公开的主体和渠道:中国政府采购网—采购意向公开系统。

(2)采购意向公开的依据。采购意向由预算单位定期或者不定期公开。部门预算批复前公开的采购意向,以部门预算"二上"内容为依据;部门预算批复后公开的采购意向,以部门预算为依据。预算执行中新增采购项目应当及时公开采购意向。

(3)采购意向公开的时间节点。采购意向公开时间应当尽量提前,原则上不得晚于采购活动开始前 30 日公开采购意向。因预算单位不可预见的原因急需开展的采购项目,可不公开采购意向。

(三)其他注意事项

(1)采购意向应当尽可能清晰完整。
(2)预算单位应严格按规定公开采购意向,做到不遗漏、不延误。

图 5—7　政府采购意向公开系统

图 5—8　发布政府采购意向 1

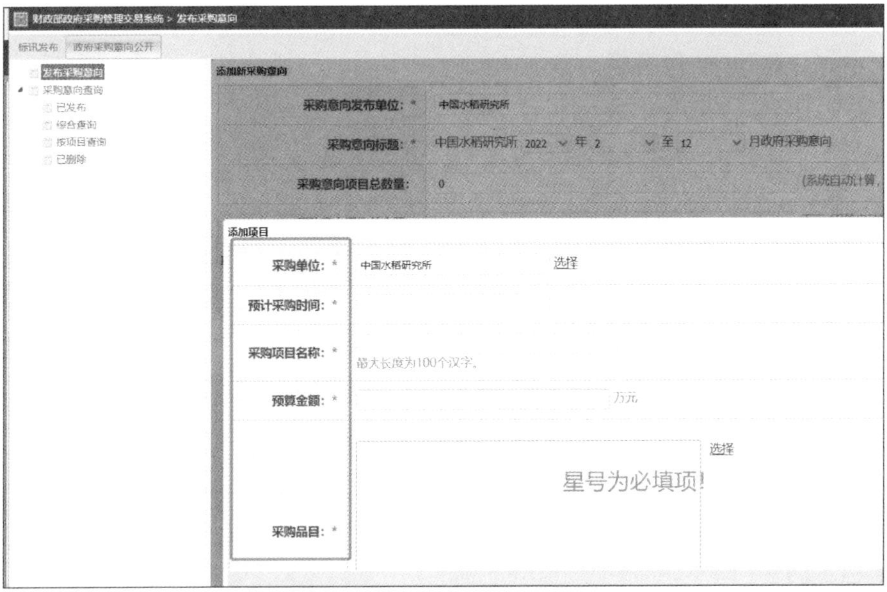

图 5—9　发布政府采购意向 2

八、仪器设备选型参数论证

(一)仪器设备选型参数论证内容

仪器设备参数论证是设备类项目执行过程中的重中之重,要以满足科研需求为基础,要具有先进性、适用性和可靠性。根据仪器设备采购项目的可行性研究报告、申报书、初步设计及实施方案等材料,详细梳理采购清单。选取满足科研需求的 3 家及以上不同品牌的同类产品进行参数对比论证,提炼出招标参数。

仪器设备参数论证阶段需要准备的材料:3 家及以上不同品牌的参数对比材料。

(二)仪器设备参数论证基本原则

(1)满足需求。主要考虑选取的仪器设备型号是否存在升级迭代,主要技术参数是否先进适用。

(2)优先国产。如国产设备性能参数满足科研需求且可靠性较高,按政府采购法的规定应优先采购。

(三)其他注意事项

(1)技术参数的特征性和指向性不能过于明显。仪器招标参数不能拿中意设备的参数直接作为招标参数。如仪器介绍、专利、电压、设计原理等内容不应出现在招标参数内。

(2)仪器设备价格核实确认。参数论证过程中需进一步合理设置仪器价格，仪器的配置是否与预算相匹配，是否满足项目单位的科研需求和本院的共享需求。

(3)定制产品需明确需求。部分设备为定制产品，设定参数时一定要根据实际需求明确参数要求，避免生产的设备不能满足实际使用需求。

(4)根据需求进行现场调研。涉及不确定或者大型仪器设备时，项目单位可根据实际情况组织相关人员到厂家实验室进行现场调研并进行样品测试，优化选型方案。

第五节　设备采购

一、委托招标采购代理机构及编制招标采购文件

(一)委托招标采购代理机构

项目单位(采购人)既可以自行组织招标采购，也可以委托招标代理公司(又称采购代理机构)开展招标采购活动。一般是委托采购代理机构编制招标采购文件并开展相应的采购活动。通过财政部政府采购计划管理系统(详见图5-10~图5-13)进行委托事项。

(二)编制招标采购文件

招标采购文件是采购业务的核心，招标代理机构和项目建设单位应当遵守政府采购相关制度，共同规范合理的编制。招标文件内容包括投标邀请函、投标

人须知、采购人需求、设备采购合同、投标文件格式、评标文件等。

(三)其他注意事项

(1)项目单位依法委托采购代理机构办理采购事宜的,应当与采购代理机构签订委托代理协议,依法确定委托代理的事项,约定双方的权利义务,通过政府采购计划管理系统采购委托模块选取(填报)招标采购代理机构承接采购委托代理业务。

(2)财政部门审核(备案)同意购买进口仪器设备的,项目单位应当在招标采购文件中明确规定,本项目可以采购进口仪器设备,也就是说,投标人可以以进口产品投标,但不能限制国产产品投标;约定由采购单位委托外贸代理机构办理进口仪器设备的报关、免税手续等相关事宜。

(3)根据财政部关于扶持中小企业、优化营商环境等有关规定,仪器设备采购项目可以专门面向中小企业,或者设置专门面向中小企业的招标包(段)。中小微企业判定与支持以提供的中小企业声明函为依据,给予报价优惠扣除。项目单位和招标代理机构应根据项目具体情况在招标采购文件中充分考虑。

(4)如果科研仪器设备采购项目的政府采购意向公开工作没有完成或者30日时限未到,信息系统间无法互相关联取数,委托招标采购代理和发布招标采购公告都是无法进行的。

图5-10 财政部政府采购计划管理系统1

图 5—11 财政部政府采购计划管理系统 2

图 5—12 财政部政府采购计划管理系统 3

图 5—13 财政部政府采购计划管理系统 4

二、项目开标与评审

(一)项目开标

(1)采购代理机构按招标文件规定的时间和地点开标。采购人代表、采购代理机构有关工作人员参加。

(2)投标人应委派授权代表参加开标活动,参加开标的代表须持本人身份证件签名报到以证明其出席。

(3)开标时,由递交投标文件的前 3 名投标人及采购人监督代表检查各投标人递交的投标文件的密封情况,确认无误后由采购代理机构拆封唱标,公布每份投标文件中"开标一览表"的内容,以及采购代理机构认为合适的其他内容,并制作开标记录。

(4)若投标文件未密封,或投标人未提交投标保证金,采购代理机构将拒绝接受该投标人的投标文件。

(5)同意撤回的投标文件将不予拆封。

(二)项目评审

采购代理机构依法组建评标委员会。评标委员会由 5 人单数组成,由采购人的代表和从政府采购专家库随机抽取的专家组成,如采购人不派代表评审,则评委会全部由专家组成。评委会将本着"公平、公正、科学、择优"的原则,严格按照法律法规和招标文件设定的程序和规则推荐评审结果,任何单位和个人不得非法干预或者影响评标过程和结果。

评标委员会分别对通过资格审查和符合性审查的投标文件进行评价和比较。

评标委员会按招标文件"附则"中公布的评标办法对每份投标文件进行评审,确定中标候选人。最低投标价等任何单项因素的最优不能作为中标的保证。

(三) 其他注意事项

(1) 评标结束后,采购代理机构应及时整理项目招投标档案并交由项目单位存档。

(2) 在评标过程中,如出现废标的情形,应及时查找原因,讨论下一步的工作方案,提高采购效率。

(3) 在评标过程中,评标委员会应根据国家相关法律法规的规定,按招标文件要求进行评审。

三、签订合同

(1) 中标人应按中标通知书规定的时间、地点与采购人签订中标合同,否则投标保证金将不予退还,给采购人和采购代理机构造成损失的,投标人还应承担赔偿责任。

(2) 招标文件、中标人的投标文件及评标过程中有关澄清文件均应作为合同附件。

(3) 签订合同后,中标人不得将货物、工程及其他相关服务进行转包。未经采购人同意,中标人不得采用分包的形式履行合同,否则采购人有权终止合同,中标人的履约保证金(如有)将不予退还。转包或分包造成采购人损失的,中标人还应承担相应的赔偿责任。

(4) 政府采购合同应当自合同签订之日起 2 个工作日内在中国政府采购网进行公告(详见图 5—14、图 5—15)。

四、其他注意事项

(1) 中标人的投标文件中的技术条款应作为合同的附件,便于设备验收;进口仪器设备建议由采购人、中标方、进口外贸代理方签订相应合同,委托外贸代理机构办理进口仪器设备的报关、免税手续等相关事宜。

(2) 关于采购合同,政府采购制度中有特殊规定,即需要采购人因产品的一致性或者服务配套要求,需要继续从原供应商处添购原有采购项目的,直接签补充合同,但添购资金总额不得超过原合同采购金额的 10%。

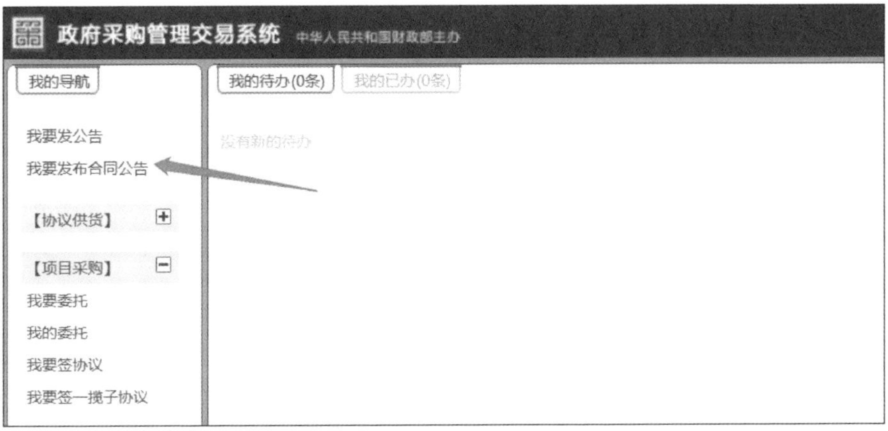

第五章　设备、文献购置和设备研发及升级改造类项目管理实践 | 221

图 5—14　发布合同公告 1

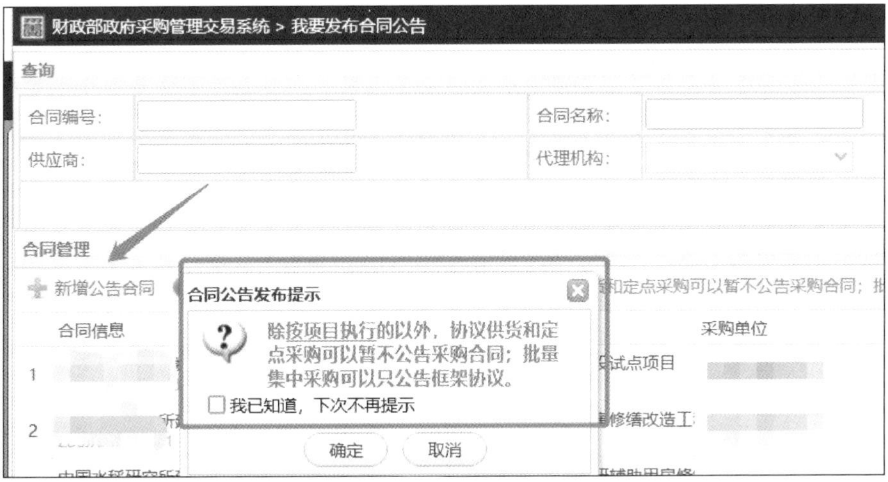

图 5—15　发布合同公告 2

五、政府采购执行情况统计

(一)政府采购执行情况统计内容

采购结束后通过财政部计划管理系统报送执行数据,每季度结束后 5 日内通过采购计划系统向国库司报送执行情况及季度信息统计报表(详见图 5—16、

图 5—17、图 5—18)。

年度报表于次年 1 月 15 日前报送财政部(具体时间看部门规定)。年度报表应当对政府采购全年工作进行说明,对报表数据进行分析。

(二)其他注意事项

(1)依据采购合同在财政部计划管理系统填报每台采购设备的实际采购申请编号、品目、供应商、数量、金额、进口情况等信息。

(2)所填信息需与采购合同的内容、金额保持一致,确保信息准确、无误。

图 5—16　政府采购执行情况填报 1

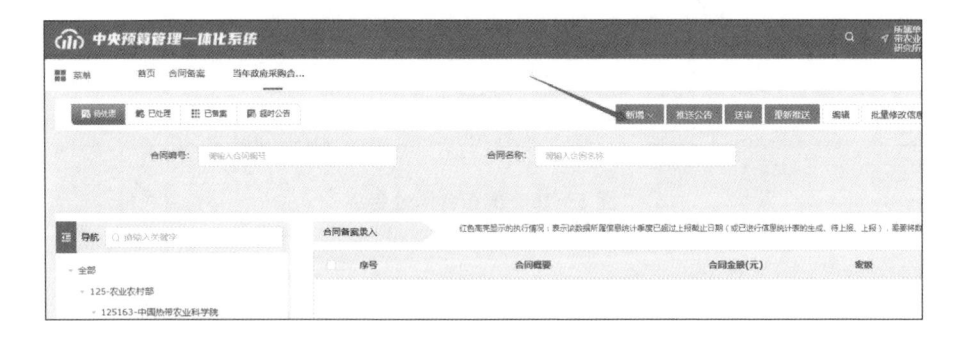

图 5—17　政府采购执行情况填报 2

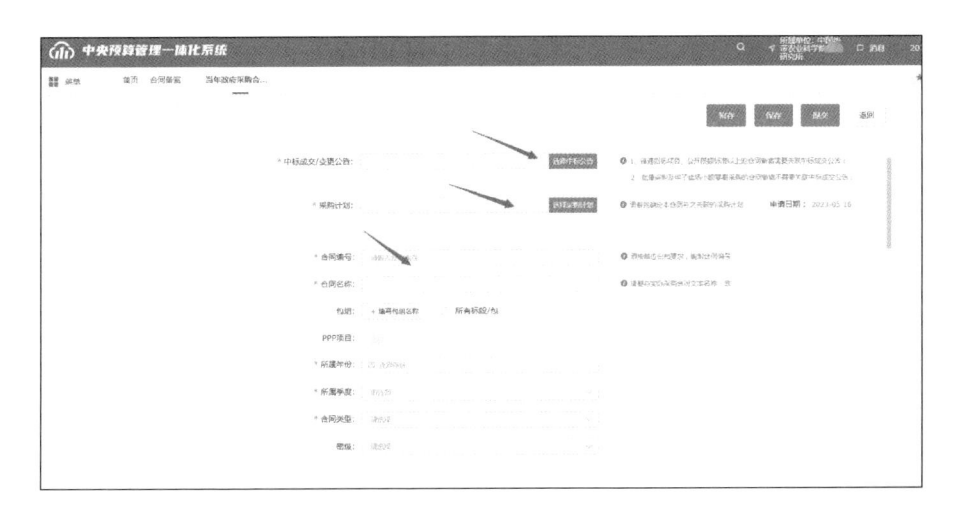

第五章 设备、文献购置和设备研发及升级改造类项目管理实践 | 223

图5—18 政府采购执行情况填报3

六、中小企业预留份额执行公示

(一)中小企业预留份额执行公示内容

项目单位应当在政府采购管理交易系统(见图5—19)做好"面向中小企业预留项目执行情况"信息填报与发布(见图5—20～图5—22),并确保信息全面、完整、准确,不得缺报。

(二)其他注意事项

(1)加强采购需求管理,落实预留采购份额、价格评审优惠、优先采购等措施,提高中小企业在政府采购中的份额,支持中小企业发展。

(2)对照《政府采购促进中小企业发展管理办法》第六至八条自查预留份额是否准确,对预留份额未执行的情况进行具体说明,并提供相关依据。

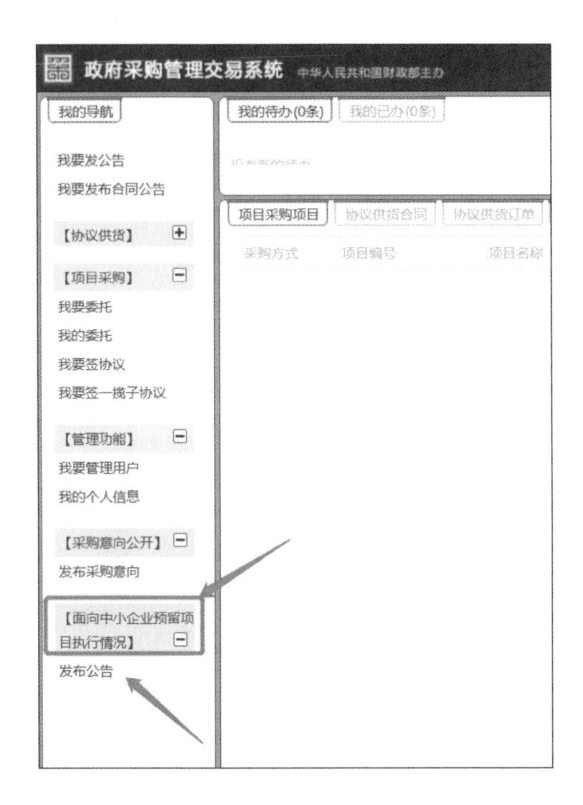

图 5—19　政府采购管理交易系统

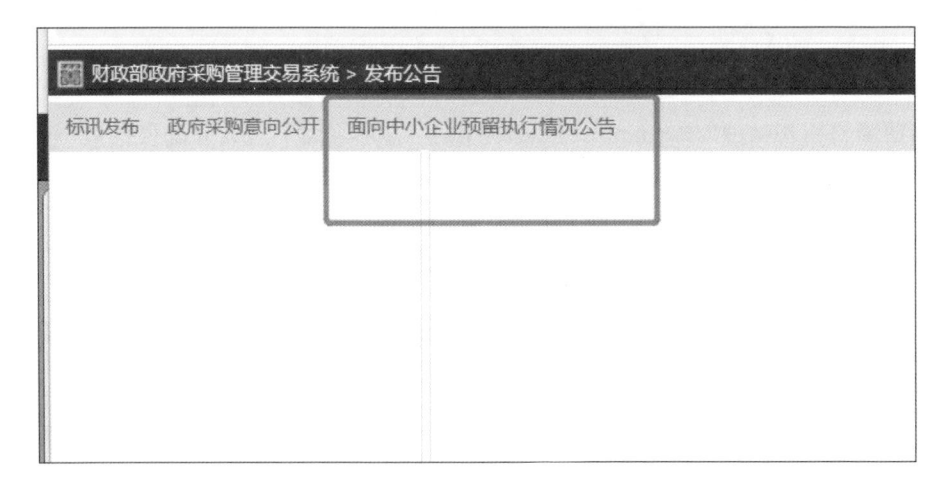

图 5—20　面向中小企业预留项目执行情况 1

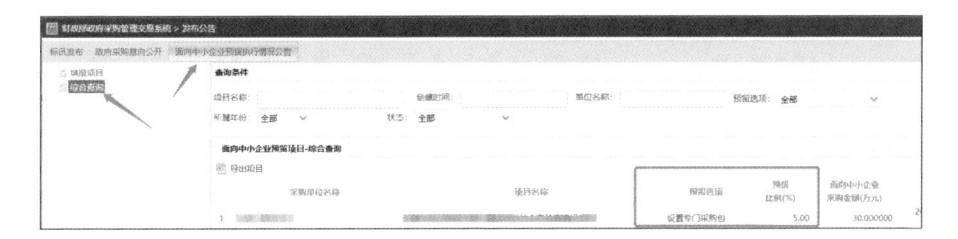

图 5—21　面向中小企业预留项目执行情况 2

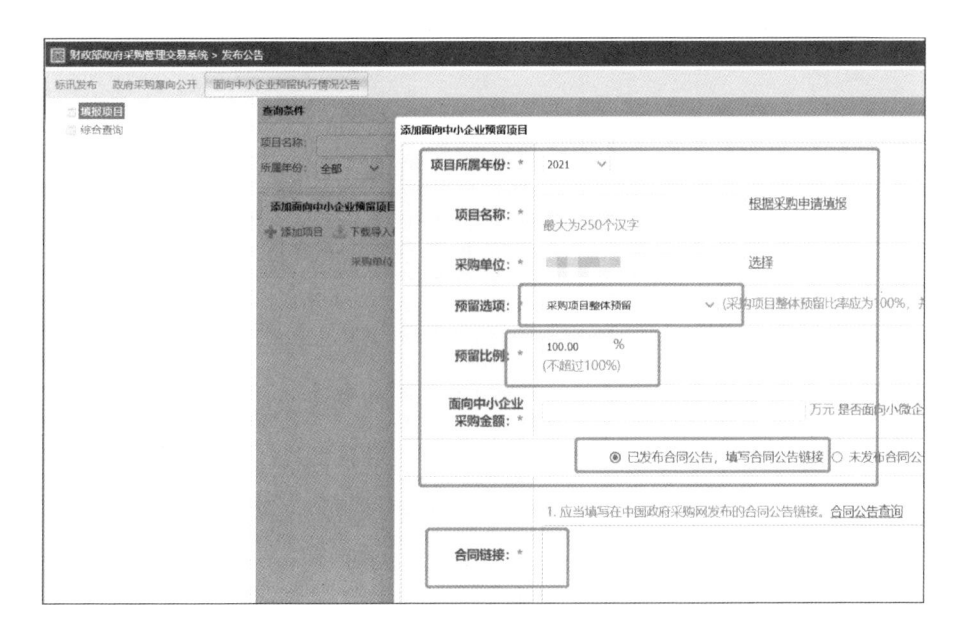

图 5—22　面向中小企业预留项目执行情况 3

第六节　设备验收

一、设备验收的一般规定

设备验收是仪器设备购置过程的一个关键环节,是合同履约质量的检验。项目单位应积极维护单位利益,切实把好验收关。

二、设备验收的程序与组织

验收分为自行验收和监督验收。自行验收指各单位的仪器设备使用者组织3人以上验收小组与供应商共同进行仪器设备验收并填写仪器设备验收表（见表5-21）。单价10万元以下或批量20万元以下的仪器设备验收采用此方式。

表5-21　　　　　　　　　　仪器设备验收表

设备名称	中文					
	外文					
规格型号			数量			
国别及厂商			出厂编号			
出厂日期			仪器设备经费来源项目名称			
合同号			到货日期			
安装使用地点						
价格	人民币		外币			
使用负责人			联系电话			
设备随机资料（登记）：						
序号	名　称	份数	序号	名　称	份数	
设备附件、备件（登记）：						
序号	名　称	台件数	序号	名　称	台件数	
仪器设备验收小组意见：						

续表

性能及技术指标			
技术资料完备情况			
验收小组结论意见	验收小组组长(签字)		年　　月　　日
设备验收小组成员：			
姓名	单位	职称/职务	签名

监督验收指各单位组织仪器设备使用者及资产管理人员、供应商、验收专家组成5人以上的验收小组共同进行仪器设备验收并填写《仪器设备技术验收报告》，验收专家原则上为非本单位专家。单价10万元(含10万元)以上或批量20万元(含20万元)以上的仪器设备验收采用此方式。详细内容见：仪器设备验收报告(见本书附录12)。

三、设备验收的主要内容

(1)自行验收。验收小组验收，按合同、到货清单，对仪器设备进行清点、安装调试和试运行。仪器设备验收合格后，按验收结果填写"仪器设备验收表"(以下简称"验收表")。

(2)监督验收。仪器设备到货后，由验收小组按合同、到货清单，对仪器设备进行检查、数量清点核对、安装调试、联调情况、试运行、操作培训等验收。验收后，填写"仪器设备技术验收报告"，专家(组)长填写验收结果，参与人员签字确认结果。随同"仪器设备技术验收报告"附上的验收资料(包括合同、到货经点收人员签字的点收清单、主要的招标书和产品说明书注明的验收技术性能指标、验收方案、安装调试报告、经测试人员签字的技术性能测试数据或图片等)。

四、设备验收的合格条件

验收小组现场核对，根据合同、到货清单等对仪器设备进行检查、数量清点核对、安装调试、联调情况、试运行、操作培训等验收,与合同要求相符即为验收合格。如不相符需提出整改要求,直至达到与合同要求相符才能签字同意通过验收。

五、其他注意事项

(1)单价20万元以上科研仪器设备验收合格并列增资产后,须在30日内录入院大仪共享管理平台,其中单价50万元以上大型科研仪器设备必须录入国家网络管理平台对外开放共享并参加科技部考核。

(2)凡属进口免税设备的,还应当在3～5年的免税监管期内定期接受属地海关的监管检查,按《纳入国家网络管理平台的免税进口科研仪器设备开放共享管理办法(试行)》(国科发基〔2018〕245号)的要求办理相关手续。填报管理单位适用简易程序申请表(见表5-22)、适用简易通知书(见本书附录13)。

表5—22　　　　　　　　管理单位适用简易程序申请表

单位名称			
组织机构代码		统一社会信用代码	
单位通信地址			
法定代表人	姓名:		职务:
	办公电话:		
免税进口科研仪器设备开放共享负责人	姓名:		职务:
	办公电话:		手机号码:
申请内容及承诺事项	××海关: 　　根据《纳入国家网络管理平台的免税进口科研仪器设备开放共享管理办法(试行)》有关规定,本单位经自我评估,认为符合适用简易程序条件,现向你关提出申请。 　　本单位承诺: 　　1.遵守免税进口科研仪器设备开放共享相关规定。 　　2.免税进口科研仪器设备开放共享仅用于其他单位的科学研究、科技开发和教学活动,不擅自转让、移作他用或者进行其他处置。 　　3.真实准确记录免税进口科研仪器开放共享情况,按规定报送至国家网络管理平台。 　　如有违反,愿承担相应责任。 　　　　　　　　　　　　　　　申请单位(签章) 　　　　　　　　　　　　　　　　年　　月　　日		
备注			

注:其他需要说明事项列入备注栏。

第七节 项目验收及文件档案管理

一、项目验收一般规定

项目验收是对项目组织实施、资金管理等情况进行的全面审查和总结。验收工作应遵循实事求是、客观公正、注重质量、讲求实效的原则。

项目验收是按照《农业部办公厅关于印发〈农业部科学事业单位修缮购置专项资金修缮改造项目验收办法〉和〈农业部科学事业单位修缮购置专项资金仪器设备项目验收办法〉的通知》（农办科〔2007〕52号）和《中国热带农业科学院办公室关于印发〈中国热带农业科学院××××年修缮购置专项验收工作方案〉的通知》规定的内容、程序和方法，对已达到验收条件尚未验收的项目的组织实施、资金管理等情况进行全面的审查和总结。

项目验收旨在检查检验立项目标任务完成及资金使用情况，总结项目管理实施经验，提高项目管理水平。同时，为开展修购项目绩效评价奠定基础。

二、项目验收程序与组织

（一）项目验收程序

(1) 项目承担单位项目执行情况汇报。
(2) 社会中介机构做专项资金审计报告。
(3) 测试组专家做技术测试报告。
(4) 验收组专家进行质询和现场抽验。
(5) 验收组专家讨论形成农业农村部科学事业单位修缮购置专项资金项目验收意见。

（二）项目验收组织

项目验收的组织工作，由农业农村部科技教育司负责或委托三院负责。

项目验收组应由仪器设备技术或直接相关领域技术、财务和科研等方面的专家组成，成员人数为5人(含)以上单数，有直接利害关系的人员应主动申请回避。

三、项目验收主要内容

(1)所有的设备是否能正常运转，单价10万元以上的仪器设备是否进行了安装与调试，重要技术参数验证材料是否齐全。

(2)项目建设内容、建设规模、建设标准、建设质量等是否符合批准的项目实施方案和签订的设备采购合同。

(3)项目资金使用是否符合财政部《中央级科学事业单位修缮购置专项资金管理办法》及有关规定。

(4)项目实施是否按批准的实施方案执行政府采购和招标投标的有关规定。

(5)项目是否按要求编制了决算及专项资金审计报告。

(6)项目前期工作文件、实施阶段工作文件、招标投标和政府采购文件、验收材料及财务档案资料等是否齐全、准确，并按规定归档。

(7)项目管理及其他需要验收的内容。

(8)设备研发和升级改造类项目的验收，除以上相关内容外，还应查验技术测试报告是否有明确的结论意见，是否达到了实施方案设定的技术参数和功能目标。

四、项目验收申请

购置项目和升级改造项目验收以项目承担单位为单位进行。项目承担单位应在完成年度修购专款预算任务后10日内提出验收申请。若遇特殊情况需要延期验收，应由项目承担单位提出书面申请，经三院审核后报农业农村部科技教育司。

购置项目验收应由项目承担单位委托社会中介机构完成专项资金审计后提出验收申请。专项资金审计报告应包括财政专项经费决算表、仪器设备采购执行情况明细表等。

升级改造项目验收应由项目承担单位委托社会中介机构完成专项资金审计、专家组技术测试后提出验收申请。专项资金审计报告应包括财政专项经费决算表等。技术测试应由项目承担单位聘请直接相关领域技术专家进行现场测试，并出具项目技术测试报告。测试专家不少于3人，测试专家应具备高级技术职称并在相关领域从事专业工作 8 年以上。

五、项目验收申请材料

项目验收申请资料应包括：

（1）项目验收申请书（见本书附录 14）；

（2）农业部科学事业单位修缮购置专项资金仪器设备购置项目执行报告（见本书附录 15）；

（3）农业部科学事业单位修缮购置专项资金仪器设备升级改造项目执行报告（见本书附录 16）；

（4）项目执行情况统计表（见表 5-23）；

（5）项目验收意见书（见本书附录 17）；

（6）社会中介机构出具的专项资金审计报告；

（7）测试专家组出具的技术测试报告；

（8）可根据项目实际情况附上能够体现实物特征的照片、多媒体资料及技术资料。

六、项目验收意见

验收意见分为通过验收、需复议和未通过验收三种情况：

（1）通过验收。完成实施方案计划目标和任务，经费使用合理。

（2）需复议。未达到实施方案规定的计划目标和任务，或提供数据、资料不详，致使验收意见存在争议。

（3）未通过验收。凡有下列情况之一者，不能通过验收：其一，未按批准的修购项目预算使用资金，或未经批准擅自改变项目内容、变更项目资金使用范围的；其二，所提供的验收文件、资料和数据不真实，存在弄虚作假行为的；其三，未按国有资产和财务管理有关规定执行，经费使用存在严重问题的；其四，存在影响验收通过的其他问题的。

七、项目文件档案归档要求

通过验收的项目，由项目承担单位负责将所有验收材料（见本书附录 18）装

232　农业科学事业单位修缮购置专项资金管理实践研究

表5-23　20××年度农业农村部科学事业单位修缮购置专项项目执行情况统计表（仪器设备购置）

项目单位预算编码：
项目单位名称：中国热带农业科学院××研究所
（公章）

项目名称	资金使用情况			实验室		质检中心		分析测试中心		新增固定资产									备注
	预算批复（万元）	实际完成（万元）	执行率（%）	仪器设备（台/套）	金额（万元）	仪器设备（台/套）	金额（万元）	仪器设备（台/套）	金额（万元）	改良中心		工程技术中心		试验基地		野外观测台站		
										仪器设备（台/套）	金额（万元）	仪器设备（台/套）	金额（万元）	仪器设备（台/套）	金额（万元）	仪器设备（台/套）	金额（万元）	
合计																		

补充说明：

备注：
1. 实验室包括国家重点实验室、部重点实验室、院（所）级实验室等；
2. 实际完成包括仪器设备购置费和其他费用等。

填表人：　　　　　　验收小组复核人：

填表时间：

订成册，以正式文件一式三份报送三院并抄报农业农村部科技教育司、财务司。

第八节　项目绩效评价

一、年度绩效评价

（一）项目绩效评价依据

改善科研条件专项项目实施单位应根据《中央部门项目支出核心绩效目标和指标设置及取值指引（试行）》（财预〔2021〕101号）在"一上"预算申报、"二上"预算上报阶段设置和使用项目支出核心绩效目标和指标。项目单位应根据"二上"预算设置的项目绩效指标对项目进行年度绩效评价（单位自评）。

（二）项目绩效评价指导思想与原则

（1）科学公正。绩效评价应当运用科学合理的方法，按照规范的程序，对项目绩效进行客观、公正的反映。

（2）统筹兼顾。单位自评和部门评价应职责明确，各有侧重，相互衔接。

（3）激励约束。绩效评价结果与预算安排、政策调整、改进管理实质性挂钩，体现奖优罚劣和激励相容导向，有效要安排、低效要压减、无效要问责。

（4）公开透明。绩效评价结果依法依规公开，并自觉接受社会监督。

（三）绩效指标分值权重确定

原则上一级指标权重统一按以下方式设置：对于设置成本指标的项目，成本指标20%、产出指标40%、效益指标20%、满意度指标10%、预算执行率指标10%；对于未设置成本指标的项目，产出指标50%、效益指标30%、满意度指标10%、预算执行率指标10%；对于不需设置满意度指标的项目，其效益指标分值权重相应可调增10%。

(四)绩效指标赋分规则

(1)直接赋分。主要适用于进行"是"或"否"判断的单一评判指标。符合要求的得满分,不符合要求的不得分或者扣相应的分数。

(2)按照完成比例赋分,同时设置及格门槛。主要适用于量化的统计类等定量指标。具体可根据指标目标值的精细程度、数据变化区间进行设定。

预算执行率按区间赋分,并设置及格门槛。如:项目完成,且执行数控制在年度预算规模之内的,得10分;项目尚未完成,预算执行率小于100%且大于等于80%的得7分,预算执行率小于80%且大于等于60%的得5分,预算执行率小于60%的不得分。

其他定量指标按比例赋分,并设置及格门槛。如:完成率小于60%为不及格,不得分;大于等于60%的,按超过的比重赋分,计算公式为:得分=(实际完成率-60%)÷(1-60%)×指标分值。

(3)按评判等级赋分。主要适用于情况说明类的定性指标。分为基本达成目标、部分实现目标、实现目标程度较低三个档次,并分别按照该指标对应分值区间100%~80%(含)、80%~60%(含)、60%~0%合理确定分值。

(4)满意度赋分。适用于对服务对象、受益群体的满意程度询问调查,一般按照区间进行赋分。如:满意度大于等于90%的得10分,满意度小于90%且大于等于80%的得8分,满意度小于80%且大于等于60%的得5分,满意度小于60%的不得分。

(五)绩效指标佐证资料

按照数据来源提供对应的佐证材料。主要包括以下类型:

(1)正式资料。统计年鉴、文件、证书、专业机构意见(标准文书)等。

(2)工作资料。部门总结、统计报表、部门内部签报、专家论证意见、满意度调查报告、相关业务资料等。对于过程性资料,部门和单位应当在项目实施过程中及时保存整理。

(3)原始凭证。预决算报表、财务账、资产账、合同、签到表、验收凭证、网站截屏等。

(4)说明材料。针对确无直接佐证材料或者综合性的内容,由相关单位、人员出具正式的说明。

二、部门绩效评价

(1)部门绩效评价内容主要包括项目立项情况;绩效目标和绩效指标设定情况;资金管理和使用情况;相关管理制度办法的健全性及执行情况;实现的产出情况;取得的效益情况;服务对象满意度情况;其他相关内容。[详见项目支出绩效自评表(见表5-24)。]

表5-24　　　　　　　　项目支出绩效自评表

(20××年度)

项目名称			×××××××××				
主管部门	农业农村部		实施单位	中国热带农业科学院××研究所			
项目资金(万元)			年初预算数	全年预算数	全年执行数	分值	执行率	得分
	年度资金总额:	0.00	0.00	0.00	0.00	0.0%	0
	其中:财政拨款	0.00	0.00	0.00	—	0.0%	—
	上年结转资金	0.00	0.00	0.00	—	0.0%	—
	其他资金	0.00	0.00	0.00		0.0%	—
年度总体目标	预期目标			实际完成情况			
绩效指标	一级指标	二级指标	三级指标	年度指标值	实际完成值	分值	得分	偏差原因分析及改进措施
	产出指标	数量指标	工程结算	=1项		0.0	0.0	
		数量指标	项目验收	=1项		0.0	0.0	
		数量指标	专项审计	=1项		0.0	0.0	
	效益指标	社会效益指标	为科研提供条件支撑	≥10年		0.0	0.0	
	满意度指标	服务对象满意度指标	使用部门的满意度(%)	≥95%		0.0	0.0	

续表

总分		0.0	0.0	
说明:				

(2) 确定绩效评价对象和范围并下达绩效评价通知。在单位自评基础上,农业农村部计划财务司每年初会统筹研究确定当年绩效评价工作计划,确定绩效评价对象和范围,明确评价任务、评价对象、评价内容、评价工作进程安排、需项目单位提供的资料等,在组织实施部门评价前下达绩效评价通知至各项目单位。必要时委托第三方机构实施部门评价。

(3) 研究制订绩效评价工作方案。部门评价工作方案要符合可行性、全面性和简明性原则,评价内容、方法、步骤和时间节点安排科学合理。评价指标与评价对象密切相关,全面反映项目决策、项目和资金管理、产出和效益;优先选取最具代表性、最能直接反映产出和效益的核心指标,精简实用;指标内涵应当明确、具体、可衡量,数据及佐证资料应当可采集、可获得;同类项目绩效评价指标和标准应具有一致性,便于评价结果相互比较。工作方案中应根据项目情况成立5人(含)以上的评价工作组。评价工作组由项目所涉及领域专家、财务管理专家、绩效管理专家等组成,其中项目所涉及领域专家人数不得少于成员总数的一半。评价工作组人员数量、专业结构及业务能力应满足评价工作需要,并充分考虑利益关系回避、成员稳定性等因素。

(4) 收集相关数据资料,并进行现场调研、座谈。部门评价原则上应采取现场和非现场评价相结合的方式:一是非现场评价,是指评价人员对项目单位提供的项目相关资料和各种公开数据资料进行分类、汇总和分析,对项目进行评价的过程。非现场评价原则上须覆盖所有项目单位。二是现场评价,是指评价人员到项目现场采取勘察、询查、复核或与项目单位座谈等方式,对有关情况进行核实,对所掌握的资料进行分析,对项目进行评价的过程。

(5) 核实有关情况,分析形成初步结论;与被评价部门(单位)交换意见。评价工作组应在与项目单位充分沟通的基础上,考虑完整性、重要性、相关性、可比性、可行性、经济性和有效性等因素,科学编制绩效评价指标体系,以充分体现和客观反映项目绩效状况和绩效目标实现程度。

(6)评价工作组应在对现场评价和非现场评价情况进行梳理、汇总、分析的基础上,综合分析并形成最终结论,形成评价结果并撰写部门评价报告,最后建立绩效评价档案。

三、其他注意事项

(1)项目绩效指标及分值设置科学、合理性,可量化,易取得证明材料,有利于后期绩效评价。

(2)针对项目绩效指标,认真梳理完成情况,存在差异应作偏差分析说明。

(3)证明材料要真实、完整、相关。

(4)一般7月份还会开展年中绩效监控工作,相关注意事项同上。

第九节 项目财务核算

修购专项是"十一五"期间设立的财政专项,2021年改革更名为改善条件专项,主要用于中央级科学事业单位的房屋修缮、基础设施改造、仪器设备购置及仪器设备升级改造。仪器设备购置及升级改造项目的落地实施,改善了科学事业单位仪器设备落后和科研人员实验安全环境得不到保障的局面,也充分发挥了科研仪器设备的使用效益,有效推进了国内先进水平和国际影响力的科技创新平台的构建,有力保障了大量重点科研项目的实施,使得科研配套基础设施保障能力显著增强,同时也有效激发了科研人员自主创新的热情,提升了我国科研仪器设备自主研发的水平,提高了大型科学仪器设备的应用水平,为推动大型仪器设备共享共用平台建设发挥了重要作用。

从2006年中央财政设立了修购专项以来,中国热带农业科学院通过改善条件专项的实施,逐步完善科研试验基地的建设,购置更新了实验室科研仪器设备,改变了科研仪器设备、基础设施及房屋老、破、旧的局面,极大地改善了热科院科研设施条件和试验基地面貌,使热科院在国内、世界热区的学术地位和综合竞争能力得到明显提升,同时也积累了一些在改善条件专项项目组织实施和财务核算上的管理经验。本节以中国热带农业科学院2021年修购专项"××××××

仪器设备购置项目"为例，集中展示仪器设备购置项目财务核算全过程，供项目承担单位的财务人员借鉴、参考。

一、修购项目经费支出范围

项目经费支出是指在项目组织实施过程中与项目相关的、由项目经费支付的各项费用支出，具体包括：

(1)设备购置费。是指仪器设备费用、备品配件费，建安工程中水、暖、电、通、空调等单位工程中的设备费(如电梯、锅炉、配电箱柜、制冷机组、通风设备)等。

(2)材料费。是指在项目实施过程中消耗的主材费、辅材费等。

(3)劳务费。是指项目实施过程中发生的人工费等。

(4)水电动力费。是指在项目实施过程中发生的可以单独测算的施工机械费(含施工运输费)、水电及动力使用费等。

(5)设计费。是指与项目相关的设计费。

(6)运输费。是指仪器设备的运输费、能单独提出的施工机械费中的运输费，特殊情况独立发生的运输费用等。

(7)安装调试费。仅指设备调试费和建安工程中水、暖、电、通、空调等单位工程中必须发生的系统调试费用。

(8)其他费用。是指招标费、监理费、审计费等。

对于仪器设备购置类项目，预算一般只包含设备购置费和其他费用。其中，设备购置费包括设备购置合同中所含的主机价、备品配件费、关税、运输费、安装调试费和外贸代理费等。其他费用包括招标代理费、审计费、预备费等。

二、会计核算的基本要求

(1)遵循政府会计制度。

(2)按项目单独建账核算，确保专款专用。

(3)按国库支付的要求及时请款，确保项目实施的资金需求。

(4)修购项目财政拨款，通过"财政补助收入"科目反映；项目支出核算，依据政府收支分类科目中的经济分类科目，通过"其他资本性支出"等科目反映。

(5)形成的资产要及时登记入账。

三、会计核算的基本要求

(一)仪器设备购置类项目会计核算

根据《中央行政事业单位固定资产管理办法》(国管财字〔2000〕32号)第十条第一款规定:"购入、调入的固定资产,按实际支付的买价、调拨价以及运杂费、保险费、车辆购置附加费等记账";第十款规定:"购置固定资产过程中发生的差旅费,不计入固定资产价值。"依据上述规定,仪器设备购置类项目实施过程中发生的各项费用,原则上应在"资本性支出"(310类)下"办公设备""专用设备""信息网络购建"等科目中核算,同时计入"固定资产"科目。但是项目发生的"差旅费""审计费"等在财务会计核算中发生时,应先计入待摊投资,项目结算后将以上费用分摊至待核销基建支出,最后项目列增固定资产时,冲销待核销基建支出计入"资产处置费用"科目中,不计入固定资产价值。

(二)仪器设备升级改造类项目会计核算

仪器设备升级改造项目实施过程中发生的支出一般分为两类:一类是设备购置;另一类是升级改造研发费用,如材料费、劳务费、调研费、专家咨询费、查新检索费等。在预算会计核算中,对项目实施过程中发生的费用,应在"资本性支出"(310类)下"办公设备""专用设备""信息网络购建"等科目中核算,同时计入"固定资产";在财务会计核算中,对于不符合资本化条件的研发费用,应在费用类科目中核算,不计入固定资产价值。

项目基本情况

项目立项情况

项目名称:×××××仪器设备购置项目

该项目批复立项,总预算3 100 000.00元。

项目批复建设内容:该项目预算购置仪器设备8台/套。其中:超临界二氧化碳萃取仪(1台/套)、流式细胞仪(1台/套)、多功能酶标仪(1台/套)、接触角测量仪(1台/套)、动态表面张力仪(1台/套)、亚临界萃取系统(1台/套)、高效液相色谱仪(1台/套)、步入式人工气候室(1台/套)。

(三)项目实施情况

该项目仪器设备采购采用公开招标方式分两批进行,两批公开招标中标合同合计金额 3 043 600.00 元。其中:

1. 项目招标情况及中标单位

(1)委托招标代理公司代理招标,采购项目名称:×××××仪器设备购置(第一批),最终×××××进出口有限公司中标作为采购单位,合同价为 2 028 000.00 元。

(2)委托招标代理公司代理招标,采购项目名称:×××××仪器设备购置(第二批),最终由×××××电子商务有限公司中标作为采购单位,合同价为 1 015 600.00 元。

2. 仪器设备购置情况

该项目实际购置仪器设备 9 台/套,总金额 3 088 000.00 元。其中:超临界二氧化碳萃取仪(1台/套)、流式细胞仪(1台/套)、多功能酶标仪(1台/套)、接触角测量仪(1台/套)、动态表面张力仪(1台/套)、亚临界萃取系统(1台/套)、高效液相色谱仪(1台/套)、步入式人工气候室(1台/套)、UPS系统(1台/套)。

实际购置仪器设备比预算购置仪器设备多一套 UPS 系统,主要是实施过程中根据项目实际情况,流式细胞仪、动态表面张力仪、接触角测量仪等仪器必须配置 UPS 系统。

四、项目预算安排及执行情况

(一)项目预算安排情况

根据批复文件及项目实施方案,核定项目预算总投资 3 100 000.00 元,全部为财政预算经费。支出范围包括设备购置费 3 088 000.00 元、其他费用 12 000.00 元。

(二)项目专项经费会计核算情况

(1)收到财政拨款额度。按照上报的用款计划下达财政拨款额度,2021 年

全年累计收到财政拨款额度3 100 000.00元,由于收到财政拨款额度账务处理相同,故此处合并列示:

财务会计分录

 借:零余额账户用款额度   3 100 000.00

  贷:财政拨款收入   3 100 000.00

预算会计分录

 借:资金结存   3 100 000.00

  贷:财政拨款预算收入   3 100 000.00

收到的专项资金纳入单位财务统一管理,建立项目辅助账单独核算,本案例所涉及科目辅助核算的项目档案均为"×××××仪器设备购置项目"。

(2)支付设备预付款。

①2021年6月与×××××进出口有限公司签订仪器设备采购合同,合同金额为2 028 000.00元。2021年6月收到该公司履约保证金之后,按照约定支付合同金额60%的预付款1 216 800.00元,账务处理如下所示:

财务会计分录

 借:预付账款/非建设工程   1 216 800.00

  贷:零余额账户用款额度   1 216 800.00

预付账款科目辅助核算:[单位往来:×××××进出口有限公司]

预算会计分录

 借:事业支出/科研支出/财政拨款 1 216 800.00

  贷:资金结存/零余额账户用款额度 1 216 800.00

事业支出科目辅助核算:[经济分类(政府预算支出):资本性支出(一)][经济分类(部门预算支出):专用设备购置]

②2021年6月与×××××电子商务有限公司签订仪器设备采购合同,合同金额为1 015 600.00元,购置3台设备。2021年6月,收到该公司履约保证金之后,按照约定支付合同金额60%的预付款609 360.00元,账务处理同上,但预付账款科目辅助核算为:[单位往来:×××××电子商务有限公司]。

(3)支付设备购置款。

①分批到货。2021年9月,与×××××电子商务有限公司购置设备中到

货两台,该公司完成设备安装调试,并提供仪器设备验收报告。到货两台设备价款共计 665 600.00 元,已预付 399 360.00 元,按合同约定支付两台设备尾款 266 240.00 元,账务处理如下所示:

 财务会计分录

  借:在建工程/设备投资   665 600.00

   贷:预付账款/非建设工程   399 360.00

    零余额账户用款额度   266 240.00

 预付账款科目辅助核算:[单位往来:×××××电子商务有限公司]

 预算会计分录

  借:事业支出/科研支出/财政拨款   266 240.00

   贷:资金结存/零余额账户用款额度   266 240.00

事业支出科目辅助核算:[经济分类(政府预算支出):资本性支出(一)][经济分类(部门预算支出):专用设备购置]

2021 年 12 月,与×××××电子商务有限公司购置设备全部到货,该公司完成设备安装调试,并提供仪器设备验收报告。到货设备价款共计 350 000.00 元,已预付 210 000.00 元,按合同约定支付两台设备尾款 140 000.00 元,账务处理与支付部分到货设备尾款相同,此处不再赘述。

②一次性到货。2021 年 12 月,与×××××进出口有限公司购置设备全部到货,该公司完成设备安装调试,并提供仪器设备验收报告。到货设备价款共计 2 028 000.00 元,已预付 1 216 800.00 元,按合同约定支付设备尾款 811 200.00 元,账务处理如下所示:

 财务会计分录

  借:在建工程/设备投资   2 028 000.00

   贷:预付账款/非建设工程   1 216 800.00

    零余额账户用款额度   811 200.00

 预付账款科目辅助核算:[单位往来:×××××进出口有限公司]

 预算会计分录

  借:事业支出/科研支出/财政拨款   811 200.00

   贷:资金结存/零余额账户用款额度   811 200.00

事业支出科目辅助核算：[经济分类（政府预算支出）：资本性支出（一）][经济分类（部门预算支出）：专用设备购置]

③补充购置 UPS 系统。2021 年 11 月，根据项目实际情况与×××××进出口有限公司签订 UPS 系统采购合同，设备数量为 1 台/套，合同金额为 44 400.00 元。12 月，该公司提供设备完成安装调试，并出具仪器设备验收报告，按合同约定一次性付清货款 44 400.00 元，账务处理如下所示：

财务会计分录

  借：在建工程/设备投资   44 400.00

    贷：零余额账户用款额度   44 400.00

预算会计分录

  借：事业支出/科研支出/财政拨款   44 400.00

    贷：资金结存/零余额账户用款额度   44 400.00

事业支出科目辅助核算：[经济分类（政府预算支出）：资本性支出（一）][经济分类（部门预算支出）：专用设备购置]

④年末注销零余额授权结转额度。截至 2021 年 12 月 31 日，该项目共支出 3 088 000.00 元，剩余 12 000.00 元结转下年使用，账务处理如下：

财务会计分录

  借：财政应返还额度/财政授权支付   12 000.00

    贷：零余额账户用款额度   12 000.00

预算会计分录

  借：资金结存/财政应返还额度/财政授权支付 12 000.00

    贷：资金结存/零余额账户用款额度   12 000.00

⑤收到财政应返还额度。2022 年 1 月，收到财政应返还额度，账务处理如下：

财务会计分录

  借：零余额账户用款额度   12 000.00

    贷：财政应返还额度/财政授权支付   12 000.00

预算会计分录

  借：资金结存/零余额账户用款额度   12 000.00

贷：资金结存/财政应返还额度/财政授权支付　　　12 000.00

　　⑥支付专家评审费。2022年初,组织对该项目验收工作,发生专家评审费用6 000.00元,实际发放给个人5 600.00元,代扣个税400.00元从零余额账户转入基本账户,账务处理如下：

　　财务会计分录

　　　　借：在建工程/待摊投资　　　　　　　　　　　　6 000.00
　　　　　　银行存款　　　　　　　　　　　　　　　　　400.00
　　　　　　贷：零余额账户用款额度　　　　　　　　　　6 000.00
　　　　　　　　应交税费/应交个人所得税　　　　　　　　400.00
　　　　在建工程科目辅助核算：[待摊投资明细：其他待摊费]

　　预算会计分录

　　　　借：事业支出/科研支出/财政拨款　　　　　　　　6 000.00
　　　　　　贷：资金结存/零余额账户用款额度　　　　　　6 000.00
　　　　事业支出科目辅助核算：[经济分类（政府预算支出）：资本性支出（一）][经济分类（部门预算支出）：其他支出]

　　⑦支付审计费。委托会计师事务所对该项目进行审计,发生审计费用6 000.00元,支付审计费账务处理如下：

　　财务会计分录

　　　　借：在建工程/待摊投资　　　　　　　　　　　　6 000.00
　　　　　　贷：零余额账户用款额度　　　　　　　　　　6 000.00
　　　　在建工程科目辅助核算：[待摊投资明细：社会中介审计（审查）费]

　　预算会计分录

　　　　借：事业支出/科研支出/财政拨款　　　　　　　　6 000.00
　　　　　　贷：资金结存/零余额账户用款额度　　　　　　6 000.00
　　　　事业支出科目辅助核算：[经济分类（政府预算支出）：资本性支出（一）][经济分类（部门预算支出）：其他支出]

　　⑧列增固定资产。2022年以通过验收的"财政专项决算表"和审计报告为依据,增加原固定资产的价值,计入"固定资产"科目4 850 000.00元。账务处理如下：

财务会计

①将待摊投资转入"在建工程/建筑安装工程投资/建筑工程"科目,审计费及专家评审费各 6 000.00 元

  借:在建工程/建筑安装工程投资/建筑工程   12 000.00

    贷:在建工程/待摊投资/社会中介审计(审查)费 6 000.00

      在建工程/待摊投资/其他待摊费   6 000.00

②列增固定资产

  借:固定资产/非融资租入固定资产/房屋及构筑物

                3 100 000.00

    贷:在建工程/建筑安装工程投资/专用设备 3 100 000.00

预算会计不做处理。

附录1　项目申报书格式（改革更名前）

中央级科学事业单位

修缮购置项目申报书（旧版）

项　目　单　位：_____（盖章）
单位预算编码：_____
法　人　代　表：_____（签字）
主　管　部　门：_____
申　报　时　间：　　　年　　月　　日

中华人民共和国财政部　制

填表说明：

本申报书由项目单位填写。一式 4 份,单位自留 1 份,上报主管部门 1 份,经初审后上报财政部 2 份。如果主管部门另有需求,印制数量可酌加。

附表 1－1 中,联系人指项目单位修购项目实施的主要负责人或项目办公室主要负责人。"科研队伍""仪器设备"等相应栏目填报的数据均截止到上一年 12 月 31 日为准。"项目单位及项目情况概述"要求文字简洁,尽可能以量化的数据进行阐述和说明。涉及所申报项目内容,应该分明细项目逐一阐明。

附表 1－3 中的"建筑面积"指所申报修缮项目涉及的原建筑物的总建筑面积,"修缮面积"是指所申报修缮项目涉及的建筑面积。

附表 1－4 中"投入使用时间"指拟改造的基础设施建成后投入使用的年份。

附表 1－5 中的"仪器设备名称"仅填写价值 5 万元以上仪器设备,即仪器设备购置项目只允许购置价值 5 万元以上的仪器设备。

附表 1－6 中的"购置时间"和"原值"指拟要升级改造的仪器设备的购置时间及原值。

附表 1－3、附表 1－4、附表 1－5、附表 1－6 中,"项目编号"由"单位预算编码＋项目类别码(1 位)＋项目顺序码(2 位)"组成,其中项目类别码分别规定为：1－房屋修缮,2－基础设施改造,3－仪器设备购置,4－仪器设备升级改造；项目顺序码分项目类别顺序编排,但填表时,项目编号只填写后三位；"总体排序"指项目单位对所申报的 4 类项目全部汇总后按项目轻重缓急排定的优先顺序；"实施周期"指项目从启动到结束所需要的总时间,以月为单位。

附表 1－7 是对附表 1－3、附表 1－4、附表 1－6 相关栏目的补充,其中的"项目编号""项目名称"和"项目类型"与附表 1－3、附表 1－4、附表 1－6 中的相关栏目完全对应。"项目主要内容"分别是附表 1－3"修缮工作内容摘要"、附表 1－4"主要改造内容摘要"和附表 1－6"利用的主要技术和升级改造的主要内容摘要"等相应栏目内容的进一步细化,对于仪器设备升级改造项目应列出升级改造设备名称、规格及型号、升级改造技术方案和内容等。"项目支出明细预算"中的支出细目包括："原材料""辅助材料""设备购置费""人工费""水电动力费""设计费""运输费""安装调试费""其他费用"等,可根据不同类别项目分别选填和划分开支细目。附表 1－7 可续页。

附表 1-1　　　　　　　　　　项目单位基本情况表

	单位名称			所属部门		
人员信息	人员	姓名	职务	联系电话	电子邮箱	联系地址
	法人代表					
	联系人					
科研队伍	编制(人)			实有(人)		
	专职科研人员(人)			离退休(人)		
	35～50岁中青年科研人员(人)			院士(人)		
	在读博士生(人)			在读硕士生(人)		

	分类统计	数量(台件)		原值(万元)	
仪器设备		总量	其中:在用	总量	其中:在用
	总计				
	其中:10万～50万元				
	50万～100万元				
	100万元以上				

	时期	前五年期间		上一年	
科技经费		项目数(项)	经费(万元)	项目数(项)	经费(万元)
	总计				
	其中:纵向				
	横向				
	国际合作				

		前五年期间	上一年
科技成果	国家科技进步奖(项)		
	国家技术发明奖(项)		
	省部科技进步奖(项)		
	省部技术发明奖(项)		
	鉴定新药证书或申请新品种保护(项)		
	申请国家专利(项)		
	发表SCI论文(篇)		

附表 1－2　　　　　　　　　　　　项目基本情况表

	经费来源 项目类型	总　计 （万元）	中央财政 （万元）	主管部门 （万元）	其他 （万元）
项目申请经费	总　计				
	房屋修缮				
	基础设施改造				
	仪器设备购置				
	仪器设备升级改造				
项目基本情况概述	（尽可能以量化的指标简要阐明项目实施的意义，各明细项目工作目标、验收标准及项目实施的保障条件等，可续页。）				

附表 1—3　房屋修缮类明细项目表

| 项目编号 | 项目名称 | 建成时间 | 建筑面积（m²） | 修缮面积（m²） | 修缮工作内容摘要 | 实施周期（月） | 经费申请数（万元） ||| 总体排序 |
							合计	中央财政	主管部门	其他	
—	合计	—			—	—					—

附表1—4　基础设施改造类明细项目表

项目编号	项目名称	投入使用时间	主要改造内容摘要	实施周期（月）	经费申请数（万元）			总体排序
					合计	中央财政	主管部门	其他	
—	合计	—	—	—					—

附表 1-5　仪器设备购置类明细项目表

项目编号	项目名称/设备名称	规格及型号	产地	主要用途摘要	数量（台件）	实施周期（月）	经费申请数（万元）				总体排序
							合计	中央财政	主管部门	其他	
—	合计	—	—	—		—					—
1	×××项目小计										—
	××设备										
2	××设备										
⋯⋯	⋯⋯										
1	×××项目小计										—
	××设备										
2	××设备										
⋯⋯	⋯⋯										
1	×××项目小计										—
	××设备										
⋯⋯	⋯⋯										

附表1—6　仪器设备升级改造类明细项目表

项目编号	项目名称/设备名称	购置时间	原值（万元）	利用的主要技术和升级改造的主要内容摘要	实施周期（月）	经费申请数（万元）				总体排序
						合计	中央财政	主管部门	其他	
—	合计	—	—	—	—					—
1	×××项目小计									—
	××设备									
	××设备									
	……									
2	×××项目小计									—
	××设备									
	××设备									
	……									
……	×××项目小计									—
	××设备									
	……									

附表 1-7　　　　　　　明细项目主要内容及支出预算补充资料表

项目编号		项目名称	
项目类型	□房屋修缮　　□基础设施改造　　□仪器设备升级改造			

项目主要内容	
申请经费测算依据	

		合计	中央财政	主管部门	其他
项目支出预算明细表	合计				
	1.				
	2.				
	3.				
	4.				
	5.				
	6.				
	7.				
	8.				
	9.				

附录2　项目申报书格式(改革更名后)

项目基本信息

项目类别		一级项目名称		项目类型	
二级项目模板名称		项目代码		项目名称	
密级(项目名称)		定密时间(项目名称)		是否长期(项目名称)	
保密期限(项目名称)					
项目单位		起始年度		项目期限(年)	
功能科目		项目总金额		是否新增资产配置信息	
项目联系人		项目负责人		是否基建项目	
项目联系人电话		项目负责人联系电话		基建项目类型	
是否横向项目		是否科研项目		主管司局	
是否包含财政资金		是否后补助项目		热点分类	
密级(项目文本)		定密时间(项目文本)		是否长期(项目文本)	
保密期限(项目文本)					
项目绩效目标					
立项的必要性和依据	房屋修缮及基础设施改造类： 1. 项目实施的意义和目标 2. 项目的必要性和紧迫性 3. 项目主要建设内容及总预算情况 4. 项目主要建设内容及总预算情况 注：字数限制无法填完整的,可简要说明(但内容应相对完整),并备注"详见可研报告"				
实施方案	房屋修缮类： 1. 项目实施方案(应说明房屋修缮工程的基本情况,如实施地点、建成时间、建筑面积、修缮方式、修缮主要内容及规模、实施周期等；说明修缮完成后的预期效果、用途等) 2. 项目实施的组织保障条件 3. 经费需求及测算依据(应说明总经费需求及测算依据、各分项内容及经费明细、经费来源说明等) 基础设施改造类： 1. 项目实施方案(应说明基础设施改造工程的基本情况,如实施地点、投入使用时间、基础设施服务范围、改造方式、改造主要内容及规模、实施周期等；说明改造完成后的预期效果、用途等) 2. 项目实施的组织保障条件 3. 经费需求及测算依据(应说明总经费需求及测算依据、各分项内容及经费明细、经费来源说明等) 注：字数限制无法填完整的,可简要说明(但内容应相对完整),并备注"详见可研报告"				
评审论证方式					
评审内容及意见					

分年度支出计划信息

项目编码：　　　　项目名称：　　　　　　　　　　　　　　　　单位：万元

序号	年度	年度支出计划金额	财政拨款	专户资金	非同级财政拨款	售房收入	其他资金	上年结转
1								
	合计							

序号	部门经济分类科目	政府经济分类科目	金额	财政拨款	专户资金	非同级财政拨款	售房收入	其他资金	上年结转
1									
2									
3									

项目测算信息

项目编码：
项目名称：

序号	项目活动	项目活动描述	子活动	对子活动的描述	分项支出	支出标准名称	标准限额（元）	计量单位	数量/频率	价格/标准（元）	支出计划（万元）	部门经济分类	备注
1	房屋修缮/基础设施改造	项目要实现的目的	××号楼修缮工程/××（单项工程）基础设施改造	说明修缮、改造后的主要功能、作用	大型修缮	申报项目名称	申报总金额		工程量	单位工程造价	概算中该项投资	大型修缮	
2			工程建设其他费	勘察设计费	用于勘察设计费支出	大型修缮	申报项目名称	申报总金额				概算中该项投资	大型修缮	
3			工程建设其他费	工程监理费	用于工程监理费支出	大型修缮	申报项目名称	申报总金额				概算中该项投资	大型修缮	
4			工程建设其他费	招标代理费	用于工程招标代理费支出	大型修缮	申报项目名称	申报金额				概算中该项投资	大型修缮	
5													
6													
7													
8													
9													

项目实施绩效目标

项目编码：　　　　　　项目名称：

项目绩效目标：

一级指标	二级指标	三级指标	指标类型	指标方向	目标值	计量单位	备注	分值（权重）

注：参照《科研机构改善科研条件专项项目绩效指标体系》，一级指标、二级指标、三级指标名称均不得随意修改。

新增资产配置信息

年度：　　　　　项目编码：　　　　　项目名称：　　　　　单位：万元

序号	部门经济分类	资产分类	资产用途	是否租用	资产名称	数量	单价	总价

政府采购信息

年度：　　　　项目编码：　　　　项目名称：　　　　单位：万元

序号	部门经济分类	政府采购品目	是否政府采购	计量单位	数量	单价	总金额	财政拨款	专户资金	非同级财政拨款	售房收入	其他资金	上年结转

附录3 基础设施改造类(房屋修缮类)项目实施方案格式

农业农村部科学事业单位改善科研条件专项基础设施改造类(房屋修缮类)项目实施方案

项 目 名 称：_____
项目承担单位：_____（公章）
项目批复文号：_____
单位预算代码：_____
法 定 代 表 人：_____（签章）
单 位 联 系 人：_____
联 系 电 话：_____
填 报 时 间：_____

中华人民共和国农业农村部科技教育司　制

填报说明及要求

1. 项目承担单位有关部门会同财务部门共同编制本实施方案。

2. "项目承担单位",须填写单位全称,并加盖单位公章。

3. 项目承担单位须按照农业农村部下达的中央级科研院所修缮购置专项经费预算,根据项目申报书工作内容和中介机构评审意见,编报本项目实施方案。

4. 本实施方案包括项目基本情况、采购、组织管理、进度安排、建设方案(初步设计)及概算等。

5. 项目承担单位应按照《中华人民共和国政府采购法》《中华人民共和国招标投标法》及相关规定填报项目实施方案。

6. 中国农业科学院、中国水产科学研究院和中国热带农业科学院负责组织对本实施方案进行审核,并按规定向农业农村部报送项目实施方案。农业农村部科技教育司批复的项目实施方案,作为项目承担单位实施、验收和绩效考评的依据。

7. "实施周期"以实施方案批复时间为起点,原则上不超过12个月。

8. 本实施方案报送一式6份。批复文本项目承担单位留存2份,三院留存2份,农业农村部科技教育司和财务司各1份。

一、项目基本情况

(一)项目概况
项目建设地点位于____,总投资____万元,建设期为____年。
(二)建设内容
(三)项目实施必要性
(四)项目实施目标
1. 总体目标
2. 具体目标
(五)项目调整情况

项目建设规模:

项目建设投资:
项目概算总投资____万元,资金来源为财政预算拨款—改善科研条件专项资金。项目建设内容均为建安工程。其中建安工程费用____万元,占总投资的____%;工程建设其他费____万元,其中勘察设计费____万元、工程监理费____万元、招投标费____万元,占总投资的____%。

二、项目采购情况

主要介绍项目设计、监理、施工等项目内容组织招标采购等情况。

采购范围	概算金额(万元)	招标组织形式		采购方式			备注
		委托招标	自行招标	公开招标	邀请招标	其他	
一、设计	—	—	—	—	—	—	
工程设计							
二、监理	—	—	—	—	—	—	
工程施工监理							
三、施工	—	—	—	—	—	—	
工程施工		√					

注:1."招标组织形式""采购方式",在相应表格填"√"。2."采购方式"为"邀请招标"和"其他"的,应在本节以文字说明采购方式及理由。

三、组织管理

(一)项目实施要求
(二)项目建设实施管理
(三)项目建成后的管理

四、进度安排

项目建设期为____年,____年____月____月。____年预算____万元。
第一阶段:前期准备阶段;
第二阶段:招标阶段;
第三阶段:工程施工阶段;
第四阶段:工程结算阶段;
第五阶段:项目验收阶段。
依据各项工作所需时间制定计划进度,进度以月为单位。

五、项目预算

支出范围	经费预算(万元)	测算依据
合　计		
1.设备购置费		(概算)
2.材料费		(概算)
3.劳务费		(概算)
4.水电动力费		(概算)
5.设计费		(概算)
6.运输费		(概算)
7.安装调试费		(概算)
8.其他费用		

填表说明：

1.施工企业费用（如管理费、利润、税金等）应分摊到设备购置费、材料费、劳务费、水电动力费等费用科目。

2.劳务费包括人工费。

3.水电动力费包括施工机械费。

4.项目发生的其他费用包括招投标费、监理费、审计费和不可预见费等。

六、审核意见

项目承担单位意见： 通过项目的实施____。项目建设方案可行，初步设计和概算编制合理，同意该实施方案。 单位财务部门负责人签字： 　　　　　　　单位法定代表人签字：　　　　　　单位公章 　　　　　　　　　　　　　　日期：　　年　　月　　日
院审核意见：   　　　　　　　　　　　　负责人签字：　　　　　　公　章 　　　　　　　　　　　　　　日期：　　年　　月　　日
科技教育司审核意见：   　　　　　　　　　　　　负责人签字：　　　　　　公　章 　　　　　　　　　　　　　　日期：　　年　　月　　日

七、附件：建设方案（初步设计）及概算

附录4　项目申报文本

项目基本信息

项目类别		一级项目名称		项目类型	
二级项目模板名称		项目代码		项目名称	
密级(项目名称)		定密时间(项目名称)		是否长期(项目名称)	
保密期限(项目名称)					
项目单位		起始年度		项目期限(年)	
功能科目		项目总金额		是否新增资产配置信息	
项目联系人		项目负责人		是否基建项目	
项目联系人电话		项目负责人联系电话		基建项目类型	
是否横向项目		是否科研项目		主管司局	
是否包含财政资金		是否后补助项目		热点分类	
密级(项目文本)		定密时间(项目文本)		是否长期(项目文本)	
保密期限(项目文本)					
项目绩效目标					
立项的必要性和依据	购置、研制及升级改造类： 1. 项目实施必要性和紧迫性 2. 项目负责人(项目负责人学术水平、科研能力、设备需求等内容介绍) 3. 承担与项目相关的科研任务情况(项目单位承担的、与本项目相关的科研任务情况介绍,包括项目类别、项目名称、实施周期、项目经费预算等) 4. 项目主要建设内容及总预算情况 注：因字数限制无法填完整的,可简要说明(但内容应相对完整),并备注"详见可研报告"				
实施方案	购置类： 1. 项目主要内容和目标介绍(先介绍项目主要内容,之后依次介绍拟购置的每台仪器设备基本情况) 如： (1)××设备。①购置理由、主要用途、科研方向。②主要技术指标及配置。③厂家报价及选型。④现有同类型仪器设备使用管理情况。 (2)××设备。①购置理由及主要用途。②主要技术指标及配置。③厂家报价及选型。④现有同类型仪器设备使用管理情况 2. 项目实施的组织保障条件(包括但不限于人员、场地、管理制度等) 设备研发和升级改造类： 1. 项目主要内容和目标介绍(先介绍项目主要内容,之后依次介绍自研或升级改造的仪器设备基本情况)				

续表

实施方案	如： (1)××设备自研。①自研理由、主要用途、科研方向。②自研设备可行性论证报告。③自研设备所需技术条件情况。④自研设备的具体性能、功能指标。⑤自研设备项目实施方式。 (2)××设备升级改造。①升级改造理由及主要用途,设备现状及需求情况。②升级改造的经济说明(升级改造与新设备购置的优劣)。③升级改造的主要内容。④升级改造后的具体性能、功能指标。⑤升级改造项目实施方式。 2.项目实施的组织保障条件(包括但不限于人员、场地、管理制度等) 注:字数限制无法填完整的,可简要说明(但内容应相对完整),并备注"详见可研报告"
评审论证方式	
评审内容及意见	

分年度支出计划信息

项目编码：　　　　　　　　　　　　　　　　　　　　　　　　　　　　单位：万元

项目名称：

序号	年度	年度支出计划金额	财政拨款	专户资金	非同级财政拨款	售房收入	其他资金	上年结转
1								
	合计							

序号	部门经济分类科目	政府经济分类科目	金额	财政拨款	专户资金	非同级财政拨款	售房收入	其他资金	上年结转
1									
2									
3									

项目测算信息

项目编码：　　　　项目名称：

序号	项目活动	项目活动描述	子活动	对子活动的描述	分项支出	支出标准名称	标准限额（元）	计量单位	数量/频率	价格/标准（元）	支出计划（万元）	部门经济分类	备注
1	设备自研	自研设备的技术条件、设备用途、具体功能、性能指标	设计费	按设备设计费用的构成逐行填列									
2			材料费	按材料、器件、部件的品类逐行填列，并注明具体规格型号、品牌等		××台/件/KG	××万元						
3			加工费	按设备加工费用的构成逐行填列									
4			其他直接相关费用	按其他直接相关费用的具体构成逐行填列						说明与子活动的关联性			

项目实施绩效目标

项目编码：　　　　　　　项目名称：

项目绩效目标：

一级指标	二级指标	三级指标	指标类型	指标方向	目标值	计量单位	备注	分值（权重）

注：参照《科研机构改善科研条件专项项目绩效指标体系》，一级指标、二级指标、三级指标名称均不得随意修改。

新增资产配置信息

年度：　　　　项目编码：　　　　项目名称：　　　　单位：万元

序号	部门经济分类	资产分类	资产用途	是否租用	资产名称	数量	单价	总价

政府采购信息

年度：　　　　项目编码：　　　　项目名称：　　　　单位：万元

序号	部门经济分类	政府采购品目	是否政府采购	计量单位	数量	单价	总金额	财政拨款	专户资金	非同级财政拨款	售房收入	其他资金	上年结转

附录 5　项目可行性研究报告

×××项目可行性研究报告提纲(参考)
(设备购置和设备自研及改造两类项目)

一、基本情况

(一)申报单位基本情况

(二)项目基本情况

二、项目的背景和意义

三、项目内容和关键技术

(一)主要研究内容

(二)技术路线

(三)拟解决的关键问题

四、必要性、紧迫性和可行性

五、组织实施方式和保障措施

(一)项目组织实施管理方式

(二)项目实施的保障措施

六、前期工作基础

(一)申报单位前期研究工作情况

(二)前期研究所取得的进展和阶段性成果

七、计划进度

八、绩效目标

(一)研究目标(总体与年度目标)

1. 总体目标

2. 年度目标

(二)绩效考核指标(总体绩效指标与年度绩效指标)

1. 总体考核指标

2. 年度绩效指标

九、资金支出内容及测算依据

(一)经费预算(单位:万元)

(二)详细测算依据

十、单位意见

项目单位法定代表人对报告的准确性、真实性负责。

单位法人(签字):

项目单位(盖章):

年　　月　　日

附录6 2006—20××年修缮购置专项执行情况统计表

××研究所修购项目执行情况统计表（仪器设备购置类项目）

项目单位名称：（公章）

项目名称	项目年度	资金使用情况			新增固定资产													备注
		预算批复（万元）	实际完成（万元）	资金执行率（%）	实验室		质检中心		分析测试中心		改良中心		工程技术中心		试验基地		野外观测台站		
					仪器设备（台/套）	金额（万元）	仪器设备（台/套）	金额（万元）	仪器设备（台/套）	金额（万元）	仪器设备（台/套）	金额（万元）	仪器设备（台/套）	金额（万元）	仪器设备（台/套）	金额（万元）	仪器设备（台/套）	金额（万元）	
合计																			

注：按项目填列执行情况。已通过验收的项目，按验收审核后的情况填列，参见农业部《中央级科学事业单位修缮购置专项项目管理信息系统》；未验收的，按实际完成情况填列，并备注说明。

××研究所修购项目执行情况统计表（仪器设备升级改造类项目）

项目单位名称：(公章)

<table>
<tr><th rowspan="3">项目名称</th><th rowspan="3">项目年度</th><th colspan="3">资金使用情况</th><th colspan="12">新增固定资产</th><th rowspan="3">备注</th></tr>
<tr><th rowspan="2">预算批复(万元)</th><th rowspan="2">实际完成(万元)</th><th rowspan="2">资金执行率(%)</th><th colspan="2">实验室</th><th colspan="2">质检中心</th><th colspan="2">分析测试中心</th><th colspan="2">改良中心</th><th colspan="2">工程技术中心</th><th colspan="2">其他</th></tr>
<tr><th>仪器设备(台/套)</th><th>金额(万元)</th><th>仪器设备(台/套)</th><th>金额(万元)</th><th>仪器设备(台/套)</th><th>金额(万元)</th><th>仪器设备(台/套)</th><th>金额(万元)</th><th>仪器设备(台/套)</th><th>金额(万元)</th><th>仪器设备(台/套)</th><th>金额(万元)</th></tr>
<tr><td></td><td></td><td></td><td></td><td></td><td></td><td></td><td></td><td></td><td></td><td></td><td></td><td></td><td></td><td></td><td></td></tr>
<tr><td>合计</td><td></td><td></td><td></td><td></td><td></td><td></td><td></td><td></td><td></td><td></td><td></td><td></td><td></td><td></td><td></td><td></td></tr>
</table>

注：按项目填列执行情况，已通过验收的项目，按验收审核后的情况填列，参见农业部《中央级科学事业单位修缮购置专项项目管理信息系统》；未验收的，按实际完成情况填列，并备注说明。

附录 7 新增大型科研仪器设备使用承诺书

中国热带农业科学院
新增大型科研仪器设备使用承诺书

本单位××××年度中央级科学事业单位改善科研条件专项资金项目申请购置 50 万元以上大型科研仪器设备　　　　台(/套)。为进一步推进大型仪器设备共享共用工作,实现科研资源的共享和优化配置,提高财政资金使用效益,本单位特郑重承诺:

一、上述每台仪器设备年有效使用机时保证至少达到承诺使用机时数,每台(套)仪器设备承诺机时数详见附件。

二、本单位负责安排专业技术人员管理该仪器设备,负责该仪器设备的日常保养、维护及使用登记记录工作,出现故障及时报修,确保该仪器正常运行。

三、上述大型科研仪器设备除服务于本单位外,按国家有关规定对院内外开放共享。

四、如无法履行以上承诺,本单位自愿接受院以下规定:

(一)上年度累计新增大型科研仪器设备有效使用机时总数低于承诺机时总数 60% 的,暂停本单位下一年度中央级科学事业单位改善科研条件专项资金项目设备类项目申报资格。

(二)连续两年累计新增大型科研仪器设备年度有效使用机时总数高于承诺机时总数 60%(含),但低于承诺机时总数的,暂停本单位下一年度中央级科学事业单位改善科研条件专项资金项目设备类项目申报资格。

申报单位(公章):　　　　　　　　　　　　单位负责人:
日期:

附件：

××××年度大型科研仪器设备申购明细表

单位名称(公章)：

序号	项目名称	项目负责人	设备名称	基本有效使用机时（小时/年）	承诺有效使用机时（小时/年）
				1 080	
				1 080	
				1 080	
年度机时合计					

注：

1.承诺使用机时作为当年新增设备申报评审和推荐排序的重要依据，承诺使用机时超过基本使用机时的，优先推荐申报；承诺使用机时小于基本使用机时的，原则上不推荐申报。

2.承诺年限至少为 10 年。

3.基本有效使用机时＝额定有效使用机时 1 800 小时×60%。

附录8　仪器设备购置专家论证意见

专家论证意见

一、基本情况	
申请单位	
拟采购产品名称	
拟采购产品金额	
采购项目所属项目名称	
采购项目所属项目金额	
二、申请理由	
内容包括但不限于拟购设备的具体用途，本单位至少5年内科学研究对该设备的使用需求（需有测算依据），相应的设备管理技术人员情况，设备投入使用后对科研工作的推动作用等。	
三、专家论证意见	
通过考察该项目的绩效目标、所属相关学科发展情况和科研需求，根据院内现有同类仪器设备的资源状况分析，专家组经过论证，得出以下意见： 1. 2. 3. …… 经专家组审核，一致同意推荐购买该设备。 专家签字： 　　　　　　　　　　　　　　　　　　　　　　20××年××月××日	

大型仪器设备购置论证专家

序号	姓名	职称/职务	专业	单位
1				
2				
3				
4				
5				

附录 9 设备购置申请报告

大型科研仪器设备购置申请报告
（概要模版）

一、科研仪器设备基本信息。主要包括名称、型号、功能、产地国别、数量、单价、经费预算和来源、采购方式以及供货来源等。

二、科研仪器设备购置必要性。主要包括该仪器设备适用的科研领域和对当前科研工作的作用。

三、本单位现有同类大型科研仪器设备使用管理情况。主要包括本单位现有同类仪器设备的购置年代、型号、原值、使用情况（含年平均有效机时、开放共享、平均报废时间等）以及本单位科研仪器设备运维保障情况等。

四、本单位现有实验队伍支撑情况。主要包括本单位配备专职/兼职实验管理人员和仪器设备操作人员的总人数、资质状况、日平均有效工作时长、培训学习情况等。

五、开放共享方案。主要包括本单位对于拟购置大型科研仪器设备开放共享的有关安排。

附录 10 改善科研条件专项设备购置类项目查重情况说明

关于 20××年改善条件专项设备购置类项目
内容查重情况的说明

中国热带农业科学院：

我单位将统筹考虑 20××年改善条件专项设备购置类项目内容与 20××年新申报的基建项目中设备购置内容，确保没有重复购置的情况。

特此说明！

中国热带农业科学院××研究所
20××年××月××日

附录 11 单位明确同意购置的证明

中国热带农业科学院×××研究所
大型科研仪器设备购置意见

经单位研究决定,同意购置大型科研仪器设备×××××。

　　　　　　　　　　　　　　　　　　单位负责人：
　　　　　　　　　　　　　　　　　　单位盖章：
　　　　　　　　　　　　　　　　　　时间:20××年××月××日

附录 12　仪器设备验收报告

仪器设备验收报告

单　　位：
设备名称：
使用部门：
验收负责人：
验收日期：

中国热带农业科学院　制

填表说明：

验收单位须按验收报告各项要求，认真逐项填写。

书写验收报告一般应包括以下内容：

仪器设备基本情况：应与合同和到货仪器设备一致，国别及厂商应为生产商国别及名称。

开箱验收记录：如根据仪器设备实际情况不需进行开箱验收的，无须填此表；如开箱验收与仪器设备验收同时进行的，可在设备验收记录中一并体现，可不填写此表；如开箱验收与仪器设备验收不是同时进行时必须完整填写。

安装、调试、运行过程及结果记录：应按照实际情况详细描述；如与供应商代表进行洽谈需备忘的应附于本记录中；如果即插即用等安装调试十分简便的，可在设备验收记录表中一并体现，可不填写此表。

仪器设备性能及技术指标与合同要求符合程度：可按照合同约定的内容进行比对描述，以验证是否达到合同规定要求，并应写明验证标准、方法、程序等内容，以及用以验收测试的标准样品，测试仪器的型号规格及性能指标。

附件、备件及技术资料、说明书：验证乙方是否按照合同约定或有关规定提供完整的上述材料，并在本表中标明。

国家职能部门或社会中介机构出具的相关验收文件情况：如有，可附于验收情况记录中。

随附与厂商洽谈备忘录、商品检验证书、索赔文件资料等：如有，可附于验收情况记录中。

联调情况记录：如不与其他设备联调则不能测试本设备性能的，必须填写；反之可不填写。该表表述的是通过联调验证本设备的性能指标，与大系统设备联调报告不同。

培训情况记录：如果设备操作简单，合同未约定验收前培训的，可不填写。

本验收报告是仪器设备档案的重要组成部分。要求字迹清晰，书写整齐。

验收结束后将该报告及随机材料一式四份交使用者、档案部门、资产管理部门、财务部门。

下载地址：院网资产处点击下载。

仪器设备基本情况登记

设备名称	中文				
	外文				

规格型号		数量	
国别及厂商		出厂编号	
出厂日期		仪器设备经费来源项目名称	
合同号		到货日期	
安装使用地点			
价格	人民币		外币	
使用负责人		联系电话	

设备随机资料（登记）

序号	名　称	份数	序号	名　称	份数

设备附件、备件（登记）

序号	名　称	台件数	序号	名　称	台件数

仪器设备开箱验收记录

(如进行该程序则需填此表)

开箱验收时间	年　　月　　日			
设备外观情况					
设备资料情况					
开箱验收结论意见					
开箱验收人员					
姓名	单位	职称/职务	签名	

仪器设备安装调试记录

（如进行该程序则需填此表）

记录人		安装调试时间	
参加人员			
姓名	单位	职称/职务	签名
（安装、调试、运行过程及结果等记录，与供应商代表洽谈情况等）			

仪器设备联调情况记录

（本设备需与其他设备联调使用的联调后填此表）

（时间地点、联调设备构成及功能等情况，调试过程、调试结果、参调人员等）

仪器设备验收记录

［内容包括：仪器设备性能及技术指标与合同规定要求符合程度、验证方式方法、验证标准以及附贴测试资料（包括曲线、图纸、照片等）并加以说明；用以验收测试的标准样品，测试仪器的型号规格及性能指标；国家职能部门或社会中介机构出具的相关验收文件情况；附贴测试资料（包括曲线、图纸、照片等）并加以说明］

仪器设备现场培训情况记录
（如进行该程序则需填此表）

（验收前进行的：时间、地点、参加人员、培训内容、过程、效果等）

仪器设备验收小组意见

性能及技术指标	
技术资料完备情况	
验收小组结论意见	
	验收小组组长（签字）　　　　　　　　　　年　月　日

设备验收小组成员：

姓名	单位	职称/职务	签名

附录 13　适用简易通知书

编号：

（管理单位名称）：

　　经审核，你单位符合《纳入国家网络管理平台的免税进口科研仪器设备开放共享管理办法（试行）》有关规定，同意你单位按简易程序办理免税进口科研仪器设备开放共享有关手续。

主管海关（盖章）

年　　月　　日

附录 14 项目验收申请书

项目验收申请书

中国热带农业科学院：

我单位承担的农业农村部 20××年度科学事业单位修缮购置专项资金仪器设备购置项目_____，预算×××万元已经完成。

拟定于 20××年××月××日在中国热带农业科学院橡胶研究所进行验收。妥否，请批示。

联系人：×××

联系电话：×××

附：验收项目清单

公　　章
20××年××月××日

附录 15 农业部科学事业单位修缮购置专项资金仪器设备购置项目执行报告

农业农村部科学事业单位修缮购置专项资金
仪器设备购置项目执行报告
（20××年度）

项目承担单位：中国热带农业科学院××研究所　（公章）

项目批复文号：

单位预算代码：

法定代表人：　　　　　　　　　　　　　　　（签章）

单位联系人：

联系电话：

电子邮件：

中华人民共和国农业农村部科技教育司　制

一、项目总结

　　项目总结要全面反映本单位的项目执行情况,简明扼要、实事求是,一般字数控制在 2 000 字以内。内容包括:

　　1. 主要工作内容;

　　2. 实施组织管理情况,包括执行招投标情况;

　　3. 项目任务和目标(如有变动,须说明)的完成情况与存在的问题,分析超过或未达到预定考核内容与指标的原因;

　　4. 经费使用情况说明;

　　5. 项目完成后对单位科研基础条件的改善提升所起的作用;

　　6. 其他。

　　无。

二、基本情况

仪器设备购置类项目基本情况表

单位名称：中国热带农业科学院××研究所

序号	项目名称	实施方案批复情况		执行情况		采购执行方式		备注
		数量（台/件）	金额（万元）	数量（台/件）	金额（万元）	实施方案批复	执行情况	
	合计							
1								

填报人：×××　　　　　　　　　　　　　　　　　　填报时间：××××年××月××日

三、财政专项经费决算

财政专项经费决算表

编制单位(公章):中国热带农业科学院××研究所　　　　　　　　　　单位:万元

项　目	预算下达数	预算执行数	结余	备注
一、专项资金拨款				
二、支出合计				
项目名称				
1.设备购置费				
2.其他费用				
三、结余合计	—	—		

制表人(签字):　　　　单位财务负责人(签章):

20××年×月××日

四、审核意见

项目承担单位意见:

单位财务部门负责人签字:

单位法定代表人签字:

　　　　　　　　　　　　　　　　　　单位公章

　　　　　　　　　　　　　　　　　20××年××月××日

附录 16 农业部科学事业单位修缮购置专项资金仪器设备升级改造项目执行报告

农业农村部科学事业单位修缮购置专项资金
仪器设备升级改造项目执行报告
（20ＸＸ年度）

项目承担单位：中国热带农业科学院ＸＸ研究所　（公章）

项目批复文号：

单位预算代码：

法定代表人：　　　　　　　　　　　　　　（签章）

单位联系人：

联系电话：

电子邮件：

中华人民共和国农业农村部科技教育司　制

一、项目总结

项目总结要全面反映本单位的项目执行情况,简明扼要、实事求是,一般字数控制在 2 000 字以内。内容包括:

1. 主要工作内容;

2. 实施组织管理情况,包括执行招投标情况;

3. 项目任务和目标(如有变动,须说明)的完成情况与存在的问题,分析超过或未达到预定考核内容与指标的原因;

4. 经费使用情况说明;

5. 项目完成后对单位科研基础条件的改善提升所起的作用;

6. 其他。

无。

二、基本情况

仪器设备购置类项目基本情况表

单位名称：中国热带农业科学院××研究所

序号	项目名称	实施方案批复情况		执行情况		采购执行方式		备注
		数量（台/件）	金额（万元）	数量（台/件）	金额（万元）	实施方案批复	执行情况	
1	合计							

填报人：×××

填报时间：××××年××月××日

三、财政专项经费决算

财政专项经费决算表

编制单位(公章):中国热带农业科学院××研究所　　　　　　　　单位:万元

项　目	预算下达数	预算执行数	结余	备注
一、专项资金拨款				
二、支出合计				
项目名称				
1.设备升级改造费				
2.其他费用				
三、结余合计	—	—		

制表人(签字):　　　　　单位财务负责人(签章):

20××年××月××日

四、审核意见

项目承担单位意见：

单位财务部门负责人签字：

单位法定代表人签字：

　　　　　　　　　　　　　　　　单位公章

　　　　　　　　　　　　　　20××年××月××日

附录 17　项目验收意见书

农业农村部科学事业单位修缮购置
专项资金项目验收意见书
（20××年度）

项　目　名　称：
项目承担单位：　　中国热带农业科学院××研究所
项目批复文号：
项目验收时间：　　20××年××月××日

中华人民共和国农业农村部科技教育司　制

一、验收意见

```
验收意见：



验收结论（请在选定结论前的□中打"√"号）：
□通过验收
□需要复议
□未通过验收
专家组组长签字：

                              20××年××月××日
```

二、验收组人员名单

序号	姓 名	单 位	职称、职务	专 业	签 名

三、审核意见

项目单位意见：

同意项目验收专家组意见。

法人代表签字：

单位公章

日期:20××年××月××日

续表

院审核意见：   法人代表签字：   单位公章   日期：　　　年　　月　　日
科技教育司审核意见：   负责人签字：   单位公章   日期：　　　年　　月　　日

附录 18　验收材料目录

验收材料目录

1. 封面(如右图示)。

2. 通过验收项目汇总表。

3. 项目实施方案(复印件)。

4. 项目重大变动申请变更报告及批复。

5. 审计报告。

6. 项目验收申请。

7. 项目执行报告。

8. 项目验收意见书。

9. ××××年度农业农村部科学事业单位。
修购专项项目执行情况统计表(按项目类型)。

10. 项目档案材料目录清单。

农业农村部科学事业单位

修缮购置专项资金

项目验收材料

(××××年)